本书受到作者工作单位南通大学的大力支持，谨致谢忱！

国家社科基金
后期资助项目
GUOJIA SHEKE JIJIN HOUQI ZIZHU XIANGMU

知识产权领域信用惩戒制度研究

Research on the credit and punishment systems in the field of intellectual property

柯林霞 著

ZHEJIANG UNIVERSITY PRESS
浙江大学出版社
· 杭州 ·

图书在版编目（CIP）数据

知识产权领域信用惩戒制度研究 / 柯林霞著. —杭
州：浙江大学出版社，2022.12
ISBN 978-7-308-23247-0

Ⅰ.①知… Ⅱ.①柯… Ⅲ.①知识产权制度－信用制
度－研究－中国 Ⅳ.①D923.404

中国版本图书馆 CIP 数据核字（2022）第 213616 号

知识产权领域信用惩戒制度研究

柯林霞　著

责任编辑　马一萍　陈　翩　范洪法
责任校对　陈逸行
封面设计　周　灵
出版发行　浙江大学出版社
　　　　　　（杭州市天目山路 148 号　邮政编码 310007）
　　　　　　（网址：http://www.zjupress.com）
排　　版　杭州好友排版工作室
印　　刷　杭州高腾印务有限公司
开　　本　710mm×1000mm　1/16
印　　张　16
字　　数　296 千
版 印 次　2022 年 12 月第 1 版　2022 年 12 月第 1 次印刷
书　　号　ISBN 978-7-308-23247-0
定　　价　68.00 元

国家社科基金后期资助项目
出版说明

后期资助项目是国家社科基金设立的一类重要项目，旨在鼓励广大社科研究者潜心治学，支持基础研究多出优秀成果。它是经过严格评审，从接近完成的科研成果中遴选立项的。为扩大后期资助项目的影响，更好地推动学术发展，促进成果转化，全国哲学社会科学工作办公室按照"统一设计、统一标识、统一版式、形成系列"的总体要求，组织出版国家社科基金后期资助项目成果。

全国哲学社会科学工作办公室

目　　录

导　言

很少有法律像知识产权法那样,里面包含大量诸如剽窃、抄袭、篡改、假冒伪劣、伪造、变造等不光彩的词,而以上这些词都和信用有关。

人类社会对个体信用控制方式的转变是从债权债务开始的,欠债不还当数最原始的失信行为,就像弗里德曼所说,"几乎没有什么法律关系像债权人和债务人之间的关系那样,引发了众多的无休止的骚动和法律制定"。[①] 信用问题就在这两者关系之间诞生,虽然中西方国家实行的是不同的经济制度,但在商品经济领域,债权债务关系在本质上并没有多少不同,对信用问题的看重,也许是中西方最接近的东西。古罗马《十二铜表法》允许债权人对债务人进行拘禁,如果债务人在穷尽一系列手段后仍不能使债务得偿,那么,债权人有权对其进行生杀予夺,债权债务方面的信用法规最初即有惩罚的基调。人类文明带来的改变之一是取消了债权人对债务人的特权,这当然是法治和人道主义的表现。破产制度在商业时代尤其具有吸引力,免除了债务人因债务进监狱的风险,因为关进监狱丧失偿还能力,不人道且无益处,这样类似的改良用心良苦,它将欠债不还的失信行为暂时拉回到道德的领域。然而,道德不能阻止失信,一定程度上却加剧了社会信用问题的衍生,这导致因债务入狱的现象又重新出现。如最高人民法院 2018 年发布的《关于拒不执行判决、裁定罪自诉案件受理工作有关问题的通知》(法〔2018〕147 号)规定,在满足一定条件的情况下,申请执行人可以通过自诉的方式把"老赖"送进监狱,法院根据刑法规定的拒不执行判决、裁定罪对债务人判处监禁。可见,对于失信行为,压制和宽宥总是反复交替,压制过度,随之而来的是宽宥,宽宥过度,又不得不进行压制,这种循环模式一直延续至今。

惩罚不诚信行为从而促进诚信,这是一个昂贵的信号,但对不诚信行为的惩罚本身需要加以解释。信用惩戒的出现,使压制和宽宥反复交替的循环模式在 21 世纪初诚信社会建构的浪潮中被打破,不管过去如何争论,信用惩戒

---

① 〔美〕劳伦斯·M.弗里德曼:《美国法律史》,苏彦新等译,北京:中国社会科学出版社,2007年,第 285 页。

是由对失信现象的愤恨而起,同其他的惩罚规则一样,其目的是要规范人类的行为,对于知识产权领域,任何明睿的立法者都不会对失信行为施以和盗窃、抢劫行为同样的惩罚,虽然剽窃他人作品这类盗窃他人无形财产的行为与盗窃罪在本质上并无二致。知识产权领域信用惩戒旨在对失信人进行改造,而不是从社会上将其消灭,事实上也无法将其消灭。

日益普遍的失信行为损害的不是某一个体或者团体的利益,危及的是整个社会的公共秩序。在传统道德伦理缺乏强制性,信用方面的法律又缺位的情况下,几乎是自动地,人民在呼吁权力的介入。诚实守信这个古老道德原则的存在加上层出不穷的失信事件使政府介入信用领域的行动获得广泛的社会支持,政府通过调动必要资源来预防失信事件,缓解失信带来的社会危害,才能建立一个和谐稳定的信用社会。于是,传统诚信道德的现代化转型、失信行为的日常规范化管理、条分缕析的信用惩戒方案成为诚信社会构建的核心。

本书从行政机构、司法机关和社会这三个角度为读者勾画出信用惩戒制度的概貌,揭示那些隐蔽在失信现象后面的内在机理,进而为知识产权领域信用惩戒制度的阐释奠定基础。笔者要在导言中简要讨论一下可能会引起争议的几个问题。第一个是方法论上的基本问题,基于什么样的共同因素,可以把不同的法律事实连串起来,从而使得信用惩戒的概念得以建立。譬如债权体系将契约、侵权行为、无因管理和不当得利归在一起,虽然它们具有不同的构成要件,但在形式上都足以导致当事人一方向另一方请求特定给付的法律后果,正如王泽鉴先生所言,"构成各种之债内在统一性的,乃其法律效果的相同性"①。而在信用惩戒语境下,违约行为、违法行为以及其他不诚信行为又是基于何种因素被团结在一起的呢?为了解决这个模糊不清的问题,必须有明确的解释,但目前似乎没有一种能够独立完成对信用惩戒的解释。那么,信用惩戒是如何达到效果的?为什么它只在现代大规模地产生,而在之前并没有鲜明地存在呢?它在什么样的条件下产生,哪些法律事实可以进入信用惩戒体系,信用惩戒立法至少要对以上各种情况进行说明。第二个问题是国家对知识产权领域信用问题进行强制和干预的正当理由是什么?更具体地说,传统上,法律分为公法和私法,知识产权领域信用问题属于私法,本无争议,自主决定、自行负责,知识产权领域信用问题无法以强制或拘束为内容,而强制和拘束正是公法的特色,但国家仍有保障私法发挥正常功能的义务,并排除个人对契约自由的滥用。失信现象里潜伏着可怕的恶行,知识产权领域信用惩戒

①　王泽鉴:《民法概要》(第二版),北京:北京大学出版社,2011年,第128页。

立法就是要对知识产权失信行为进行管制,而且管制的形式是惩戒。私法一度无法解决的知识产权领域信用问题,开始借助公法手段来解决,这可能造成传统私法领域秩序的变动,这种变动是否会引起"涟漪效应"又是另一个问题。第三个问题是公众谴责信用惩戒应用于一些不适当的领域,至于那些领域为什么不适当,又没有人能真正说得清。信用惩戒的边界是如何确定下来的呢?对比言论自由的边界被确定下来的艰辛过程,信用惩戒机制又如何筑起自己的篱笆呢?更具体来说,知识产权领域信用惩戒的边界在哪里?这些都是待解的疑团。本杰明·N.卡多佐大法官说,"阐明法律的目的,这是一本专著的任务"①,笔者也不希望最终这本书被抨击是因为涉足了学界还有争议的领域,但对这些争议又提供不出任何有意义的指引。

---

① 〔美〕本杰明·N.卡多佐:《法律的成长——法律科学的悖论》,董炯、彭冰译,北京:中国法制出版社,2002年,第47页。

第一章　信用惩戒概述

第一节　信用惩戒的含义

在对信用惩戒进行描述之前,我们须从"信用"这个词开始,正如我们以财产法为对象展开研究时,无法绕开"财产"这个概念一样。

一、信用

(一)信用的含义

如果仔细追溯信用的词源,可以轻易发现,从不同领域出发做出的界定可能相去甚远。《现代经济词典》将"credit"(信用)描述为"商品或劳务同将来付款的承诺的交换"①;而《英汉法律大词典》将"credit"解释为两层意思:"一是信用;偿债能力;信用证;贷方;信贷;债权;贷记;学分;二是记入贷方"②;《法学大辞典》将信用界定为"采取借贷货币资金和延期支付方式的商品买卖活动的总称",并将信用分为银行信用、商业信用、国家信用、消费信用和国际信用。③《牛津法律大辞典》以"信用(Credit),指在作为回报而得到或提供货物或服务时,并非立即进行偿付,而是允诺在将来进行偿付的做法"④来解释,但这其实还存在另一种情形,即先行给付货款并不立即提货而是允诺在将来提取货物,这种行为也在信用的范围内。事实上,在一般市民的眼中,钱货两清是最理想的交易类型,但现实中却往往无法达到。因此,在关于信用的法律纠纷里,钱到货未付或者货到钱未付是常见的有失信用的行为。经济角度的信用,实际上是偏指"借"和"贷"的双向关系。而从法律的角度解读信用,它包含

---

① 〔美〕D. 格林沃尔德主编:《现代经济词典》,北京:商务印书馆,1981年,第111页。

② 参见《英汉法律大词典》,北京:中国法制出版社,2017年,第260页。

③ 参见《法学大辞典》,上海:上海辞书出版社,1998年,第1274页。

④ 〔英〕戴维·M.沃克:《牛津法律大辞典》,李双元译,北京:法律出版社,2003年,第282页。

两层意思:第一层含义是指当事人之间的一种关系,但凡契约规定的双方的权利和义务不是即时交割的,存在时间差,就依靠信用起作用;第二层含义是指契约双方当事人按照契约规定享有的权利和承担的义务,失信就是背离约定的权利义务的结果。虽然从经济的和法律的不同角度看,信用的内涵并不完全一致,但最初,法律上关于信用的解读是建立在经济领域的信用概念之上的。关于信用的歧见很多,法律上的信用和经济上的信用有异,但明显地,本书仅仅从法律的角度进行问题的延展。

同时,正如我们所预料的,中外关于信用的解读也存有差异。《牛津高阶英汉双解词典》中"credit"这个词有三层含义:一是赊购和赊欠,二是从银行借款、贷款;三是(偿还欠款的)信誉和信用。① 这和《杜登德汉大词典》将德语中"Kredit"解释为信贷、贷款延期偿付、赊欠或者信誉、信用②是接近的。在《朗文当代高级英语辞典》中,"credit"被赋予两层含义:一是推迟付款,二是把钱存入账户。③ 尽管存在差异,但几乎所有英语辞典都将"creditor"界定为债权人或债主,这意味着欠债不还的行为就是早期典型违反"信用"的行为。《辞海》对"信用"的定义主要分为三层:一是"谓以诚信用人,信任使用";二是"遵守诺言,实践成约,从而取得别人对他的信任";三是以偿还为条件的价值运动的特殊形式,且注明这种形式多产生于货币借贷和商品交易之中。④ 对"信"的定义则更加复杂多样:第一层内涵是诚实,不欺;第二层意义是确实,信而有征;第三层意义是信用。⑤《辞源》的解释和《辞海》接近,《辞源》更为简洁,它将"信用"定义为"信任使用",而"信"的含义和《辞海》相同,即"诚实,不欺",此外还有信从、信任以及的确之意。⑥《现代汉语词典》(第七版)将"信用"的含义分解为四层:一是能够履行跟人约定的事而取得信任;二是不需要提供物资保证,可以按时偿付的;三是指银行借贷或商业上的赊销赊购;四是信任并重用。⑦ 而该词典关于"信用"的解释,仍然兼具"诚实,不欺"和信用之意。综合而言,"信用"在汉语里大约有三重意义:一是指诚实,遵守诺言而取得的信任,

① 〔英〕A.S.Hornby主编:《牛津高阶英汉双解词典》,赵翠莲、邹晓玲等译,北京:商务印书馆,2016年,第480页。

② 参见《杜登德汉大词典》(上册),北京:北京大学出版社,2012年,第1378页。

③ 参见《朗文当代高级英语辞典》,北京:外语教学与研究出版社,2014年,第569-570页。

④ 参见《辞海》,上海:上海辞书出版社,2002年,第1898页。

⑤ 参见《辞海》,上海:上海辞书出版社,2002年,第1896页。

⑥ 参见《辞源》(第一册),北京:商务印书馆,1984年,第211页。

⑦ 参见《现代汉语词典》(第七版),北京:商务印书馆,2016年,第1462页。

这可以是对公,也可以是对私,但主要发生在人际关系领域;二是指货币借贷和商品买卖中延期付款或交货的总称,这通常发生在经济领域;三是指信任重用,这可以发生于任何领域。

在实务上,对信用的界定更为清晰。世界信用组织(WCO)将信用分为广义和狭义两种,狭义信用指向的是还款能力和履约能力,经济领域的信用通常指的就是狭义的信用,并按照主体的不同,分为国家信用、银行信用、商业信用和消费者信用;广义信用指的是诚信处理各种社会关系的行为规范,这种信用是一种行为标准和价值观,法律领域和道德领域的信用指向的即是广义的信用。WCO2002 年正式发布 ICE8000 国际信用标准体系(以下简称"ICE8000"),这是检验自然人或单位是否诚信的一个标准,并逐渐得到世界各国和地区的认同。ICE8000 提出失信行为及责任归属鉴定标准,指出失信是"指违反诚实信用原则的行为,即:在没有正当事由的前提下,损害他人正当权益,且事后不积极补救",其列举出的失信行为有九类,包括未善意遵守法律法规的行为、未善意达成契约的行为、违背人类普适价值原则的不当行为等。[①] 在我国,《信用 基本术语》(GB/T 22117—2008)(2008 年由国家质量监督检验检疫总局、中国国家标准化管理委员会发布)对失信所作的定义为"信用主体没有按照约定履行承诺的行为"[②]。但 2018 年《信用 基本术语》(GB/T 22117—2018)发布之时,失信的定义变为"信用主体未履行承诺的行为"[③],并且指明,信用指"个人或组织履行承诺的意愿和能力","承诺包括法律法规和强制性标准规定的、合同条款等契约约定的、社会合理期望等社会责任的内容"[④]。由此可知,十年之间,在官方的立场上,失信不再纯粹是一种违约行为,而包罗了更复杂的内容,失信行为的范畴扩大到违法行为以及违背"社会合理期望等社会责任"的行为,失信行为的范畴显著扩张。先后两个版本的《信用 基本术语》清楚描述了失信概念的变化,但是这种变化并未为人们所接受,以致即便是一些专司信用理论研究的学者都不能充分理解为何要将一些看似和信用无关的不道德行为或违法行为纳入信用惩戒的范围。

学界对信用的界定亦有多种,信用创造论的创始人约翰·罗强调信用等同于货币,"信用是必要的,而且也是有用的。信用量的增加与货币量的增加

---

① 参见 ICE8000 国际信用标准体系《失信行为及责任归属鉴定规则》之第二章。
② 参见《信用 基本术语》(GB/T 22117—2008)之 2.2.8。
③ 参见《信用 基本术语》(GB/T 22117—2018)之 2.13。
④ 参见《信用 基本术语》(GB/T 22117—2018)之 2.1。

有同样的效果,即它同样能创造财富,繁荣商业"。[①] 不同版本的《货币银行学》对信用的界定大同小异,或者认为信用是"以偿还和付息为基本特征的借贷行为",[②]或者认为信用是"在商品交换或其他经济活动中,授信人在充分信任受信人能够实现其承诺的基础上,用契约关系向受信人放贷并保障自己所贷的本金能够回流和增值的价值运动"。[③] 纯粹经济学角度的信用的本质正如威廉·斯坦利·杰文斯所言,"当我们对信用的本质进行分析时,会发现信用不过是一次支付的延迟"。[④] 吴晶妹教授提到,信用是获得信任的资本,这种资本由信用意愿与信用能力构成。信用也是一种财富,具有价值,可以交易、度量和管理。[⑤] 李锋认为信任分为传统信用和现代信用,传统信用更多是一种道德和文化概念,而现代信用是一种经济和制度概念,而且,随着商品经济的发展,社会信用关系也在不断演变。[⑥] 于是有学者进一步延伸,信用关系存在三种状态:人与人的关系、人与自然的关系、人身心之间的关系。这三种关系是相互联系和制约的关系,本质上也是一种信用关系。[⑦] 也有学者将信用分为伦理道德信用和契约经济信用,前者被定义为广义信用,后者被界定为狭义信用,但两种信用无法截然分开,你中有我,我中有你。[⑧] 上海市社会信用立法的重要参与者罗培新所著的《社会信用法:原理·规则·案例》将社会信用界定为"具有完全行为能力的自然人、法人和非法人组织遵守法定义务或者履行约定义务的状况"。[⑨] 李晓安和阮俊杰则将信用分为作为道德的信用、作为能力的信用、作为货币的信用、作为金融的信用、作为信息的信用和作为组织的信用。[⑩] 李曙光将信用分为广义和狭义,广义信用表现为伦理学范畴,

---

① 〔英〕约翰·罗:《论货币和贸易》,朱泱译,北京:商务印书馆,2011年,第10页。

② 郑勇:《货币银行学》,武汉:华中科技大学出版社,2010年,第27页。

③ 李山赓:《货币银行学》,北京:北京理工大学出版社,2012年,第40-41页。

④ 〔英〕威廉·斯坦利·杰文斯:《货币与交换机制》,佟宪国译,北京:商务印书馆,2017年,第228页。

⑤ 吴晶妹:《现代信用学》,北京:中国人民大学出版社,2009年,第1页。

⑥ 李锋:《社会主体信用奖惩机制研究》,北京:中国社会科学出版社,2017年,第24页。

⑦ 郭生祥:《定价全球化——信用科学对自己和全球化的精算》,北京:东方出版社,2007年,第99页。

⑧ 谭中明等:《社会信用管理体系:理论、模式、体制与机制》,合肥:中国科学技术大学出版社,2005年,第2页。

⑨ 罗培新:《社会信用法:原理·规则·案例》,北京:北京大学出版社,2018年,第38页。

⑩ 李晓安、阮俊杰:《信用之路——我国信用治理的经济学研究》,北京:经济管理出版社,2008年,第11-24页。

狭义信用主要是经济和法律的范畴。[①] 不同学者从不同研究领域对信用做过多种不同的解读,凡此种种,使得信用这个词身上既有传统痕迹又有现代气息,这样的特征使我们在理解这个词汇时既不能完全摈弃传统,又要符合现代文明的需求。在西方,信用早已是一个法律概念,而不仅仅是一个经济概念,但信用在很多国家仍然是一个经济概念,这就像德沃金教授所说,美国宪法一个令人称道的地方就是能将很多政治问题转化为法律问题而得到解决,而这些问题在世界的其他地方,包括有悠久法治传统,并同样是英美法系的英国则只能是政治问题。[②]

(二)信用与征信

征信是和信用联系紧密的一个概念,对征信这个概念的阐释有助于人们理解什么是信用。《信用 基本术语》(GB/T 22117—2008)将征信定义为信用调查,即"对信用信息进行采集、调查、处理、使用等的商业性活动,包括报告式征信和调查式征信两种形式"[③],修正后的《信用 基本术语》(GB/T 22117—2018)对征信的界定则更为深入。[④] 2013年《征信业管理条例》指明,"征信业务,是指对企业、事业单位等组织(以下统称企业)的信用信息和个人的信用信息进行采集、整理、保存、加工,并向信息使用者提供的活动",[⑤]即征信的目的是取得信用信息。2002年实施的《深圳市个人信用征信及信用评级管理办法》指明,"个人信用征信,是指征信机构经过与商业银行及其他提供信息单位的约定,把分散在各商业银行和社会有关方面的个人信用信息,进行采集、储存,形成个人信用信息数据库的活动"。[⑥] 可见,在过去,征信系统中记录的信息主要包括在与银行发生借贷关系后,未按合同要求时间还本付息、拖欠和借款不还等信用记录,征信是和金融领域联系紧密的一个概念,至今我们提到的个人征信报告一般就是出自中国人民银行的个人信用记录。但征信的范围逐步扩大也是一个事实,2004年《上海市个人信用征信管理试行办法》第六条就将个人信用信息扩展到"个人与金融机构或者住房公积金管理中心等

---

① 李曙光:《中国征信体系框架与发展模式》,北京:科学出版社,2006年,第1页。

② 李龙主编:《西方法学名著提要》,南昌:江西人民出版社,2010年,第615页。

③ 参见《信用 基本术语》(GB/T 22117—2008)之4.1。

④ 《信用 基本术语》(GB/T 22117—2018)将征信界定为,"采集、整理、保存、加工个人或组织的信用信息,并向有合法需求的信息使用者提供信用信息服务,帮助市场主体判断控制风险、进行信用管理的活动"。

⑤ 参见《征信业管理条例》第二条。

⑥ 参见《深圳市个人信用征信及信用评级管理办法》第三条。

机构发生信贷关系而形成的个人信贷信息"之外,只要是与个人信用有关的信息都被纳入,包括"据以识别个人身份以及反映个人家庭、职业等情况的个人基本信息"以及"行政机关、行政事务执行机构、司法机关在行使职权过程中形成的与个人信用相关的公共记录信息",违法和违约信息都被纳入信用信息的范围,这显然是一种广义上的界定。

由上可知,征信的范围并非维持不坠、固定不易的,狭义的征信指向的是经济领域的信用,而广义的征信已经扩展到经济领域之外的社会领域,信用的内涵正在发生变化,信用信息的范围不断扩展,征信的范围亦随之不断扩展。李曙光教授将征信定义为"征求他人或自身的信用或验证信用",[①]信用与征信的关系在李朝晖的《个人征信法律问题研究》一书中被描述为"征信的对象是信用",[②]这种表述是真切的。

(三)信用与利益

松下幸之助说,"信用既是无形的力量,也是无形的财富"。左拉也曾说,诚信是无形的资产。失信就是失败,是最大的破产,这对于现代企业尤其如此。在现代社会,人们对于不诚信行为已经不仅仅是做出道德谴责,而是采取更为实际的行动来进行抵制。本书所提及的信用利益指的是个人信用上承载的各项利益总和,信用之上载有利益可以从很多实例中得到说明,发生于2018年8月的刘强东"性侵案"直接导致京东股价直线跳水,京东市值一日蒸发27亿美元,跌幅一度创新低,成为"BATJ"中国四大科技巨头中表现垫底的那一个。同在2018年,国内知名演员吴某波被爆个人私生活存在失德行为,其个人信用破产几乎可视为一个直接终结其演艺生涯的事件。不得不说是信用精神酿造了2018年这两个轰动的事件,信用利益也逼迫当事人采取各种方式去维护自己的信用,包括接受不法者无休无止的敲诈勒索,在更大的信用利益面前,有人不得不向敲诈勒索者屈服,乖乖掏钱来避免个人信用破产。如此种种事件层出不穷,如果还说信用之上没有利益则属强辩。

无论是失信人还是守信人,都存在道德或者其他方面的利益考量,信用利益和公民其他利益在意义上的确有所不同,信用利益在市场经济社会被激活,不再像非市场经济时代那样沉默,它是沉睡许久刚刚苏醒的利益表达,或者说,它是一种新被发现的利益形式。信用利益应该被强调,好的信用和坏的信用带来不一样的权益,那些失信人也多因为利益才背负失信的恶评,但这个所

---

① 李曙光:《中国征信体系框架与发展模式》,北京:科学出版社,2006年,第11页。
② 李朝晖:《个人征信法律问题研究》,北京:社会科学文献出版社,2008年,第1页。

9

谓的利益显然不同于信用利益。那些被惩戒的失信人身上可能部分或全部包含着对社会有害的坏的信用。信用之上具体有什么样的利益呢？这还要在市场竞争中才能得到答案，我们试图创建一个信用社会，那就需要好的信用的支援。

（四）信用责任与法律责任、失信责任

1. 信用责任与法律责任

学者刘俊海将信用责任称为在民事、行政和刑事责任之外的第四大法律责任，并认为信用责任有广义和狭义之分，广义信用责任指失信人承担的民事、行政和刑事责任，而狭义的信用责任指"法律主体因违反法定或者约定义务而承担的人格信用减损的不利法律后果"。① 这种定义的缺陷在于将信用责任和法律责任交叉混同。一方面，忽略了在民事、行政和刑事法律法规没有诞生之前信用责任就存在的事实。在原始社会，失信者就被迫要承担相应的责任，只是这种压力往往来自部族内部或者威不可测的天神，而不是来自法律。另一方面，有的行为不产生法律责任，却产生信用责任。随地吐痰、乱扔垃圾的行为，并不产生相应的民事、行政和刑事责任，却被《厦门经济特区促进社会文明若干规定》列入重点治理清单，情节严重者要承担相应的信用责任，比如记入个人不良信息记录。因此，将信用责任与法律责任等同并不恰当，信用责任和法律责任是包含关系，有的失信行为既要承担信用责任，还要承担法律责任，有的失信行为不承担法律责任，但所有的失信行为都要承担信用责任，它们的关系应如图1-1所示。

信用责任指因失信及其相关行为引起的责任，既包括民事、行政、刑事法律责任，也包括非法律责任，如道义、伦理、市场、行业等责任。在知识产权法语境下，购买盗版书籍的行为并不违反著作权法，谈不上民事、行政或刑事等法律责任，但明知是盗版书籍仍然坚持购买，直接支持了盗版者的失信行为，属于为失信行为提供支持的行为，情节轻微的可忽略不计，大规模购买盗版书的个体应承担法律之外的信用责任，比如公开曝光。同理，因2018年演员翟某临学术不端事件，北京电影学院在撤销翟某临博士学位的同时，取消其导师陈某博士生导师的资格。作为失信关联人，陈某虽然无须承担法律责任，但须承担相应的信用责任，因学生不诚信行为，导师要承担一定的信用责任已经成为共识。在责任的形式上，信用责任的核心是信用惩戒，如被投诉、被曝光、被训诫、被道德谴责或计入不良信用记录接受联合惩戒等，情节严重的还要承担

① 刘俊海：《信用责任：正在生长中的第四大法律责任》，《法学论坛》2019年第6期。

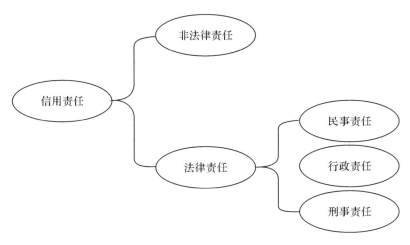

图 1-1　信用责任的分类

相应的法律责任,法律责任的形式则是由国家法律法规或其他法律性文件白纸黑字明文规定。

综合来说,信用责任,究其实质,是行为人因失信行为或情节严重的失信关联行为所应承担的名誉或人格贬损、机遇损失与精神压力,信用责任一般因失信信息的传播而得以实现。法律责任因当事人的不法行为招致制裁,包括民事、行政和刑事责任,法律责任一般因一方当事人告诉或者公权力介入得以实现。

2. 信用责任与失信责任

世界信用组织(WCO)将失信责任分为信用责任和法律责任,法律责任指失信人因其失信行为应承担的法律制裁;而信用责任指失信人因失信行为应承担的社会制裁,包括名誉损失、机遇损失和心理代价。但在本书中,信用责任是比失信责任涵摄内容更广的一个概念,信用责任因失信行为及相关行为而生,责任承担者可能是失信人自己,也可能是相关单位或人员。失信责任因失信行为而生,责任承担者只能是失信人自己,而不能是其他单位或个人。

同时,失信可能在承担法律责任之外,还要承担非法律责任,如行业自律责任、用人单位自律责任等。行业自律责任的形式很多,如本行业内警告、通报批评、公告批评、降低会员级别、取消会员资格、市场禁入等惩戒手段;用人单位自律责任可以是内部批评、公开道歉、降薪降级、撤职和开除等,指的是失信人所在的用人单位根据管理章程或诚信文化做出的惩戒。信用责任包含失信人自身须承担的信用责任,也包含失信行为关联人应承担的信用责任,比如

11

博士研究生因毕业论文作弊被取消学位,导师须承担相应的信用责任,被限制招生资格或剥夺博士生导师资格,还包含因失信行为被曝光带来的人格信用减损,博士研究生本人发生失信行为须承担失信责任,而博士生导师须承担信用责任。可见,失信责任和信用责任是不同的概念,失信惩戒和信用惩戒也是不同的概念。

如果比较一下 2020 年新冠肺炎疫情期间"澳籍跑步女"和重庆黎女士隐瞒病情这两个事例,就会发现,后一个事例更和信用攸关,对前者的处置可以借鉴 2017 年《厦门经济特区促进社会文明若干规定》①。"澳籍跑步女"属于首犯,只是谩骂、威胁、推搡或者公然侮辱劝阻人,依照《治安管理处罚法》处理即可,而没有计入信用记录的必要。不同的是,重庆黎女士隐瞒病情,存在严重的不诚信情节,有造成疫情扩散的危险,社会危害性较大,应当计入个人不良信息记录,承担信用责任,如果隐瞒病情导致局部疫情扩散,涉嫌妨害传染病防治罪,应承担相应的法律责任。当然,两个案例中的主人公都要承担来自社会的道德谴责,这是信用责任的一部分,还要承担来自企业的自律责任,两人都被所在工作单位解聘。从这两个案例比较的过程中可以看出,失信必然导致信用责任,轻则招致道德上的恶评或承担来自行业或用人单位的自律责任,重则计入信用记录,公开曝光,在承担信用责任的同时还要承担法律责任。

二、失信

显然,守信并不是事实上被普遍遵守的行为规则,信用更像一种具有准则性和拘束性的思想,法律召唤信用,鼓励守信,却无法根除失信,这部分显示了法的"无力",法律反对失信,但同时也容忍它的存在,就像辛普森教授说的"每种职业都有自己独特的堕落形式"②一样,教师是太阳底下最光辉的事业,但仍然不能排除邪恶的或不务正业的教师存在。卡尔·拉伦茨说,"当'法'必须屈从'不法'时,法的实效性受到毁丧,但并不影响其有效性的主张"。③ 对于

---

① 2017 年《厦门经济特区促进社会文明若干规定》第五十一条规定:"属于重点治理清单的不文明行为,有下列情形之一的,按照该行为最高罚款额度的两倍处罚;有关行政执法部门应当告知行为人所在单位或者社区,并依法纳入本市社会信用信息共享平台:(一)一年内被依照本规定行政处罚五次以上且情节严重的;(二)提供虚假材料、隐瞒真实情况,侵害社会管理秩序和社会公共利益的;(三)拒不履行处罚决定的。违法行为人谩骂、威胁、推搡或者公然侮辱劝阻人,或者妨碍公务,构成违反治安管理行为的,由公安机关依照《中华人民共和国治安管理处罚法》规定追究其法律责任。"

② 〔英〕布赖恩·辛普森:《法学的邀请》,范双飞译,北京:北京大学出版社,2014 年,第 35 页。

③ 〔德〕卡尔·拉伦茨:《法学方法论》,陈爱娥译,北京:商务印书馆,2003 年,第 73 页。

信用惩戒制度而言,信用惩戒是以失信作为"启动前提"的,它是将社会生活领域的信用争端解决标准转化为法律标准的一种尝试,要发现信用惩戒背后的标准,就不能不研究失信。

（一）失信现象

格兰特·吉尔莫教授在《契约的死亡》中说,"有人对我们说,契约和上帝一样,已经死了,的确如此,这决无任何争论的必要",①失信背约为患日深,逐渐成为一种社会现象。无论哪一个社会,都比较稳定地同时存在守信和失信这两种社会现象,没有一个完全失信的社会,也没有一个完全守信的社会。在信用自由选择的社会,结果大概是一个人或一群人失信于人,随即又要谨慎提防他人失信,最后又不免成为他人失信陷害的对象,这更符合真实的状态。人们宁愿自己失信在先,也不愿意成为被陷害的对象,所以处处小心提防,导致各项成本的上升,包括时间、机会,大量精力被用在担忧对方不守信用时自己将要怎么办这个问题上,人们自然不喜欢这样一种混沌无秩序的状态,在信用严重缺失的社会,它很快会被极端相反的行为取代:因害怕失信陷害带来的后果而被迫放弃交易。

在我国,传统的信用是一个和道德相关联的语词,没有专门或特定制度来惩治失信,法律制裁的是严重恶劣的失信行为,轻微的失信行为并不在此列,因为"良将劲弩而守要害之处"②。如果要仔细追究,就会发现像学者李锋说的那样,"失信行为往往介于道德失范和诈骗犯罪之间",③大量的失信现象都不能通过公力救济的方式来解决,要么达不到公安机关的立案条件,要么起诉到法院也得不到有效执行。

失信,在本质上是一种利益取舍,这种利益可能是涉及经济的,也可能涉及声名或其他非经济因素,但多发于经济领域。在经济领域,失信者往往不能掩饰利欲熏心的本质,但在政治领域,许多恣意失信的行为假高尚的目的之名,被辩解为合理正当并受到广泛的认可,这是经验之事。如《史记》记载,在楚汉相争时期,项羽曾经与刘邦订立和约,以鸿沟为界平分天下,后来刘邦却采纳张良、陈平等人的建议,撕毁鸿沟和约,趁项羽未做准备,击其暮归,这种背信弃义的行为没有受到过多的恶评,反而成为军事战役史上津津乐道的美

---

① 〔美〕格兰特·吉尔莫:《契约的死亡》,曹士兵、姚建宗、吴巍译,载梁慧星主编:《为权利而斗争》,北京:中国法制出版社,2000年,第55页。

② 出自贾谊《过秦论》(上篇),原文为"然后践华为城,因河为池,据亿丈之城,临不测之渊,以为固。良将劲弩守要害之处,信臣精卒陈利兵而谁何"。

③ 李锋:《社会主体信用奖惩机制研究》,北京:中国社会科学出版社,2017年,前言。

谈。在法理上,民法上的情势变更原则允许当事人在客观情势发生异常变动之时,暂时中止甚至最终中止合同的履行,因为继续履行合同将给一方当事人造成更大的损失,这是"合法的失信"。但法律对情势变更给予了严格的限制,这使公民个体基于客观环境变迁企图变更契约的可能性很低,双方当事人可以就失信问题进行协商,如果达不成协议,一方当事人只能请求人民法院来解除合同、变更合同。对于失信和"合法的失信"如何区分,主观失信和客观失信的差别,失信产生的代价如何,最终只可能是由司法机关来进行终局裁决。而"社会环境的异常变动致使合同无法继续履行"的判断在另一方当事人和法院之间可能不同,情势变更原则仅以一般的抽象原理赋予一方当事人合法失信的权利。当然,法律也不限制一方当事人通过自损来换取守信的声名,那些宁愿自损也要守信的当事人通常能博得良好的社会声誉,也能换取对方以及同行的信赖。

从一般人的角度看,信用惩戒制度貌似在对生活中千千万万的失信现象做标注,什么样的失信行为是法律所反对的,什么样的失信行为应受信用惩戒。诚然,所有的立法者心知肚明,立法有局限性,这决定了将所有的失信行为一网打尽是不可能的,但是,只要信用惩戒立法体现对契约的尊重以及对行业惯例的尊重,并且权衡了守信人、社会公众的意见,这样的信用惩戒立法就是可以接受的。

（二）失信行为

如果研究信用惩戒的同时,不研究失信行为自身,那么就足以构成一个严重失误,失信行为作为信用惩戒针对的单位,是不可绕开的主题。可是失信的范围如此之广,主体又从来不特定,可以说,不论年龄,不论性别,不论职业,不论受教育程度,任何人都可能成为失信人,任何场域都可能成为失信的场所,情形相当混乱。为了获得信用惩戒的实质和特定内容,必须先行对失信行为有所了解。

1. 社会意义上的失信行为和法律意义上的失信行为

要说明的是,社会意义上的失信行为和法律意义上的失信行为是不同的概念,社会意义上的失信行为指向的是不诚信行为,包括言和行两个方面,着重于失信行为的表现;法律意义上的失信行为指向的是违反法律的不诚信行为,只有法律反对的失信行为才是法律意义上的失信行为,其针对的是行为上的失信,而不是言语上的失信,且着重于失信行为的危害后果。在本书语境下的失信行为,指向的即为法律意义上的失信行为。

在国际上,世界信用组织将失信行为认定为违反诚信原则的行为,即在没有正当事由的前提下,损害他人正当权益,且事后不积极补救。包括未善意地遵守法律法规、未善意地披露重要事实、未善意地达成或遵守契约、辜负他人的合理信赖、做出其他不善意行为或其他违反人类普适价值原则的行为,且之后未积极采取补救措施。依照世界信用组织的解释,失信行为本身就有非善意的特征,善意指不侵害社会、集体或他人的权益,或者积极、正面地增进社会、集体或他人的权益,故意或过失都是非善意的。由此,世界信用组织将失信行为分为三类,即一般失信行为、恶意失信行为和严重失信行为,而因过失造成的失信行为都属于一般失信行为,因故意(明知或应知却仍然作出或拒不补救)实施的失信行为属于恶意失信行为,主观恶性较大且情节严重的失信行为即为严重失信行为。①

在国内,《信用　基本术语》(GB/T 22117—2008)指出,失信指"信用主体没有按照约定履行承诺的行为"②,这种表述在《信用　基本术语》(GB/T 22117—2018)中被修正为"信用主体未履行承诺的行为"③,并进一步指明,"承诺包括法律法规和强制性标准规定的、合同条款等契约约定的、社会合理期望等社会责任的内容"④,失信行为的范围从违约行为扩充到违法行为以及违反社会责任的不正当行为。如果从概念本身出发,失信行为有狭义和广义之分,狭义失信行为包括违约行为及其他不诚信行为;广义失信行为包括违约行为、违法行为以及其他不诚信行为。相比狭义失信行为,广义失信行为已经不要求必须具备不诚信的特征,自从违法行为进入失信行为的范围之后,诚实信用原则有被人为略去的趋向,那些不具备不诚信情节的违法行为也被纳入失信行为的范围,那些损害社会公共利益的违法行为,无论基于故意还是过失,都落入失信行为的范畴,失信行为的范围人为地被扩充了。在现实中,在不同的社会领域,失信的种类也是不同的。吴敬琏总结了我国的七大类失信行为,第一类是不履行契约;第二类是债务人大量逃废债务;第三类是假冒伪劣商品充斥市场;第四类是企业虚假披露;第五类是虚假广告或财务报告;第六类是银行不良贷款;第七类是盗窃知识产权。⑤ 当然,以上七种行为只是社会领域中具有代表性的失信行为,并非全部。

---

① 参见 ICE8000 国际信用标准体系《失信行为及责任归属鉴定规则》第二章"失信行为的标准"。

② 参见《信用　基本术语》(GB/T 22117—2008)之 2.2.8。

③ 参见《信用　基本术语》(GB/T 22117—2018)之 2.13。

④ 参见《信用　基本术语》(GB/T 22117—2018)之 2.1。

⑤ 吴敬琏:《信用担保与国民信用体系建设》,载人民网,更新日期:2001 年 11 月 13 日,访问日期:2020-1-12,http://www.chinalawinfo.com/News/NewsFullText.aspx? NewsId=60100。

综合而言,世界信用组织的国际信用标准体系和我国政府部门发布的《信用 基本术语》指向的都是社会学意义上的失信行为,而不是法律意义上的失信行为。在我国,迄今为止还没有一部法全面概括出法律反对的失信行为的种类,截至目前已经有八个地方出台了专门的地方性信用法规,但是它们给出的失信行为的范围各不相同,这意味着关于失信行为的种类,法律上尚无一个可通用全境的法治标准。

2. 失信行为的特征

克尔克加德说,"任何概念都拥有自身的历史,它们不能抵抗时代的变化"①,失信行为这个词语从传统到现代的变迁并不让人惊讶,失信行为有传统和现代之分,传统失信行为和现代失信行为各具不同的特征。

(1)传统失信行为的特征

人们长久以来对守信这种美德有近乎宗教般的信仰,信用惩戒的前提是行为人存在失信行为,即不诚信行为。对于"诚信"这个词,《说文解字》里解释说,"人言为信"。孟子也说,"诚者,天之道也;思诚者,人之道也"。即从天道为"诚",从人道为"信"。宋代理学家朱熹提到,"诚者,真实无妄之谓","诚"被视为一种美德。程颐则认为,"以实之谓信","信"不仅要求人们说话诚实可靠,大话、空话、假话都不属于信,而且要求做事也要诚实可靠。综合而言,"信"的要义主要体现在言行上面,即遵守承诺、言行一致、诚实不欺诈。从这个意义延伸,信的反面即失信,失信体现于言行两个方面,在如下两个特征中,必居其一。

首先,不信守诺言。《布莱克法律词典》将诚信解释为诚实信用,即怀有善意,诚实,公开,忠诚,没有欺骗或欺诈,具有真实、实际,没有假装或伪装的,这种解释和我国传统的解释具有惊人的一致性。诚信,大体包含两方面意义,一是对内,要信守自己的承诺;二是对外,对他人诚实不欺骗。诚信是一个重要的道德原则,也是法律认同的原则,丹尼斯·劳埃德就认为道德是法律的一部分,②哈特也承认某些道德需要运用法律来施行。实务上对失信的界定更有指向性,我国国家质量监督检验检疫总局、国家标准化管理委员会发布的《信用 基本术语》将失信界定为"没有按照约定履行承诺的行为",即违约行为。承诺无论是口头的又或者是书面的,只要是当事人在自由意志之下达成的契

---

① 〔英〕伯恩·魏德士:《法理学》,丁晓春、吴越译,北京:法律出版社,2013年,第81页。
② 〔英〕丹尼斯·劳埃德:《法理学》,M.D.A.弗里曼修订,许章润译,北京:法律出版社,2007年,第38页。

约,违约就是失信。

其次,不诚实做事,具有欺诈或其他不诚信行为,存在不诚信的表现。恶意、故意、不诚实、欺瞒、欺诈、假装或伪装等都是不诚信的表现形式,而且在信用惩戒制度语境下,失信着重强调的是主观不诚信的状态,过失状态下的失信并不在失信之列。因此可以理解为什么国务院 2015 年下发的《关于新形势下加快知识产权强国建设的若干意见》第十条仅仅将故意侵犯知识产权行为纳入企业和个人信用记录。同样,2016 年下发的《关于建立完善守信联合激励和失信联合惩戒制度加快推进社会诚信建设的指导意见》第九条仅仅将"制售假冒伪劣产品和故意侵犯知识产权"纳入联合惩戒的范畴。

(2)现代失信行为的特征

失信是社会实践中有待解决的诸多难题之一,确实没有能够证明的实际有效的解决方法。就算信用惩戒理论上正确的论证没有人怀疑,也不能确保诚信社会的理想会实现,但在现实生活中,我们把理智制定规则去解决问题看作是比听之任之更好的办法,前者更为接近诚信社会的理想,这一点是确定无疑的。正是在这样的思维逻辑下,失信行为的范围被人为扩张,突破了传统失信行为的固有特征。

首先,现代失信行为并不以反映信用状况为前提。在传统失信行为语境下,所有失信行为都有不诚信的表现,如恶意、故意、不诚实、欺瞒、欺诈、假装或伪装等,反映了失信人的信用品格。但现代失信概念将违法概念囊括进来之后,和信用无关的一部分违法行为也成为信用惩戒的对象,甚至具有优异诚信品格的违法者也可能成为信用惩戒的对象,如大义灭亲者。

其次,现代失信行为更注重社会公共秩序的维护。在传统失信行为语境下,失信行为注重的是失信人是否违背诚实信用原则;在现代失信行为语境下,只要行为人的行为危及社会公共秩序,对社会、集体或他人造成损害就在反向上推定成非善意,进入失信行为的范畴。失信的表现不再限于行为违反诚实信用原则,而是行为在客观上造成一定的有害后果。

综上所述,自从那些不具备不诚信特征的违法行为进入失信行为的范围,失信应该被视为一个中性词,而不是一个长久以来人们普遍观念中的贬义词。德沃金认同的法律"二阶原则"在信用领域并不适用,二阶原则认为只要根据法律做出的判决,要么是对的,要么是错的,但在信用领域,失信有时既不正确,也不错误。社会信用缺失也不绝对是一种不幸,如果契约自由里不包含着失信,假如没有失信的存在,契约自由就算不上真正的自由,守信也不会是一种美德。契约是一根绳索,失信和守信是它的两端,没有任何一端,契约和契约自由就是一些无用的赘词。这样的关系就如说话和不说话的关系,大法官沃伦·伯格说,第一修正案保障的思想自由"包括了自由说话的权利,也包括保持沉默的权利"[1]。社会信用法必须在错误的失信和正确的守信之外,容忍第三种可能,即存在一些既不正确也不错误的失信,任何法律理论和司法理论都要容忍这样的差异,以蒂莫西·A.O.恩迪科特所言的"容忍原则"去关照第三种可能。[2]

3. 失信行为的种类

失信行为这个语词是有弹性的,使用时必须指出是按照何种标准来解释。基于前文,社会意义上的失信行为和法律意义上的失信行为并非同一概念,社会意义上的失信行为包括违法行为、违约行为以及其他违背社会责任的不正当行为。而法律意义上的失信行为指的法律反对的失信行为,一般意义上只涵盖两种,一种是违法行为,另一种是违约行为;而其他违背社会责任的不正当行为,除非是法律法规反对的行为,否则,不属于法律意义上的失信行为,不道德行为即是如此。总体上,本书语境下的失信行为,包括广义和狭义两种,狭义失信行为包括违法行为和违约行为;广义失信行为包括违法行为、违约行为以及和违法、违约行为相关的行为。和违法、违约行为相关的行为主要指失信关联行为和为失信行为提供支持的行为。本书主要围绕广义失信行为而展开。

(1)违法行为及其例外

首先,现代失信行为包括违法行为。在国际层面,ICE8000 国际信用标准体系将过失违法行为作为一般失信行为,而将故意违法行为列为恶意失信行为,情节严重的故意违法行为作为严重失信行为。在国内,《信用 基本术语》(GB/T 22117—2008)一度将失信界定为"信用主体没有按照约定履行承诺的行为",这种仅仅将失信行为与违约行为等同的做法已经被时代远远抛开了,《信用 基本术语》(GB/T 22117—2018)直接将失信行为的范围从违约行为拓展至违法、违约以及违背社会责任的不正当行为。在当前,将失信行为与违法行为等同的一个重要原因更可能像威廉·布伦南法官于 1979 年提醒媒体

---

① 〔美〕安东尼·刘易斯:《言论的边界:美国宪法第一修正案简史》,徐爽译,北京:法律出版社,2016 年,第 114 页。
② 〔英〕蒂莫西·A.O.恩迪科特:《法律中的模糊性》,程朝阳译,北京:北京大学出版社,2010年,导论。

机构时所说的,"它们应当与其他机构一起更好地适应社会利益的一系列变化",①质言之,为了应对社会利益的一系列变化,失信行为的概念才开始发生重大的变迁。

其次,法律意义上的失信行为并不包括所有的违法行为。事实而言,即便社会意义上的失信行为范围十分广泛,但也并非将所有违法行为都纳入失信行为的范畴。在国际上,虽然 ICE8000 国际信用标准体系认为违法行为在性质上属于失信行为,但违法行为并不和失信行为必然画等号。ICE8000 国际信用标准体系将未善意遵守法律法规之后未采取积极补救措施的行为列为失信行为,但行为人违法后采取积极措施进行补救或避免了危害后果的发生就算不上失信,即失信行为包含了一部分违法行为,但不是所有违法行为都属于失信行为。在国内,在违法行为是否属于法律意义上的失信行为这一点上存在巨大分歧,我国第一部信用建设的综合性地方法规——《上海市社会信用条例》规定列入目录的失信信息有六种,②显然,其尚未将所有违法行为纳入失信行为的范围。2019 年发布的《南京市社会信用条例》极大地扩展了失信行为的范围,反映信用状况的刑事处罚信息、行政处罚信息和不履行行政决定而被依法行政强制执行的信息均进入信用条例的范围。但须注意的一点是,《南京市社会信用条例》仅仅将"反映社会信用状况"的刑事处罚信息纳入失信记录,譬如假冒专利罪等,但与信用不相干的违法犯罪信息被摒除在外。而《河南省社会信用条例》则直接将"生效判决认定构成犯罪的信息"认定为失信信息,也将"在法定期限内未提起行政复议、行政诉讼或者经行政复议、行政诉讼最终维持原决定的行政处罚信息"列为失信信息,这表明被最终确认的违法犯罪信息都属失信信息。各地社会信用条例的差异反映出人们对失信行为理解上的分歧,在社会信用法的背景下,出现一种逐渐将违法犯罪行为和失信行为等同起来的强烈趋向。

一般地,在违法行为被纳入失信行为的解释路径里,危及信用秩序乃至社

---

① 〔美〕安东尼·刘易斯:《言论的边界:美国宪法第一修正案简史》,徐爽译,北京:法律出版社,2016 年,第 100 页。

② 《上海市社会信用条例》第九条规定:"市社会信用管理部门应当遵循合法、审慎、必要的原则,组织编制本市公共信用信息目录。列入目录的失信信息包括下列事项:(一)欠缴依法应当缴纳的税款、社会保险费、行政事业性收费、政府性基金的;(二)提供虚假材料、隐瞒真实情况,侵害社会管理秩序和社会公共利益的;(三)拒不执行生效法律文书的;(四)适用一般程序作出的行政处罚信息,但违法行为轻微或者主动消除、减轻违法行为危害后果的除外;(五)被监管部门处以市场禁入或者行业禁入的;(六)法律、法规和国家规定的其他事项。法律、法规对违法事项纳入目录已作出规定的,该法律、法规规定的其他违法事项不得纳入。"

会公共秩序是一个有说服力的解释。试想一下,哪一个违法行为没有危及信用秩序呢?直接地,间接地,任何一个违法行为都可能危及信用秩序。如何设计一种路线,可以在一个恰当的意义上将信用惩戒、民事制裁、行政处罚、刑罚等有效区分是一个问题,首先就应该确定违法行为和失信行为的区别,否则,所有违法行为都被列为信用惩戒的对象的结果是信用惩戒完全没有独立的价值,它大约可以划入行政处罚法或者刑法,成为它们当中的一部分。更被看重的问题是,信用惩戒是否可以适用于违法行为?一个对社会公共秩序有间接影响的不法行为能否因为信用惩戒制度的设计转化为失信行为呢?恐怕只有间接影响规则才可能为违法行为进入信用惩戒留下余地。但是这种解释发展出来的失信行为的概念已经失控,在某种程度上它们和违法行为有重复之处,关键是如何处理信用惩戒立法同行政处罚法及刑法的分权关系。但本书的见解是确定的,在本书语境下,只有直接危及信用秩序的违法行为才可以进入社会信用立法的视野;违法情节轻微或过失违法,之后积极采取补救措施,并未造成一定社会危害后果的,不属于法律意义上的失信行为,也就不属于社会信用立法针对的标的;社会信用立法这个类别相对于其他法律形式,有自身存在的基础,法律推理的过程将决定它的将来。

综上,在笔者的见解里,违法行为属于失信行为,但不是所有失信行为都属于社会信用立法针对的标的,失信行为是否属于法律意义上的失信行为,还要视乎失信的主观状态、失信情节以及危害后果。也不是所有违法行为都会落入信用惩戒的范畴,存在两种例外情形,一是违法情节轻微,违法人主动积极补救,没有造成社会危害的;二是过失违法,违法人主观过错小,且积极补救,造成的社会危害较小的。惩戒机关在施行信用惩戒的过程中既不得以信用惩戒代替对违法行为的处罚,更不得以信用惩戒代替刑事处罚,发现违法行为的,应当移送有关部门管辖。正如《南京市社会信用条例》第二十三条提到的,"确定失信信息应当考虑社会信用主体违法、违约的主观意图、行为情节和危害后果"。

(2)违约行为及其例外

通常,无论是口头承诺还是书面承诺,只要契约是在当事人自由意志下达成,违约即为失信。但仍不乏例外,比如悔婚行为,如果悔婚称得上失信,离婚就是另一种形式的失信,契约在婚姻里起到的作用寥寥,反而受到性情、品性、情感、受教育程度甚至客观距离等因素的极大影响。违约的范围可以从具体的情境中创制出来,但对于悔婚这类行为,社会信用立法并不适用。还要说明的是,违约的情形有千千万万,最后能和失信行为等同的违约行为特指那些不善意、没有合理理由或事后不采取积极补救措施的情况。通常,在违约的情境中,违约人免于失信的方法有两个,一是乖乖掏出赔偿金;二是继续履行。否则就可能成为失信惩戒的对象,那些因为不可抗力、情势变更或事后积极采取有效补救措施的违约人就可能免于惩戒,得到宽宥。概言之,虽然存在违约行为,但因为客观原因失信或事后积极补救,没有造成一定社会危害的,也不属于失信行为。

(3)失信关联行为

失信往往不是孤立的事件,失信人所处的环境是造成失信事件的基础和前提。那些和失信事件密切相关的人员同样是社会信用立法关切的对象,他们可能既没有违法行为,也没有违约行为,没有违反法定义务或约定义务,但违背自己应尽的职责,未尽到应尽的义务,造成一定社会危害或情节严重的,同样是社会信用法所反对的,该行为可以称之为失信关联行为,即与失信行为之间形成直接控制和被控制关系,或者对其产生重大影响的行为。博士生导师疏于教导和博士毕业生学术不端这两类行为密切相连,因此同为科研诚信立法针对的标的。如果社会信用立法单单针对违约或违法行为人自身,那样的结论很难使人信服,人们更关注那些失信事件背后的直接相关的个体,他们可能才是危及信用秩序的最大危险源。我们有理由去惩戒那些违反诚实信用原则,并采取一定行动(或者不作为),直接或间接危害信用秩序的人群,那些宽纵或教唆失信人做出失信行为的个体和组织也是社会信用立法管制的对象。要知道,失信关联行为人有时是失信行为的幕后策划者或支持者,没有这些人的纵容、包庇或帮衬,失信人有时根本无法独立完成失信的整个过程并进而造成对信用秩序的危害。因此我们可以明白,为什么《关于对公共资源交易领域严重失信主体开展联合惩戒的备忘录》限定的惩戒对象不仅包括存在严重违法失信行为的失信企业及失信相关人,还包括招标代理机构、采购代理机构以及评标评审专家和其他个体。

(4)为失信提供主要支持的行为

明显地,失信有时是多种行为共同作用的结果,假如单单追究某一部分人的责任,仅仅将部分人的行为设定为失信行为,就会把整个失信问题掩盖起来。比如江苏省南通市城市管理部门不仅将违法建设主体列为失信人,还将为违法建设主体提供帮助和支持的建筑公司以及疏于监管的物业公司等列为相关人,对其进行惩戒。① 在对违法建设主体进行惩戒的同时,如果不对那些明知是违章建筑却提供条件的相关行为进行规制,那就是不公平的。在一定程度上,可以将失信人的违法建设行为视为直接失信行为,提供主要支持的建筑公司的行为就是间接失信行为,他们的行为连成一体。如我国新修订的《商标法》第五十七条明确规定,故意为他人商标侵权提供便利条件,帮助他人实施商标侵权的,属于侵犯注册商标专用权,②可见,与知识产权侵权直接相关联的行为并不游离于知识产权法之外。

综合言之,违法行为、违约行为、失信关联行为以及为失信提供主要支持的行为都是对违背诚实信用原则行为的具体表述,社会信用立法要求各方在自己权利义务范围内诚实行事,兼顾各方利益。失信行为本质上就是违反诚实信用原则的法律表现形式。

(三)失信的权利

显然,社会信用法制定者意识到了信用的重要性,个人利益有部分来自信用,而且个人滥用自己的信用将会对他人和社会造成损害。但他们同样真切地知道,无法根除失信现象,必须为失信留下余地,完全和绝对的守信在人类社会生活中是不可能存在的,失信在一定范围内也是一种合法的自由。这并非泛泛之谈,也不仅仅基于契约自由,还在于法律要努力保护每个人在独立思想、信念、情绪和感受下所作的选择。信用惩戒和契约自由之间出现的冲突并不激烈,失信人以契约自由来主张自己失信的权利将是很艰难的。政府和法律如果规定两个独立个体之间进行的交易应该遵守什么,打着信用惩戒的旗号限制公民只能做出守信的举动,这是对公民行动的一种限制,是一种专制。失信的意义要由当事人自身进行评价,如果守信的结果对当事人更为不利或者对社会总体福利更加有害,谁能否认失信才是一个明智的举动呢? 社会信用法一直在呼吁诚实守信,但是不能不管守信给当事人带来的后果,造成什么样的影响,不能对所有失信都做出笼统的评价,相反,要力图在具体的情形下处理每一个失信的个案。

当然,政府不是法庭,只有法庭才会逐案解释事件的特殊背景来说明失信人可以免责的缘由,政府一般不为个人失信的理由所动,就像一个人无法按期

---

① 参见江苏省南通市《关于加强市区违建治理重心前置工作指导意见》第五条,"政府部门、行业主管单位,将建立完善物业服务企业准入退出机制,运用政府采购、金融信贷、信用评级、诚信激励、失信惩戒等机制,对在违建治理工作中严重失责的物业服务企业实行严格追责、惩戒"。

② 参见《商标法》第五十七条。

向银行归还贷款,背后可能有一千个理由,但无论是主观的还是客观的,除非特殊原因,一般不能阻挡他最后进入银行不良征信记录。失信行为千差万别,可以为公民"失信的权利"划出范围的只能是法律,由法律规定加以确保。

两个原则来确保"失信的权利"。一是适用抽象的诚实信用原则,行为人虽然存在失信行为,但情有可原或者事后采取了积极的补救措施。二是最近的利害关系人可接受的程度,如果一个失信行为属于最近的利害关系人的可接受范围,它还有什么理由触怒大众并露骨地侵犯社会公共利益呢?只要不触犯社会公共利益,守信一方明确接受失信,失信人愿意为失信行为支付代价,完全可以通过协商开辟出失信的空间。当然,个人保有"失信的权利"绝不意味着不管这样的失信行为如何危害他人和社会,社会就必须容忍失信。失信是一个秘密,往往用来掩盖不可预知的情形或者不能述说的感受,有时和私人生活联系更为紧密。关于暴露个人私行,捷克著名作家米兰·昆德拉就说,"在私下场合,一个人所做的事情,所用的粗俗语言、愚蠢行为以及下流玩笑……无不浮动着他在公开场合绝不肯承认的异教观念","私人生活和公共生活是截然不同的两个世界,而尊重这种差异正是一个人生活的不可或缺的必要条件"。① 从这个意义上讲,失信成为隐私的一部分,社会信用法没有否认这一点,个人信用信息有时是应作为隐私的一部分来看待的。虽然信用惩戒是必要的,而且是极为重要的,没有人否认这一点,但对于一个健康的法治社会,这不是唯一的重要之处,倘若维护信用秩序将以牺牲属于隐私的失信信息为代价,那么社会信用法的成功并不值得称赞。正如纽约大学托马斯·内格尔教授所说的:

> 我们每个人的内心世界都是一座思想、感情、幻想和冲动的丛林,如果毫无保留全都公之于众,那么文明将无从延续……如果我们每个人都试图变成将所有的思想、感情和私人行为全部暴露在公众面前的人,那么我们自己的内心生活也将不复存在。②

失信背后蕴含着人内心的贪婪、好利、焦虑甚至淫荡,如果每个人将这些暴露于人前,我们就不是独立存在的个体。失信是人格的一部分,很难制定一个信用守则,对所有失信现象加以制裁。不为"失信的权利"留任何余地的结果是政府和法庭成为个人诚信品格的裁判,如果政府或者法庭认定一个人属于失信的人,那么其他社会机构只会采取更加非常的手段来超越此类限制,我

---

① 参见米兰·昆德拉《被背叛的遗嘱》一书中关于普罗查卡案的评论。
② 〔美〕托马斯·内格尔:《公共隐私的破碎》,《泰晤士报文学副刊》1998 年 8 月 14 日。

们可以看到,一个被法院列为失信被执行人的人,他的孩子上学的学校可能会因为父母的不良信用记录而拒绝孩子入学。还有,不能忽视这样的一个事实:如果政府和法庭不允许失信,市场交易就会越来越少,因为没有人能确保一定守信,从市场交易当中获得的利益不大,因失信失去的利益更大,社会信用法过度严苛的结果并不符合市场经济利益。信用惩戒的扩张使政府权力不断扩大,随之而来的结果是借助信用惩戒入侵公民的道德品格领域,对公民的诚信品格进行道德审查,尤其当法院和政府一起加入信用惩戒这个行列,法院就不再是那个单独拥有司法权去监督政府权力的角色了。

三、信用惩戒

在对信用和失信进行详细辨析的基础上,信用惩戒才会以比较清晰的轮廓出现,也使得对信用惩戒的界定成为可能。

(一)信用惩戒的定义

一般地,任何一个国家的刑法在阐述罪名时,多是在下定义,解释什么是诈骗,什么是盗窃,什么是抢劫,进而解释抢劫和抢夺的差别。哈特在《法律的概念》中指出:"定义,诚如该语词所提示的,最初所指的就是在某类事物和他类事物之间划定界限或做区分的问题,这个界限乃是通过个别独立的语词在语言上所作的划分。"[1]

关于信用惩戒的定义至少要让人们明白,什么是信用惩戒,它与其他惩戒方式的相似之处和差别所在,即这个定义务必在信用惩戒和其他惩戒方式之间划出界线来。如果我们将目光锁定在现代,就会发现,每一种新出现的惩戒方式都要接受无休止的严肃拷问,包括它的起源、正当性论证、实效作用、后续影响,等等。在知识产权领域,从民法领域援引过来的惩罚性赔偿制度也经历了一番辩证式的检验,学界反复进行正反两面的推敲论证,在正反两者的反复较量中,得出一个可以平衡双方的方案,最终才得以在立法实践中生成,这在立法史上极为稀松平常。在本书尚未正式成形的 2019 年 10 月底,国务院总理李克强签署发布《优化营商环境条例》,其中第十五条明令将引入知识产权惩罚性赔偿。而事实上,关于知识产权惩罚性赔偿这个议题早在十年前就被学界广泛地探讨过,早已成为学术上的一个旧题。笔者在 2012 年开始谋篇的博士论文的主题就是知识产权惩罚性赔偿,若干年后得到立法的回应,一时有恍惚之感。从这个简单的事例可以看出,和知识产权惩罚性赔偿制度一样,

---

[1] 〔英〕哈特:《法律的概念》,许家馨、李冠宜译,北京:法律出版社,2011 年,第 13 页。

信用惩戒法制建设也不是一个在学理上研究圆满就可以实践进行的事项。

1. 关于信用惩戒定义的分歧

在实践中,《信用　基本术语》(GB/T 22117—2008)将失信惩戒机制界定为对失信主体进行处罚的制度和措施。ICE8000 国际信用标准体系之一的国际信用惩戒体系包括对失信行为、失信关联行为、支恶行为、违反道德底线行为、违反社会责任底线行为的惩戒。在此之下,信用惩戒针对的单位不止于失信行为,还包括失信行为左近的那些不为他人乐见的关联行为。

在学界,信用奖惩机制是和信用惩戒最为接近的一个概念,依照利益法学的奠基者菲利普·赫克的见解,"概念的核心、距离最近的词义、概念的延伸使我们逐渐认识了陌生的词,它好比黑暗中被月晕围绕的月亮",[①]了解信用奖惩机制有助于我们去认识信用惩戒本身。林钧跃教授在《社会信用体系原理》中对信用奖惩机制的定义是,"以征信数据库为纽带的市场联防,是社会信用体系中最重要的'部件'之一,通过综合运用经济和道德手段,惩罚市场经济活动中的失信者,将有严重经济失信行为的企业和个人从市场主流中剔出去,而对守信者要给予激励与实惠"。[②] 李锋提出信用惩戒是"指相关的组织机构包括主体、客体和征信中介机构共同参与的,以企业和个人征信数据库的信用信息记录为依据的,综合运用法律、行政、经济和道德等多种手段,对失信行为而导致他人利益损失的失信行为人所采取的措施、手段和办法"。[③] 前一种定义将信用奖惩限定在经济领域,这符合该著作 2003 年出版之时的景象,却与当前的现实严重不符,信用奖惩机制早已从经济领域扩展到其他社会领域,信用惩戒的手段也早已不止于经济和道德手段;后一种定义补足了上述缺陷,但将信用惩戒的对象限定于"失信行为而导致他人利益损失的失信行为人"则过于宽泛,笼统一团,没有廓清信用惩戒的边界。信用惩戒是一个比信用奖惩机制更为狭窄的概念,关于信用惩戒,概括起来学界有两种具有代表性的提法,一种是"信用惩戒指针对违法失约等失信行为,采取一定的约束和惩罚性措施,使失信者承受社会谴责、生产经营活动不便或经济损失等不利后果";[④]另一种是"信用惩戒指一种特殊的惩戒形式,它以主体信用为基础,对不遵守法律法规,不遵守诺言,不履行义务,不承担责任,影响社会公平正义,损害他人利

---

① 〔德〕伯恩·魏德士:《法理学》,丁晓春、吴越译,北京:法律出版社,2013 年,第 79 页。
② 林钧跃:《社会信用体系原理》,北京:中国方正出版社,2003 年,第 29 页。
③ 李锋:《社会主体信用奖惩机制研究》,北京:中国社会科学出版社,2017 年,第 30 页。
④ 李振宁:《信用惩戒的特性和运行机理》(上),《中国市场监管报》2019 年 9 月 3 日。

益的信用主体,给予相应的惩戒,使其对自己的失信行为付出代价"。① 比较确定的是,信用惩戒是针对失信行为的,但关于失信行为的范围却是一个值得商榷的所在,前者将失信行为限定于违法失约等行为,后者却将失信行为扩张到"不遵守法律法规,不遵守诺言,不履行义务,不承担责任,影响社会公平正义,损害他人利益"的行为。事实上,只要不是合法正当的行为,无一不落入"不遵守法律法规,不遵守诺言,不履行义务,不承担责任,影响社会公平正义,损害他人利益"这六种情形之内,那将意味着在合法正当的行为之外的所有行为都可能被视为失信行为,继而成为信用惩戒的对象。如此一来,失信行为大约可以与不法行为、不正当行为画等号。如果交通管理部门将闯红灯视为失信行为,那么,城管部门将在公共场合随地吐痰视为失信行为就不必大惊小怪了,因为两者都对社会公共秩序造成了一定的不利影响,那么对随地吐痰进行信用惩戒也是顺理成章之事。由此推演,只要是合法正当行为之外的行为都可以加以信用惩戒,这让人不寒而栗。这就是为什么对信用惩戒进行界定之前,必须对失信行为有一个合理的阐释。在没有对失信行为有一个明确清晰的界定框架之前,应当说,没有这样的理论基础,学界还无法形成一个关于信用惩戒的真确定义。

2. 形成信用惩戒的三个子概念

对于获得信用惩戒的概念,卡尔·拉伦茨关于法学概念的形成方法可资借鉴,在他的见解里,概念要穷尽地列举所描述对象的特征,由构成的事实中分离出若干要素,并将此等要素一般化;由此等要素可形成类别概念,而借着增、减若干要素,可以形成不同抽象程度的概念,并由此构成体系;借着将抽象程度较低的概念涵摄于"较高等"之下,最后可以将大量的法律素材归结到少数"最高"概念上。② 黄茂荣教授则提出概念之建构需要舍弃不重要之特征,也要考虑到法律概念形成的目的及实现的价值,并起到对特定价值的承认、共识和储藏的作用。③ 质言之,法律概念要反映对象的主要特征,并负载着公认的目的和价值。

首先,在与信用惩戒相关的概念里,有几个概念是可以被分离出来的。第一个概念是诚实信用原则,诚实信用原则是构建信用惩戒的逻辑起点,也是衡

① 中国工商报:《谈信用联合惩戒的边界》,中国信用网,更新日期 2019-08-26,访问日期:2019-12-24,http://www.zgxyw.org.cn/newsdetail_1873758.html。

② 〔德〕卡尔·拉伦茨:《法学方法论》,陈爱娥译,北京:商务印书馆,2003 年,第 317 页。

③ 黄茂荣:《法学方法与现代民法》,北京:法律出版社,2007 年,第 59-72 页。

量失信行为的标尺。徐国栋教授将罗马法上的诚实信用原则分为两类,一类是适用于物权法领域的主观诚信,表现为当事人确信自己未侵害他人权利的心理状态;另一类是适用于合同法领域的客观诚信,它表现为当事人诚实履行自己义务的行为。后者相比前者,影响要大得多。[①] 在他的见解里,罗马法原始文献的很多部分都体现了道德的诚信概念,比如优士丁尼法典规定,恶意的和诚信的占有人享有的权利是不同的,诚信占有人在发现自己的错误后返还占有物,不必返还已经消费的孳息,而恶意占有人不仅要返还原物,还要返还孳息,罗马法优待诚信占有人,就是因为诚信的合道德性。[②] 但在当代,这种传统的观念正在悄悄地变化,那些因故意或过失违反法律法规的行为都被认为是在践踏诚实信用原则,因为主观上的过错(包括故意和过失)都是非善意的,非善意不遵守法律法规且事后未采取补救措施的行为属于失信行为,便成为信用惩戒的对象。由此可见,失信行为的主观状态不再是故意,也可能是过失,两者都是对诚实信用原则的违背。

在实践中,我国现行各地方社会信用立法在多个方面都体现为模糊、含混,虽然对根本性的问题有所考虑,但在一部法律当中聚集了太多的道德的、行政的措施,必然导致信用惩戒这个概念并不像其他法律概念那样一目了然。诚实信用原则是衡量所有纳入信用惩戒的失信行为的一个标尺,也是信用惩戒立法的基本原则,适用于信用惩戒的每一个阶段,贯穿信用惩戒的整个过程,对信用惩戒立法和法律解释都有指导意义。在这个意义上,诚实信用原则是连接信用惩戒和失信行为之间的一个连接点。例如,无论社会信用法如何缜密,都无法罗列出所有应受信用惩戒的失信行为的种类,诚实信用原则的存在堵住了这个漏洞,对于有的失信行为,即便在社会信用法中找不到判断依据,仍然可以根据诚实信用原则做出判断。当然,我们不能断定将来会不会产生关于失信行为的新标准,但这种标准和法律上的标准不同,若要达到法律上信用惩戒的标准,必须要达到以下条件:一是采取了违反诚实信用原则的行动;二是行为人主观有过错,包括故意和过失,且没有事后进行补救;三是不诚信的行动具有一定社会危害性,事后也没有积极采取补救措施,造成一定社会危害后果。

其次,第一个概念还需第二个概念来补充,即信用秩序。客观上存在部分情节轻微的失信行为,因并未危及信用秩序,就没有纳入信用惩戒范围的必

---

① 徐国栋:《民法基本原则解释》,北京:中国政法大学出版社,2001年,第82-83页。
② 徐国栋:《民法基本原则解释》,北京:中国政法大学出版社,2001年,第111页。

要,如事后采取积极补救措施的违约行为。如果"信口雌黄"和"说话不算数"会招致信用惩戒,几乎少有人能在信用惩戒之外了,信用惩戒针对的是危及信用秩序的失信行为,而不是一般轻微的失信。客观上也存在未危及信用秩序的违法行为,即便是最为恶劣的故意杀人行为,如果硬要和信用秩序扯上关系也实属勉强。因此,至少狭义的信用惩戒不应该将所有的违法行为囊括在内,只有那些真正危及信用秩序的违法行为才可能成为信用惩戒的对象,虽然有些违法行为本身带有一定的诚信特征,比如大义灭亲。同时,关于信用秩序,没有一个完全一致的答案,金融从业者认为危及交易安全就是危害信用秩序,国家主权者认为危及信用经济就是危害信用秩序,而一般公民会认为背信弃义即违反信用秩序。信用秩序被来自不同立场的见解所掩蔽,以致不同社会领域都可以选择信用秩序作为信用惩戒的科学支持,没有任何的科学论辩证明这种见解是不合理的,这在现实中取决于法官的自由裁量。但有一个标准是,存在不诚信行为,侵害了国家、社会或他人利益,或对信用秩序造成了不利影响,便是危及信用秩序的行为,这种判断类似于立法上对侵害社会公共利益的判断。

最后,在诚实信用原则和信用秩序这两个概念之外,还需第三个概念进行补助,即综合性手段。和其他民事、行政或刑事制裁不同,信用惩戒往往以个体征信数据库的信用信息记录为依据,综合采取司法、行政、道德、行业、市场和社会性等多种手段联合进行惩戒。在一定程度上,确定失信人名单,形成信用信息数据库是施行信用惩戒的前提。信用惩戒本质上是对违背诚实信用原则且危及信用秩序的行为进行惩罚的制度,但这还不足以表明它和其他民事、行政、刑事制裁存在差异,有谁能否认刑法目录上的假冒商标罪是对危及信用秩序的失信行为进行的一种惩戒呢?相比民事、行政或刑事制裁,信用惩戒应有其特殊性,其特殊性在于适用路径上。信用惩戒,论其特色,就是国家内部信用体系在背后作支撑,在有效的信用体系上才能建立真正有效的信用惩戒法制。为了契约自由和交易安全,什么是失信,什么是守信,对失信行为给予什么样的惩戒,什么机构进行惩戒且以什么样的程序进行惩戒,必须权威地以某种方法确定下来。

综上,由以上三个"较低等"的概念可以归结出一个"较高等"的信用惩戒概念。在以上讨论的基础上,信用惩戒的概念可以围绕以下几点展开:它是一种社会约束机制;它建立在信用信息数据库基础上;它针对的是违反诚实信用原则的行为;它综合运用行政、司法、市场、道德等多样化的手段;它的目的是通过对失信行为进行监督与防范来达到约束社会各主体的信用行为。归结起来,可以对信用惩戒下一个定义,即信用惩戒是一种建立在信用信息数据库基础上并综合运用行政、道德、司法、市场等多种手段对违背诚实信用原则且有害信用秩序的行为施以惩戒来规范社会各主体信用行为的一项社会约束机制。

要注意的是,信用惩戒自身有三个概念襄助:诚实信用原则、信用秩序和综合性手段。这三个概念对最终建立起系统的信用惩戒制度有着不同程度的贡献,但是,从任何一个或两个角度都不足以普遍完全地概括出信用惩戒的本质。契约自由、交易安全、信用秩序和综合性手段都是有价值的,这毋庸置疑。问题是如何以信用惩戒的方式去实现这些价值,尤其在国内大环境中,政府官员为了社会公共秩序常常轻视诚实信用原则,不给任何失信行为以喘息的机会,而失信人总是企图从契约自由里找到背约的借口,其他社会机构又只从信用秩序和交易安全的角度推演出信用惩戒的内容,而枉顾善意失信和恶意失信、主观失信和客观失信的差别,法律上的公平正义可能被抛到九霄云外。

(二)信用惩戒的适用标准

信用惩戒适用的前提是失信行为的存在,但这还不是问题的全部,本书建议通过"两步测试法",对失信行为进行"两步测试"。第一步,首先要确定当事人行为是否属于失信行为。法律意义上的失信行为有别于社会意义上的失信行为,法律意义上的失信行为在广义上包括违法行为、违约行为、失信关联行为以及为失信提供主要支持的行为。第一步要将法律意义上的失信行为和其他失信行为区别开来。第二步,如果确定属于法律意义上的失信行为,就要开始分辨属于主观失信还是客观失信,这可以分为四种情形。第一种是客观上失信,但主观上有继续履行义务的意愿,事后采取了积极的补救措施,这是最好的情形,可以免于信用惩戒。第二种是主观上有履行义务的意愿,但客观上没有能力履行,这类人是被排除在信用惩戒之外的。第三种是客观上有履行能力但主观上不愿意履行义务的,这是信用惩戒惯常针对的对象。第四种是主观上没有履行义务的意愿,且存在懈怠、严重疏忽行为的,视情节轻重予以不同的信用惩戒;或者虽然无法判断当事人的主观意愿,但从当事人转移财产、违反财产报告制度的行为来推定当事人没有主观履行意愿的,可以适用信用惩戒。

首先,针对违法行为,违法行为人没有主动采取补救措施,造成一定危害后果,这将落入信用惩戒的范围;但情节轻微,主动消除或减轻危害后果或过失违法,没有造成较大危害后果的不适用信用惩戒。

其次,针对违约行为,没有事后采取积极补救措施的违约人将面临信用惩戒。

现实中,如果继续追究失信人的主观状态,就会发现,在违约这个领域,存在主观失信和客观失信的情形。民法上的情势变更原则就是一种因客观环境变更导致无法正常履约情形下的救济。客观来讲,这是一种非当事人意志可以控制的因素,甚至还可能是自然灾害或战争等不可抗力因素,致使继续履行契约带来困难,当事人之间可以协商变更或解除合同,如果协商不成,可以通过司法途径改变契约条款或者撤销契约,重新分配双方的权利义务,体现契约的公平合理。因此,这一种客观违约就不能算作失信行为。而主观违约则包括故意和过失,除非当事人有特别约定,否则,两种情形都会导致违约责任的产生。尽管刑法在犯罪构成上会谨慎地区分故意和过失,但故意和过失这两种不同的主观状态在违约领域并没有被特意区分。

最后,针对失信关联行为以及为失信提供主要支持的行为,行为人的行为可能既不违约,也不违法,行为人虽然没有违反约定义务或法定义务,但行为的不正当性明显,行为人没有采取积极的补救措施,情节严重或造成一定社会损害的,这种不正当行为同样适用信用惩戒。

虽然本书所涉与规则制定并不相关,但规则制定过程一样涉及事实的认定或归类问题。信用惩戒有其特定的针对单位,失信行为不像其他法律概念那样一目了然,但是,在其定义上,至少将违法行为一概界定为失信行为是大而不当的。有的行为虽然违法,但无关乎诚信,如过失致人死亡,肇事者可能没有任何不诚信的行为,但主观上确有过失,危害还是发生了,罪责依然成立。比起一般违法行为更为有恃无恐的举动很多,科研造假就是一个实例,2013年德国教育和科研部部长因博士论文造假,被其母校褫夺了颁发 33 年之久的博士学位。

第二节　信用惩戒的分类

如果法律分类合理,对不同失信行为施以不同的信用惩戒种类,事情就会变得简单很多。韦伯曾说,社会学者的任务就是对社会现象纯粹的和理想的各种类型进行描述,并且从它们中演绎出社会制度的典型功能、效果、成绩和缺陷以及社会统治的方式,[①]法学亦是如此。在韦伯看来,如果要真正去分析

---

① 〔美〕博登海默:《博登海默法理学》,潘汉典译,北京:法律出版社,2014 年,第 269 页。

一个法律概念的纯正本质,首先要划出各种类型,并把这些类型和其他类型区分开来,确认出它们对于社会机构发生怎样的特定后效。从这个意义上看,为了解释信用惩戒这个名词,要事先画出一幅信用秩序图,当信用惩戒的所有特征都齐全了,在这个基础上,才能分析出信用惩戒对整个社会信用体系产生的后效如何。毕竟,对于同一个行为,比如无证驾驶等严重的交通违法行为,惩戒不止一项,除了罚款、拘留等惩戒,还可能被列入信用记录,作为未来信用惩戒的依据,这些惩戒形式在共同发生作用,没有任何一个工具可以详细表明这些因素各自起到什么比例的作用。

但辛普森教授提到,法律分类绝不仅仅是为了方便起见,"将杂乱无章的大量法律资料随意地分作不同的小类,而是反映了关于法律结构或目的等基本思想"[①]。美国学者格雷(Gray)也说,"能够把法律完善地分类的人即有完全的法律意识",[②]这话是真确的。对信用惩戒进行分类的价值在于对各式失信行为及当中差别进行归类,企图找到一般化的事实法则,这是很多学者梦想的,有一条一般性的法则躺在失信乱象里面,只要找到这条法则,就可以适用于可能发生的各种失信情形,而不必动用司法的自由裁量权来补住立法的漏洞。如果有一个信用惩戒的一般性法则,并可以适用于各种情形,那么法官的任务就不那么复杂了,他们只是尽力通过逻辑推理将特定的失信事件或行为归入对应的信用惩戒法规之内。法官自由裁量权的必要性毋庸置疑,"当年,语词的精确是至高无上的法宝,每一次失足都可能致命,而如今,法律已经走过了它形式主义的初级阶段",[③]我们不再过分执着于法律的文字,因为法官可以读出法律中的隐含意义。

在学界,学者从不同角度对信用惩戒做过不同的分类。比如陈文玲依据惩戒的来源将失信惩戒制度分为行政性惩戒、监管性惩戒、市场性惩戒、社会性惩戒以及司法性惩戒。[④] 李锋依据惩戒的内容将失信惩戒方式分为人身自由惩戒、财产惩戒、资格惩戒以及道德惩戒四个部分。[⑤] 除了以上分类形式,还可以做如下分类。

① 〔美〕布赖恩·辛普森:《法学的邀请》,范双飞译,北京:北京大学出版社,2014年,第108页。
② 转引自〔美〕博登海默:《博登海默法理学》,潘汉典译,北京:法律出版社,2015年,第284页。
③ 〔美〕本杰明·N.卡多佐:《司法过程的性质》,苏力译,北京:商务印书馆,2011年,第59页。
④ 陈文玲:《整顿和规范市场秩序是一项长期任务》,《管理现代化》2004年第4期。
⑤ 李锋:《社会主体信用奖惩机制研究》,北京:中国社会科学出版社,2017年,第34页。

一、广义的信用惩戒和狭义的信用惩戒

狭义的信用惩戒指对法律意义上失信行为的惩戒,包括对违法行为、违约行为以及与之密切相关行为的惩戒,狭义信用惩戒将事后采取积极补救措施的违约行为、情节轻微的过失违法行为等摒除在信用惩戒之外,回归信用惩戒的价值原点。正如《上海市社会信用条例》指出,"本条例所称社会信用,是指具有完全民事行为能力的自然人、法人和非法人组织(以下统称信息主体),在社会和经济活动中遵守法定义务或者履行约定义务的状态"①。社会信用立法主要针对的是违法行为和违约行为。

广义信用惩戒指对不诚信行为的惩戒,不诚信行为包括违反约定义务、法定义务以及社会义务的行为,违反社会义务的行为包括不履行道德义务,不承担责任,有损公平正义或损害他人利益等不正当行为。相比狭义信用惩戒,广义信用惩戒延展到对情节严重的不道德行为的惩戒,这是当下行政管理领域不当扩张信用惩戒范围的趋向所致,我国多个地方出台的社会信用条例采用的是广义的概念,比如河南省将拒服兵役、网络诋毁他人等行为纳入信用惩戒。广义的信用惩戒的缺陷是无限扩大信用惩戒的边界,将违法违约行为以及情节严重的不道德行为统统纳入不良信用信息记录的范畴,使信用惩戒脱离了其原本建立在诚实信用原则基础上的本来面貌,以致很多地方的社会信用条例和《行政处罚法》《文明行为准则》之间有交叉。

二、经济领域、社会公共管理领域、文化教育领域和政治领域的信用惩戒

社会学上的"区域比较法",对不同区域加以现实描述,然后将原有状态和现有状态进行比较,社会变迁的过程得以呈现。② 同理推之,不同社会领域内的失信行为表现不同,这些社会领域引入信用惩戒之前和之后的状态亦不同,比如自从征信报告在金融机构出现之后,以前种种针对银行等金融机构的失信现象得以改善,如果银行将以前的状态和现在的状态相比较,经济领域信用惩戒的变迁过程就十分明显了。从现在信用惩戒适用的领域来看,主要可以分为四类。

第一类是经济领域的信用惩戒。我们应该能够获得相似的认识,即最早

---

① 参见《上海市社会信用条例》第二条。
② 费孝通:《怎样做社会研究》,上海:上海人民出版社,2013年,第198页。

的信用惩戒发端于经济领域,自经济领域开始,慢慢向社会其他领域延展和扩张。常见的信用惩戒见于金融领域,早在 1999 年《银行卡业务管理办法》第六十一条就规定,骗领、冒用、伪造、变造银行卡以及恶意透支、利用银行卡及其机具欺诈银行资金的行为属于刑事犯罪。同时规定,发卡行根据申请人的资信情况来决定是否发放卡片以及确定信用额度。[①] 这意味着对于那些资信欠佳的申请人,银行有拒绝发卡的权利,他们将丧失将来的信用利益。客观来说,信用惩戒发端于经济领域,这种说法应该不会招致太大的反对。

第二类是社会公共管理领域的信用惩戒。如今已经有一种倾向,即多个部门联合起来将信用惩戒应用于更广泛的社会领域,而不大顾及特殊的环境或者该时该地的特殊性。因此可以看到,信用惩戒在社会公共管理领域开始大行其道,以交通管理部门为例,交通事故数量的逐年攀升刺激了交通管理部门,交通违规被记入个人征信,对具有党员身份的交通违规者进行曝光也是近些年出台的新手段。信用惩戒的出现,让部分管理者在现有的社会管理手段之外找到一剂新药,将其迅速且普遍地应用到社会公共管理领域的多个角落,造成一种信用惩戒万能的假象。

第三类是文化教育领域的信用惩戒。文教领域的信用问题曾经一度被看作是个人事项,属于法外之地。近年来,学术丑闻多发,引起国内外关注,有学者专门对比可能导致美国和中国市场营销专业学生学术不诚实的几种信念和价值观,研究结果表明,年轻、宽容、超然、信奉、相对主义、宗教的学生更容易接受学术不端,与美国学生相比,中国学生更宽容和独立,他们对学术不诚实的接受较不敏感。[②] 每年不间断出现的学术不端丑闻使教育和学术蒙羞,比如南京大学的"梁莹事件",为建立学术诚信、学术规范的教育制度,纳入惩戒范围的学术不诚信行为应更加具体化,更具操作性。在《关于严肃处理高等学校学术不端行为的通知》《关于切实加强和改进高等学校学风建设的实施意见》《学位论文作假行为处理办法》等规范性文件的基础上,2016 年 6 月,教育部《高等学校预防与处理学术不端行为办法》发布,其第二十七条将剽窃、抄袭、侵占、篡改、伪造、冒名、虚假学术信息等行为认定为学术不端行为。2018年 11 月,教育部、中央宣传部、广电总局、最高人民法院等多个机构发布《关于

---

① 1999 年《银行卡业务管理办法》第五十一条第(一)款规定:"发卡银行有权审查申请人的资信状况,索取申请人的个人资料,并有权决定是否向申请人发卡及确定信用卡持卡人的透支额度。"

② See Mohammed Y. A. Rawwas, Jamal A. Al-Khatib, Scott J. Vitell, "Academic Dishonesty: A Cross-Cultural Comparison of U. S. and Chinese Marketing Students", *Journal of Marketing Education*, Vol. 26, No. 1, 2004.

对科研领域相关失信责任主体实施联合惩戒的合作备忘录》(发改财金〔2018〕1600号),联合惩戒对象为在科研领域存在严重失信行为且列入科研诚信严重失信行为记录名单的相关责任主体,不仅包括科技计划及项目的承担人员、评估人员、评审专家,科研服务人员、科学技术奖候选人、获奖人、提名人等自然人,还包括项目承担单位、项目管理专业机构、中介服务机构、科学技术奖提名单位、全国学会等机构。2019年9月,科技部、中央宣传部、最高人民法院、最高人民检察院等部门联合发布《科研诚信案件调查处理规则(试行)》,这意味着未来科研诚信将不再囿于个人事项或单位内部事务,而是作为科研诚信案件,有章可循,有法可依,有明确的调查程序和处罚根据,对涉嫌违法犯罪的,移送司法机关依法处理,彻底告别无法可依的时代,国家在依法治理学术不端行为上的决心可见一斑。当然,除了科研不诚信,其他行为也会在文教领域引起负面的评价,导致信用惩戒的出现。在我国,2018年学者沈某因私德有亏被单位解聘,在笔者正为本书写作踌躇不安之时,2019年11月俄罗斯著名历史学教授索科洛夫因谋杀罪被圣彼得堡国立大学以"不道德行为"为由开除了教职,其获得的法国荣誉军团勋章被取消,可见,对文化科研从业者的精神品质的要求中外是一样的。

第四类是政治领域的信用惩戒。政府部门和公职人员要承担信用责任,中外同理。美国学者亚历山德拉·基辛格(Alexandra Guisinger)等研究国际危机中国家声誉与政治制度的相互作用,认为国家信誉源于对未来的期望,而保持诚实的良好记录则不断获得收益。对于国家而言,有两种环境,第一种环境中,一个国家的诚实记录保存在整个国家之内;另一种环境中,声誉在单个领导者中保存,即领导人对国家声誉负有责任。① 在我国,《中国共产党纪律处分条例》第五十六条规定,对抗组织审查,向组织提供虚假情况,掩盖事实的,轻则给予警告处分,重则给予开除党籍处分。其第七十七条规定,在涉及人事录用、职务晋升、考核、安置复转军人、职称评定或征兵等工作中,歪曲或隐瞒事实真相,或以权谋私的,轻则给予警告或者严重警告处分,重则给予撤销党内职务或者留党察看处分,直至开除党籍。信用惩戒在第八十条也有体现,在发展党员时采取弄虚作假或者其他手段,或者为非党员出具党员身份证明的,轻则给予警告或者严重警告处分,重则给予撤销党内职务处分。第一百

---

① See Alexandra Guisinger, Alastair Smith,"Honest Threats: The Interaction of Reputation and Political Institutions in International Crises", *Journal of Conflict Resolution*, Vol. 46, No. 2, 2002.

一十六条专门提到"弄虚作假,欺上瞒下"这种严重不诚信行为,[①]第一百二十五条规定,在日常工作中,如向上级汇报、报告工作时纵容、暗示、唆使、强迫下级报假情、说假话的,要加重处分。

《国务院关于加强政务诚信建设的指导意见》(国发〔2016〕76号)指明要加大对各级人民政府和公务员失信行为的惩处和曝光力度,追究责任,惩戒到人。最高人民法院《关于公布失信被执行人名单信息的若干规定》(2017)规定,国家公职人员及相关人员被列入失信被执行人名单的,应当将相关情况通报其所在单位和相关部门;国家机关及相关单位等被列入失信被执行人名单的,应当将相关情况通报其上级单位、主管部门或者承担出资人职责的机构。[②] 这里并没有提及党员身份,政务处分和党纪处分也是有明显界分的,党纪处分的对象是违反党纪的党组织和党员,政务处分的对象是有违法违规行为的公职人员,而针对具有党员身份的公职人员,则同时适用党纪处分和政务处分,失信公职人员将面临的处分将由《中华人民共和国监察法》《行政机关公务员处分条例》等法律法规做出规定。

三、纯粹的信用惩戒和连带的信用惩戒

纯粹的信用惩戒指的是仅仅针对失信行为本身进行惩戒,而不延及其他方面,比如针对违约行为,根据合同约定的违约条款进行信用惩戒,失信的惩戒止于合同条款,不存在其他外部惩戒力量的介入,排除了一切不和失信直接相关的因素。纯粹的信用惩戒完全根据失信行为本身的危害予以惩戒,比如赔偿他人的损失或其他方式,这种惩戒是即时的,效果立刻显现,对失信人的打击也是直接的,毫不含糊。

连带的信用惩戒不仅仅惩罚失信行为本身,还要对和失信行为密切相连的其他方面进行关联性惩罚。如果一个律师因作伪证受到刑事制裁,律师协会通常基于司法裁判对该律师进行惩戒,情节严重的吊销执照,剥夺从业资格,已经办理委托手续的当事人也有权解除诉讼委托,这在本质上是连带的信

[①] 《中国共产党纪律处分条例》第一百一十六条第四款规定:"弄虚作假,欺上瞒下,损害群众利益的,对直接责任者和领导责任者,情节较重的,给予警告或者严重警告处分;情节严重的,给予撤销党内职务或者留党察看处分。"

[②] 《关于公布失信被执行人名单信息的若干规定》(2017)第八条规定:"国家工作人员、人大代表、政协委员等被纳入失信被执行人名单的,人民法院应当将失信情况通报其所在单位和相关部门。国家机关、事业单位、国有企业等被纳入失信被执行人名单的,人民法院应当将失信情况通报其上级单位、主管部门或者履行出资人职责的机构。"

用惩戒。在 2020 年新冠肺炎疫情背景下,具有隐瞒、欺骗等不诚信行为的公民除了被依法处置之外,还可能收到来自职场的罚单,比如 2020 年初从美国返华的黎女士隐瞒病情的不诚信行为被曝光后,被所在美国公司解职,理由是"在未告知公司并忽视健康专业人士建议的情况下,因个人原因返回中国",其个人行为与公司价值观相悖,其承担的不仅有来自政府的以行政为主导的信用惩戒,还连带着道德谴责的社会性信用惩戒和来自职场的信用惩戒。

除了连带性,不确定性是连带的信用惩戒的另一个明显特征,连带的信用惩戒有别于纯粹的信用惩戒,它是不确定的,它和之前的失信行为相关联,但并不必然发生,正如并非每个不诚信的当事人都会收到来自职场的解雇通知一样。这种带有连带特征的信用惩戒有时甚至没有固定依据,它有时是自发产生的,可以存在,也可以不存在,比如来自职场的信用惩戒就是这样的情形。

四、单一惩戒和联合惩戒

单一惩戒指由直接监管机关做出信用惩戒。信用惩戒机构单一,如工商部门依法取缔制售假冒伪劣产品的厂家。单一惩戒以直接监管机关具有惩戒的权限为前提,不具备惩戒权限的机构不能做出单一惩戒。单一惩戒表现为失信行为仅仅受到最直接主管机构的单一制裁,比如火车"霸座"行为,铁路部门可以直接采取信用惩戒,限制当事人通过铁路出行。

联合惩戒指的是针对严重失信行为,一个机构采取多种惩戒措施或多个机构联合做出多种惩戒措施的一种信用惩戒方式,它是相对于单一惩戒而言的。联合的方式分为两种:惩戒内容的联合和惩戒机构的联合。惩戒内容的联合指对惩戒对象采取两种以上的惩戒措施;惩戒机构的联合指的是跨部门联合惩戒,多个部门联合起来施以多种惩戒措施。在我国,跨部门联合惩戒的机构可以是行政机构、司法机构、被授权的机构以及其他社会组织,多个机构联合惩戒通常以签署合作备忘录的方式建起联合惩戒的大网。在联合的路径上,信息共享是多个机构联合惩戒的前提,共享的路径通常是一个主管机构定期通过信息共享平台依法依规向签署备忘录的其他机构提供失信信息,并在信息公示系统或官网向社会公布,其他机构依照备忘录的规定执行联合惩戒,再将信用惩戒的情况通过信息共享平台反馈给先前的机构。以征信数据库的信用信息记录为基础是联合惩戒的一个特征,和失信行为密切关联的相关机构根据信用记录做出相应的惩戒措施。从外部形式上,根据失信行为本身的严重程度,对一般失信行为进行单一惩戒,而对严重的失信行为才施行联合惩戒,信用惩戒在现实中的运用有从单一走向联合的趋向。

在我国,《关于对知识产权(专利)领域严重失信主体开展联合惩戒的合作备忘录》这份法律性文件清晰显现出单一惩戒和联合惩戒之间的界限。这份由 38 个机构联合签署的备忘录里,将专利领域六种行为列为严重失信行为,施行跨部门联合惩戒,并将惩戒措施和施行单位予以明确。而在这六种行为之外的失信行为,因情节相对轻微,不会受到联合惩戒,但不排除直接主管机构做出单一惩戒的可能。

诚然,必须承认,在对信用惩戒进行分类之前,很多信用惩戒的手段已经真实地存在了,比如银行拒绝具有不良征信记录的公民贷款申请,行政管理领域内所谓的"黑名单"制度也不是一个新鲜的提法,信用惩戒的形式、手段和内容都在不断发生变化,以致信用惩戒的分类框架并不稳固。尤其是联合惩戒逐渐成为一种相对固定的制度之后,单一惩戒和联合惩戒才成为一种相对成熟的法律分类。质言之,以上分类都是暂时的,分类是对形式的关注,而不是其内容。从当下的流行趋向看,信用惩戒似乎可以放入任何种类的内容,信用惩戒的内容可以由制定者根据实际情形加以改变,这使它看上去并不是一种永恒、不易的秩序,它更像一个机械性的工具,可以保护或支持制定者所需的某种秩序。

第三节　信用惩戒的演进及其特征

卡尔·拉伦茨说:"任何人想了解法的当下情况,就必须同时考量它的历史演进以及它对未来的开放性。过往对于——在历史中演变之——法的持续影响,这正是法史学的课题。"[1]关于信用惩戒的演进历史绝不是经济学一个学科可以描述完全的,虽然许多学者认为新制度经济学的崛起使人们认识到信用对维护市场交易秩序和推动经济发展的重大意义,信用惩戒也被认为发端于经济领域,但在新制度经济学出现之前,信用就在发挥它自己的作用了。博登海默在谈到法律社会学时,提到法律社会学要跻身社会科学之林必须具备两种功能:说明成熟的法律类型和分析法律演进的原因。[2] 为了弄清信用惩戒的本质和意义,对其历史根源的发掘成为一件有价值的事,而这些根源通

---

① 〔德〕卡尔·拉伦茨:《法学方法论》,陈爱娥译,北京:商务印书馆,2003 年,第 73 页。
② 〔美〕博登海默:《博登海默法理学》,潘汉典译,北京:法律出版社,2015 年,第 273 页。

常被埋在几千年来人类和失信行为及其现象交手过程里诸种社会力量的较量之中。虽然先前已经言明本书指向的信用惩戒是在法治层级之内的,但如果论辩以这样的路线行进,则完全没有办法解释过去,除非在探讨信用惩戒这个问题上和历史不做任何接触。很多社会制度都在远古时期就埋下了种子,这使得萨维尼和黑格尔等都坚持法律是历史成长的产物,而不是自然法学派的见解里所提到的永恒不变的原理。我们在探讨西方成熟的和更高级的信用惩戒制度之时,这个制度之所以生长成较为成熟和更高级的样式,是因为它们包含着古代信用惩戒的若干基本准则,或者说,古代信用惩戒的若干准则在西方现代制度上复苏和再现了,只是当时它们的法律性有所欠缺,但在"无法"状态的原始社会,信用惩戒何尝没有存在过呢? 谁又能否认历史上《汉谟拉比法典》、梭伦立法和《十二铜表法》中关于欠债不还的规定不是一种精细的信用惩戒规则呢?

一、不同历史阶段的信用惩戒

从外部形式上,信用惩戒是对失信人不诚信行为的一种惩罚,但这种说法没有顾及这样的事实,即历史上的信用惩戒有着各种阶段和形式,信用惩戒始于言,而不是行。信用经常与誓言在一起,以誓言来保证自己的信用。直到现代,人们面对不信任自己的人,还经常有发誓的举动,发誓一定会履行承诺,如违背诺言自愿承担不利的后果,"天打雷劈"则是不利后果之一。

首先,信用惩戒的依据最早可以追溯到历史早期的多神论,信义女神菲得斯主持涉信的事项,一切背信行为都是对信义女神的亵渎,将会招致报复。当然,有学者认为神只是为了引发恐惧才发明的,"希腊人创造了一些可怕的女神,为的是制止攫取的本能和恐吓那些胆敢侵犯他人财产的人"[①],显然,在当代,亵渎神灵不再是一种罪过。西塞罗在《论共和国·论法律》中提到,"对伪誓,神明惩罚是死亡,人间惩罚是破廉耻"[②]。在古罗马时期,个人信用是名誉的一部分,失信即个人信用蒙污,信用一旦受损将被剥夺参与社会活动的资格,即破廉耻,该制度是古罗马进行社会信用管控的一个重要手段,从中看出,现代信用惩戒制度是可以从古罗马破廉耻制度当中找到灵感的。

---

① 〔法〕保尔·拉法格:《思想起源论》,王子野译,北京:生活·读书·新知三联书店,1978年,第92页。

② 〔古罗马〕西塞罗:《论共和国·论法律》,王焕生译,北京:中国政法大学出版社,1997年,第226页。

在人类历史的早期,人们显然还没有发现失信将会是一个严重的社会问题,社会物质生活的单纯没有为失信行为提供丰富的土壤,失信还属于社会个别现象,或者说那时的人们还没有将说话不算数、违反诺言或契约视为一宗相当严重的事件,人类和自然界一系列血腥的搏斗使生存成为头等大事,关于食物的取得和分配一直在族群首领的带领下艰难进行。梅因爵士在考察和描述古代社会组织时说,"最古老的社会的家族组织在少数法律制度学中留下了清晰又显著的标志,表明了'父亲'或是其他祖先对于卑亲属的人身和财产享有终身的控制权",①如果真如梅因爵士所说,远古社会的生活是受首领或家长反复无常的性情所支配,失信或守信都在其一念之间,除了与食物取得和分配有关的族群生存利益之外,是否还存在强迫他们守信的外界力量呢? 还是存在的。一是最开始,人们将失信与某些神秘的力量相联系,如天神,加上自然灾害的突然袭击,基于恐惧而生的自制实际上是远古社会守信的唯一保证。因为失信招致天神不悦,降罪于族群,于是族群蒙难。因此,守信逐渐成为保护种族自身的习惯。至于私人之间的背信弃义,只能依靠自力救济或以同态复仇的方式解决。二是对其他族群的畏惧也会成为守信的因素之一。因为谁也不能保证在和其他族群的冲突中会全身而退,取得绝对性胜利,为了保全自身,减少流血冲突,族群之间订立盟约,交换彼此的女儿或其他女性来结成婚约,这些婚约就是契约。也可能要求对方提供人质,如秦始皇之父异人最初的身份便是质子,那些人质形同担保物,来换取对方对自己守信。当然,在一方失信时,另一方可能会杀死那些质子来泄愤,这几乎也成为惯例。因为斗争的结局不可预料,想要避免战争和牺牲,族群在势均力敌的基础上订立契约是建立信用关系的前提。三是等到族群成立部落联盟直至一个统一国家的出现,这是比较高级的阶段了,统一后的政府如何去协调不同地域、不同首领的权威成为新的问题,类似现代国际社会的争端通常依靠联合国、国际法院或者国际仲裁机构的裁判,这就需要新的权威机关出现,建立一个直接强制的制度体系,对失信的个体权威或区域适用并推行公共的惩戒,这种惩戒过程可以看到国家权力的身影了。

其次,奴隶社会开始以国家权力名义对失信行为进行惩戒。早在公元前594年,梭伦立法就创制规范,对欠债不还这种失信行为进行打击。公元前449年《十二铜表法》也采用大量篇幅来说明如何惩戒欠债不还的债务人。可

---

① 〔英〕亨利·萨姆奈·梅因:《古代法》,高敏、瞿慧虹译,北京:中国社会科学出版社,2009年,第104页。

以看出,刑事手段在信用问题上的应用是有深刻历史渊源的,彼时债权人对债务人几乎有生杀予夺之权利,写在成文法纸面上的已经是相当理性和保持克制的了,可以想见,在现实中,债权人对债务人的严苛程度更为骇人听闻,以致法律不得不做出适当干预,作为成文法的《十二铜表法》允诺给债权人的权利已经是被大大削减和限缩了的。

再次,到了封建社会,契约和土地、房产等有形财产紧密联结,失信更是不可等闲视之。人们在法律上的权利义务分配仍然十分不平等,占据强者地位的地主和处于弱势的农民之间也有契约,但在这种失衡状态下,农民畏惧背约的严重后果,失信通常实属迫不得已而为之的少数事件,如杨白劳因交不起租子在年关被迫外出避债,而女儿喜儿则成为失信的代价,封建社会对失信的惩戒要视乎封建地主的自制或者自由裁量,即便告到官府,官府同样认为失信是有违封建法律和礼教的双重不当行为。但官府力有不逮也是事实,对外武力征战或者应付邻国、外敌入侵是封建国家的主要任务,对内的征服则是国家政治稳定之后要做的事情。

最后,等到了近现代,真正专门的裁判场所——法庭出现了,它至少是承认所有国家内部成员在形式上是平等的,平等是形成契约关系的前提,但人们之间的契约仍然不是稳固的,可以随着自己的意志变更或废弃,滥用信用的可能性仍然大量存在,只是付出的代价不同。法律的作用在于,引导人们避免这种信用滥用,并依照失信的情形形成了整齐划一的惩戒标准,这个标准可以适用于将来发生的一切失信事件,除了赔偿金以外,失信人还可能被剥夺某种机会或者资格,丧失将来的潜在利益。正如博登海默所说,法律唯有在接近平等的气氛中才能够繁荣,[①]只有到了近现代社会,在法律上确认人在形式上的平等之后,国家才可能真正通过法律和法庭去推进对失信行为的社会治理。法律当然是比天神、习惯更高级别的肉眼可见的式样,它对将来发生的一切有一种明白的有拘束力的约束,这不仅是对失信行为的打击,也是对失信企图的约束。当然,最开始,法律是极不完备的,致使信用领域出现私人复仇或者失信人逍遥法外的现象,但这只是暂时的,对失信建立直接强制惩治体系的社会愿望日趋强烈,已经引起中央权威的注意,国家权力开始大面积介入,国家权力和法律一起共同治理失信行为,违约违法行为和情节严重的不道德行为笼统一团都被纳入信用惩戒的范畴。可见,法律的存在本身并不是法治的保证,它往往需要其他力量的联合才能起到法治的作用,在信用惩戒上道理亦是如此,

① 〔美〕博登海默:《博登海默法理学》,潘汉典译,北京:法律出版社,2015年,第29页。

这和目下所见的信用惩戒通常是以多个权力部门联合形式出现的情形是一致的。

综上发现,在低级的信用惩戒形式里,主要体现为强势一方对弱势一方肆无忌惮的惩罚,体现为一种强烈的不平等秩序。比如《十二铜表法》里作为强势一方的债权人可以从肉体上强制作为弱势一方的债务人,他们在经济上是不平等的,在政治身份上也是不一样的。但后来,经济领域内的信用惩戒越来越向着纯粹的形式发展,双方都有了一定范围的自由,失信行为被适度地包容,信用惩戒更趋向于恢复和保证双方的平等地位,在现代私法的观念里,在平等的主体双方关系里,就不存在一方惩罚另一方的合法理据,这也是最初民法主张填平式的,而不是惩罚性赔偿模式的原因。同时,社会公共管理领域的信用惩戒则又是另外一番景象,它们体现为国家将违法行为及其他违背社会义务的不正当行为纳入信用惩戒的范畴,国家权力的介入使得信用惩戒有了浓厚的官方色彩。从以上来看,如果不分辨信用惩戒在各个阶段的形式和表现,耽于一般化,这样的思维路线对人们了解信用惩戒的动力和趋向没有任何帮助。

二、信用惩戒演进的特征

(一)阶段性

梅因爵士关于法律发展三阶段的见解饶有趣味,他曾把法律的演进顺序分为宗教法时代、习惯法时代和法典化时代。同样地,信用惩戒的演进也经历了漫长的岁月,信用惩戒的历史可以人为的分为三个阶段。

第一个阶段是自然法则统御的阶段。自然法则是一种存在于人类本性之中的一般观念,自然法学派对此进行过详尽地论述。柏拉图认为世界上有种永恒的正义观念。亚里士多德也承认自然法则的存在,他曾经对自然的正义和习惯的正义做过区分,正义作为自然的一部分,到处都有同样的权威并不受议论的影响,而道德伦理和习惯不是,它们在这个地方可能是这样,在那个地方可能是那样。博登海默则说,"自然法的根本观念就是求善避恶。人类的理性领悟一切'良善的'事情,因为人类有一种自然的趋善倾向",[①]尽管彼时还没有先知和智者对社会信用问题进行过深刻探讨,但关于"守信"属善、"失信"属恶的认识从来没有受到过严重的质疑,这是自然生长于人心的一般原理,不需要别人周详地解释和指示。所以,在原始社会,失信行为自然成为自力救济

---

① 〔美〕博登海默:《博登海默法理学》,潘汉典译,北京:法律出版社,2015年,第102页。

的范围,自然理性和良心使人类自我拘束,信守承诺。

第二个阶段是权力统御的阶段。在梭伦立法和《十二铜表法》关于债务人的法则里,对失信人施行的信用惩戒形式主要是人身自由惩戒和财产惩戒,第一个必须明白的是,权力和法律有时以交叉混同的方式出现,并非国家出台的规定就是纯正的法律,假如是那样的话,野蛮奴隶制国家赋予债权人残酷压迫和奴役债务人的法条也是纯正的法律了,其实那只是以法律形式表现出来的国家权力的表达而已。纯正的法律追求正义和平等,也追求手段正当,不超过必要限度,以上奴隶制国家在惩治欠债不还这一点上明显和纯正的法律相差甚远,它们还只是信用惩戒法则最初的不完备形态。和任何事物的发展都需要一个过程一样,法律要在信用惩戒这一点上符合法治的形态还需要很长的过程,与其说它们是法律,不如说它们是掌权者为维护阶级利益和统治稳定而下达的命令。当然,在这个阶段,习惯、道德、伦理也相继介入,成为钳制失信的内生力量。

第三个阶段是法律统御的阶段。习惯、道德、伦理等社会控制力量日渐式微是人类文明发展过程中有目共睹的事实,法律脱颖而出,成为社会控制的主要力量。在1000多年前的中国,《唐律疏议》就已经按照违约的不同情节施以不同程度的惩戒。①《宋刑统》规定,“诸公私以财物出举者,任依私契,官为不理……家资尽者役身折酬,役通取户内男口……如负债者逃,保人代偿”。《大明律》第九卷“户律钱债”也规定:“其负欠私债违约不还者,五贯以上违三月,笞二十,每一月加一等,罪止笞四十;五十贯以上违三月笞三十,每一月加一等,罪止杖六十,并追本利给主。”《大清律例》则规定,官府对于破产的商民,可以实施拘禁,债务人家族须在两个月以内返还欠债,否则要被判处劳役。由此可见,封建王朝早已对失信行为进行过比现代更为严厉的打击,而历史上更早的《十二铜表法》第三表对于不履行约定的债务这种失信行为给予的惩戒包括肉体拘禁、转卖为奴直至剥夺生命。但到了近现代,在民主法治观念下,法律对信用惩戒的强度和方式进行限制,开始以一种更为温和的模式对待。后来,肉体强制干脆从对失信人的惩戒中彻底消失,不为法律所承认是合法的了,拘禁债务人更是一种不受法律保护的非法行为。至于为什么对失信行为惩戒的力度呈现出由强渐弱的特征,而对其他某些不法行为的惩戒力度却越来越加强,这无疑是多种因素综合作用的结果。

---

① 《唐律疏议》第二十六卷杂律中规定:“诸负债违契不偿,一匹以上,违二十日笞二十,二十日加一等,罪止杖六十。三十匹,加二等。百匹,又加三等。各令备偿。”

当下的情形,信用惩戒正处于一个不断扩张又不断修正的时期,信用惩戒不仅仅作为一种经济手段,更作为一种社会控制手段,成为社会控制的重要工具之一,信用惩戒的范围从违约行为扩展到违法行为,信用惩戒不再主要限于欠债不还等违约行为,干扰社会和平秩序的很多不法行为被纳入信用惩戒的范畴,比如交通违规行为,社会信用立法的范围大为扩张,信用惩戒成为帕舒卡尼斯所称的基于经济便利的"社会技术规范"①。与此同时,对信用惩戒进行修正是一个持续不断的过程,正如梭伦立法和《十二铜表法》中债权人对债务人的权利被进一步限缩,以作为促进社会关系和谐的手段一样。信用立法被置于整个法律体系之中,除了内部条款本身的规范化,还要与其他法律一起形成一个系统化的整体,要从法律体系的视角检视信用立法,甚至进行违宪审查,对信用立法进行裁剪和缝缝补补。一方面,对信用惩戒的不当扩张进行限制;另一方面,对信用惩戒法则从细节上进行矫正。从第二阶段到第三阶段的过渡,从形式上类似奥斯丁所说的是一个"主权者的命令"求其成为法律的过程,②如果国家创制的任何信用法制规范都是法律,法律这个概念是完全没有意义的,它们绝不是同一事物,金融机构或者交通管理部门出台的信用法制规范也并不必然与法律是同义的概念,否则在西方备受赞誉的违宪审查制度就是一个无用的赘词。梯马舍夫说得真切,"假使国家与法律是从不同的观点看来的同一事物,那么欧洲国家为它们的政治生命追求合法性之历史斗争不就缺乏了意义与道理吗"。③ 因此,在第二个阶段,是权力介入信用领域的极盛时期,但到了第三个阶段,法律开始对国家实施信用惩戒的权力进行审查与限制,会经历一个从以权力为基础的信用惩戒向以法律为基础的信用惩戒的过渡。

与此同时,正义的思想对各个阶段的影响也是巨大的,这从法律允许债权人对待债务人的方式可以看出,第一,不允许过分虐待,第二,在穷尽所有手段仍然不能获得履行之后才能对债务人施加肉体限制,但不能超过必要限度。可以看出,一方面,残酷的肉体强制手段越来越不为法律所容,最后在法律中消失了;另一方面,索债须采用更近人情的手段。债权人被给予的优越地位仍然存在,债权人控制债务人的权力没有被完全禁止,但是经历一系列利益权衡后,这种权力被削弱了,因为对债务人的肉体强制或生命剥夺丝毫无益于债务的履行,

---

① 〔美〕博登海默:《博登海默法理学》,潘汉典译,北京:法律出版社,2015年,第185页。
② 〔美〕博登海默:《博登海默法理学》,潘汉典译,北京:法律出版社,2015年,第243页。
③ 〔美〕博登海默:《博登海默法理学》,潘汉典译,北京:法律出版社,2015年,第243页。

债务人的伤残或者死亡甚至会造成债务永远无法履行的情形。因此,与其杀死债务人,还不如留着债务人慢慢偿还一部分债务,这样更有利于债权人,更有利于债权的实现。于是,法律从中调理,减轻对债务人的处罚,这既实现了法律追求的正义,也更务实更符合实用主义,这是一种折中法律理想和社会现实的解决方案。为维持人间的秩序,必须惩戒失信行为;为债务的履行,必须和现实妥协,宽待债务人;为维护法律的正义,必须在手段上正当和适度。从这个角度看,信用惩戒法则是在法律主持下债权人和债务人之间的一种妥协。奥古斯都说,现实法是对现实的一种妥协,纵使竭力求其迎合神的永恒法的准则,它永远不会达到自然法的完善,①这种表达在一定程度上是有道理的。

(二)信用的内涵不断变化

和信用惩戒联系最为密切的概念是失信。失信这个行为,最普遍地发生于人际的口头承诺不能兑现,人类历史早期的多神论认为失信会受到天神的惩罚,但这却不是现代意义信用惩戒的开始,直到白纸黑字的契约生成,信用惩戒才有了切实的根据。对失信的惩戒发端于经济领域,从最开始对欠债不还的行为进行信用惩戒直至现代对科研失信行为进行信用惩戒,无疑,信用的范围和内容都发生了极大的变化。这些变化显见于两个方面。第一,失信行为的范围从违约行为扩展到违法行为以及与之密切相关的行为。第二,守信行为的内容发生变化。有的传统守信行为开始变成失信行为,符合封建社会伦理的"亲亲相隐"行为在现代刑法目录上可能最接近窝藏的罪名,显然属于违法行为,进入了失信行为的行列。传统上失信的行为又可能变成一种守信行为,告密在历史上从来就是一种为人所不齿的行径,在现代一定程度上被发展成举报制度,鼓励人们检举揭发,这当然是区分了"密"本身善恶的结果,检举揭发恶人恶事,会受褒奖,甚至有公开的悬赏金;检举揭发他人隐私,造成他人损害或恶劣的社会影响,构成违法行为;虚构事实检举揭发,构成诬陷,要追究法律责任。可见,关于信用的内涵不断精细化和具体化。

这也是从情理上就可以理解的变化,事实上,正如黄仁宇先生的见解,一个概念在经历了长达几千年的持续演进,连最基本的含义都可能发生变更。比如一夫一妻制发展到现在,我们不再死板地把一夫一妻严格限定在一男一女这样的生物学特征上。在历史发展演变中,有些原则被进行了更为细致地分解,在传统中国社会,"杀人者死"这个原则在刑事案件中几乎牢不可破,至于行凶者的现实处境、被杀者的过错都无关宏旨,正当防卫制度在当时还没有

---

① 〔美〕博登海默:《博登海默法理学》,潘汉典译,北京:法律出版社,2015年,第101页。

建立起来,但越到后来,客观环境、行凶者的主观意志以及被杀者的行为和过错都成为法官评判故意杀人案件的参考标准,人们注重的不光是故意杀人的结果,还有当事人双方的主观过错和故意杀人的过程。在参考了以上种种因素之后,"杀人者死"这个原则的原有框架被突破,行凶者有被从轻发落的可能,毕竟人命关天,不容草率处置。受此启发,在提到信用惩戒这个主题时,不仅仅要关注它内生的特性,还要关注它和现代社会冲突和接触的所有过程。

综上,从人和人之间的言辞承诺、氏族首领之间的击掌为盟再到白纸黑字的契约,人类对失信的判断和对守信的要求在不断变迁。正如魏德士教授所言,"生活关系的迅速变化使得延续了几百年的传统价值观受到质疑,并被新的价值观所替代"①。人们通常不对酒桌上的承诺认真对待,即便法律认为醉酒并非失信的合理借口,人们希望事情的发展具有一贯性,可以预期,于是契约得以达成。失信扰乱了信用秩序,人们厌恶失信,失信人常常成为诟病的对象。因此,即便世界各国文化背景迥异,但是对于诚信具有广泛的共识,这甚至显赫地反映在中西方各种著作读物当中,在基督教堂里,圣经里的信用故事也常常被牧师用作证道的题材,影响了无数人。

(三)近现代开始派生出信用惩戒的不同方案

必须清楚指出的是,失信是一种复杂的社会现象,它在不同的情势下千差万别地存在着,信用惩戒必须为失信的个别事件和特殊情况留出空间,这直接导致了不同解决方案的出现。近代以来形成的方案通常是两种,一是对于违约行为,实行意思自治,私力救济,由契约双方协商信用惩戒的方式和内容,除非涉及公共利益,国家权力被排斥进入;二是对于违法行为,实行的是国家强制力的直接干预,强制失信人回归守信的轨道。从奴隶社会开始,欠债不还一直是成文法针对的对象,而且一致采取的是国家权力直接干预的手法。但进入自由资本主义阶段,只要没有涉及社会公共利益,国家不再肆意干预契约,对失信的处置主要依靠的是自力救济。现代以来,情况又发生了变化,不难发现,原来源于契约自由和私法自治的自力救济的方式,逐步地为国家强制力所代替,"人生而自由,却无往不在枷锁之中"②,国家参与到契约关系里,强制着不履行契约的失信人继续履约或者付出对价。我国人民法院失信被执行人名单制度出台之后,那些欠钱不还的"老赖"收到的不只是法院的败诉判决书,还将被强制付出更大的代价,国家抛弃中立的身份,参与到个体信用关系中来,

---

① 〔德〕伯恩·魏德士:《法理学》,丁晓春、吴越译,北京:法律出版社,2013年,第23页。
② 〔法〕卢梭:《社会契约论》,何兆武译,北京:商务印书馆,1980年,第8页。

现代信用惩戒的方案将公权力的范围扩展到契约关系的深层了。

显然,社会已经朝着另一种秩序在演进,在这里面,所有关系不再只是契约双方,还有国家和社会、他人参与进来,信用问题不再是当事人自由合意而生的问题,开始从私法领域向着公法领域迈进。契约一旦敲定,白纸黑字,不容随意变更,这是一种相对确定了的状态,在这种状态里,个体不再是自由的,不能由自己意志作主,即便影响契约履行的客观情势出现,个体也不能凭借自己的努力去排除,也须继续履行或按照契约约定付出失信的代价。这和梅因爵士所说的以契约为基础的社会秩序有差异,依照他的见解,一种成熟文明的表现就在独立的、自由的和自决的个人作为社会生活的基本单位出现了。而在康德的见解里,法律是在一般自由的原则下,一个人的任意意志可以和他人的任意意志并存的条件的总和。费希特更将法律看作一种设计,在其他人都会限制自己自由的条件下,每个人对自己的自由进行自限,①在这个程度上,可以将信用惩戒看作是对个人无限度滥用自己信用的一种限制。

(四)信用惩戒的力度由强渐弱,又由弱渐强

从《汉谟拉比法典》中关于债务同态复仇的规定到梭伦立法废除平民债务,取消一切债务奴役制度,再到《十二铜表法》禁止债权人过分虐待和残害债务人,直至现代西方国家确立个人破产制度直接免除了窘迫的债务人的债务,信用惩戒的力度由强渐弱,这种趋向已经在当今世界得到很好的证明,这也和人类文明发展趋向保持惊人的一致。法律和文明是并向齐驱的,文明的进步必然伴随着法律的发展。进步的文明,按照博登海默所说,就是一种“从镇压到自由、从身份到契约、从权力到法律的运动”,②而退步的文明却以相反的历程反向而行之。文明和法律的发展进程中,采取更为缓和的方式解放了经济和社会地位上处于弱势的人群,比如西方的奴隶和东方的家奴,无力履约、窘迫的债务人和抵押人都在一定程度上被宽待,现代个人破产制度更是直接免除了他们的义务。从早期债权人对债务人的生杀予夺之权到现代成文法规定的个人破产制度,总体上,信用惩戒的惩罚力度由强渐弱,但要说明的是,这种由强渐弱的趋向并不是连贯的,对债务人过于宽纵的信号也在一定程度上导致了社会信用体系的再次崩塌,失信现象丛生,重新威胁到信用经济的稳固运转,于是法律不得不再次出手,对失信行为重新予以严厉地惩戒,这样由强到弱、由弱渐强的起伏过程在法律发展史上数次发生,很多法律在某些方面都经

---

① 〔美〕博登海默:《博登海默法理学》,潘汉典译,北京:法律出版社,2015年,第241页。
② 〔美〕博登海默:《博登海默法理学》,潘汉典译,北京:法律出版社,2015年,第219页。

历了这样的演进过程。

进入工业社会,信用惩戒以一种更为缓和的方式存在,为什么出现这样的趋向,因素固然很多,但其中关于自由的因素是必须提及的。斯宾塞曾经将文明的发展分为两个主要阶段,一是原始的或军事的社会方式,战争、强迫和身份被作为社会管理的方式;二是工业社会的方式,趋向以和平、自由和契约作为社会控制的手段。在后一个阶段,政府的权力受到限制,其行动范围限制在"契约的执行与相互保护的保证上"[①]。斯宾塞又将权利分为很多种,包括自由行动的权利、使用自然媒介物的权利、自由贸易的权利、契约自由的权利、信用自由与崇拜的权利、自由言论和出版的权利。在斯宾塞的见解里,法律是促进自由的重要工具,这也是本书所赞同的,在信用惩戒的历史发展过程中,有一个隐藏在历史深处的东西,它也隐藏在迷目的信用乱象背后,那就是对于自由的维护。信用惩戒的进展是和个人自由相伴而生,伴随自由而增长的,因为契约自由,双方可以缔结合意的契约,同时因为失信是不可避免的,危害了自由贸易,因此要对其进行法律上的限制。信用惩戒和契约自由在社会信用体系上是紧密联系的,信用是自由经济的产物,如果不承认契约自由,信用就没有存在的意义,更不必要存在信用惩戒。信用惩戒制度最重要的地方在于,它是不同社会环境下的个人或者实体为契约自由而付出的代价,失信或守信都是可以自由选择的,人的信用在这样辩证法式的"一失一守"中表现出来,法律正是要从这"失"与"守"的斗争中,创制出一个可以在更高层次统御失信和守信双方的法则,这个过程就是信用惩戒制度产生和发展的过程。归结到一点,信用惩戒,就是一种从自由到限制,从扩张到限缩,从权力统御到法律统御的运动,自由才是信用惩戒制度的原动力。

第四节 信用惩戒的范围、功能和内容

在学理上,任何法律制度都有特定的功能、适用范围和内容。信用惩戒必须与客体相称,也不得超越法律明定的范围,任何未经公布的信用惩戒手段和

---

① 转引自〔美〕博登海默:《博登海默法理学》,潘汉典译,北京:法律出版社,2015年,第217页。

措施也不得施行,这是法治的要求。公法上的比例原则①通常以是否符合立法目的、是否手段适当、是否损害最小作为判断公权力行使正当与否的标准,信用惩戒正当与否,同样需要借由法律为其辟出的功能、范围和内容做出评价,还要经过实践的检验,绝不能单凭一点来肯定或否定信用惩戒制度。一个从未涉足社会信用研究的人也难以一眼判断信用惩戒是否正当,真正的判断还是要从实务着手。传统上,信用的范围就在契约领域,但从情理上,我们很难单单从契约关系就能看到信用的全貌,就像我们很难从一个村庄就看到中国的全貌一样,笔者曾经对熊培云先生所著的《一个村庄里的中国》这一书名充满疑惑,当然,这是一个学术之外的迷思。

法律的任务有三个。第一,廓清信用惩戒的适用范围,这是法律必须完成的首要任务。按照传统信用惩戒,它针对的单位主要是违约行为,比这种行为恶劣百倍的故意杀人行为不在它的范围,比这种行为轻微得多的“信口开河”也不在它的范围;而按照现代信用惩戒要求,违约违法行为以及与之密切相关的行为都是信用惩戒针对的单位。在当代,信用惩戒万能的假想必须被克服,它的疆界在法律那里必须有一个精确划一的说明,否则不能辨明这样一系列问题:为什么在经济领域适用的信用惩戒,不能适用于所有的社会管理领域;为什么更为恶劣的犯罪不纳入信用惩戒,而更轻微的违约行为会招致惩罚;如果在民法领域可以启用信用惩戒,行政法领域为何不能启用呢?第二,信用惩戒的功能应有其特殊性,它不是和民事、行政或刑事制裁相同属性的制裁方式,法律应为信用惩戒辟出其独特的功能价值。第三,确定信用惩戒的内容,对什么样的行为可以处以什么样的信用惩戒措施应当由法律做出指引,这就是法律的可预测性,失信人在做出失信行为之前就应该从法律那里清晰地知道自己失信的后果,如果这种后果是未知的,莫测高深,“刑不可知则威不可测”,那么这是专制国家而不是法治国家的式样了。

一、信用惩戒的范围

构建法律概念的边界应当成为一种思维习惯。黄茂荣教授提到,我们经常处于一个两难的境地,用拘泥于法律文字的方式来理解和适用法律,就会受制于恶法;引用富有弹性的价值标准或一般条款来避免被法律概念所僵化的

---

① 比例原则是行政法上一项重要原则,指行政权力的施行除了依法进行这一前提外,还必须采取对人民侵害最小的方式进行。一般认为,它包含三个子原则,即适当性原则、必要性原则和狭义比例原则。

法律之恶时,却又容易流于个人专断。^① 应该说,在对信用惩戒的内涵、分类、历史演进、功能等进行条分缕析的基础上,才可能艰难到达信用惩戒的范围、功能和内容这个部分。卡尔·拉伦茨称,"假使法律规范得以主张其具有规范性效力,那么不可避免要提出此效力主张的根据及界限何在的问题",更为麻烦的是,法学学科本身不能回答这个问题,因为法学"总是由现存的法秩序及其情状中取得立足点",所以只能由法哲学,即伦理学来回答。^② 法,无论哪一阶段的法律,都是自带疆界,不是无边无际的,如果谁否认这一点,事实上他就站在法学这个学科之外。

(一)应受惩戒的失信行为和不应受惩戒的失信行为

不是所有失信行为都是信用惩戒的标的,信用惩戒无疑是有疆界的,划定信用惩戒的范围可以将信用惩戒针对的单位确定下来。从失信行为的性质来看,信用惩戒的范围限定于以下三种情形。一是不采取事后补救措施的违约场合。违约是最为典型的失信行为,但不是所有的违约失信行为都是信用惩戒针对的单位,那些事后采取积极补救措施的违约人可以被豁免。当事人可以自由协商解决的违约事件、当事人自愿放弃追究违约行为或者违约方自愿承担违约损失等情形下,没有危及信用秩序的违约行为也不会进入信用惩戒的范围。二是情节严重的违法场合。在上海和南京市《社会信用条例》中,受到信用惩戒的只是一小部分违法行为,与信用无关的违法行为可能被踢出信用惩戒的范围,限制了信用惩戒范围。广义信用惩戒的范围将违法行为囊括其中,因此可以看到多个地方社会信用条例开始不加区分地将违法犯罪信息列入个人信用记录,如河南省。三是和违约违法行为密切相关的行为。在违法和违约行为之外,还存在着大量失信关联行为和为失信提供主要支持的行为,这些行为同样存在恶意、不诚实、欺瞒、欺诈、假装或伪装等不诚信情形且危及信用秩序,都在信用惩戒的范围之内。从上可知,并非所有的失信行为都会进入信用惩戒的范围,信用惩戒针对的是一部分失信行为,违法行为尤应如此,理由如下。

首先,将所有违法行为视为失信行为忽略了那些已经被创制出来的法律概念,击破了违法行为的惯常范围。弗雷德里克·波洛克提到,"程式中的词汇都带有某种尤法替代的特殊能力,一旦这个词被那个词替代,相应的特殊能力也会随之消失。这些词汇都蕴藏在法律仪轨当中,如果你没能精确地引用

① 黄茂荣:《法学方法与现代民法》,北京:法律出版社,2007年,第58页。
② 〔德〕卡尔·拉伦茨:《法学方法论》,陈爱娥译,北京:商务印书馆,2003年,第74页。

它们，你就无法让自己与法律保持同步"。① 行为的事实分类至关重要，如果我们找不到现成的词汇来表现相似性或差异，那我们可能就无法更新法律。就像艾德华·H.列维说的那样，"那些已经被发现了的词汇在被频繁使用的过程中渐渐获得了它们自己的尊位，并且在相当大的程度上控制了使用的结果"。② 同理推之，违法行为这个概念在被频繁使用的过程中早已获得自己的尊位，法律也已经在相当程度上控制了违法行为这个概念使用的场域和结果，违法行为与失信行为的异同比较最后会落在一个交叉点上，如果这个交叉点被人们接受，它就成为一个针对信用惩戒的法律概念，这个概念的含义具备了一种限制性的影响力，将信用惩戒限定在某一类行为上，而不是普遍适用于任何行为。当然，它的含义仍然会不断演变，学界的研究者们经常从一个法律概念本身出发进行法律推理，这就表现为一种纯粹的演绎，这种演绎就是试图渐行修正某一个概念。凯尔森曾对不法行为的概念进行根本性的重新诠释，这个概念的关键在于社会危害性，而不在于动机或者社会情势，不法行为是制裁所针对的对象，在不法行为被归责为法人的案件中，如果不法行为的后果承担者不限于行为人自身，是因为立法者预设行为人与责任人之间存在某种关联，遂产生替代性责任，如亲属连坐、行政连带等，不法行为的真实实施者与责任承担者之间仍然存在事实上或法律上的同一性，法律通过制裁不法行为证明其存在，法律的特色就在于将认为有社会危害性的行为与对该行为的制裁相联系。③

一般而言，违法是指行为主体实施那些为法律所不鼓励的行为。④ 另外的一种表达是，违法是指国家机关、社会组织或公民因违反法律的规定，致使社会关系和社会秩序受到破坏，依法应承担法律责任的行为。⑤ 这些定义都未招致太大的反对，它们共同指出违法的构成要素，即违法在客观上对社会造成了一定的危害，主观上行为人有主观方面的过错，包括故意或过失，如果纯属意外事件就不是违法。此外，对违法的主体亦有要求，必须是达到法定条件的自然人、法人或其他组织。在具体分类上，违法行为一般又可以分为民事违法行为、行政违法行为和刑事违法行为，违法行为的种类很多，其错综复杂的程度绝不能简单地笼统一团来看待。和失信行为靠得最近的是民事领域的违法行为，离得最远的是刑事违法行为，在某些时候，将故意杀人行为和失信行

---

① 〔英〕弗雷德里克·波洛克：《普通法的精神》，杜苏译，北京：商务印书馆，2015 年，第 15 页。
② 〔美〕艾德华·H.列维：《法律推理引论》，庄重译，北京：中国政法大学出版社，2002 年，第 16 页。
③ 〔奥〕凯尔森：《纯粹法理论》，张书友译，北京：中国法制出版社，2008 年，第 56 页，第 60 页。
④ 陈林林、夏立安：《法理学导论》，北京：清华大学出版社，2014 年，第 130 页。
⑤ 杨峥嵘、曾荇主编：《法学通论》（第 2 版），北京：对外经济贸易大学出版社，2012 年，第 18 页。

为画等号纯属牵强附会,在古代,荆轲刺秦王和信用无关,乃是传诵千年的佳话;在现代,执行家法、大义灭亲的违法性虽然明显,但确属民间百姓一致认同的义举。事实上,失信行为与违法行为之间不是包含与被包含的关系,而是交叉的关系,尤其在某一特定情形之下,即当事人通过签订合同的方式进行违法行为,彼时违法行为恰恰是事实的履约行为,确实而言,存在违法但属于守信的情形,如大义灭亲,也存在失信但不违法的情形,如撒谎、短斤少两等。

其次,将所有违法行为视为失信行为也将击破民法上诚实信用原则的界限。失信行为,即不诚信行为,意指那些恶意、不诚实、欺瞒、欺诈、假装或伪装等行为,在民法上,诚实信用原则是和平等原则、公平原则、自愿原则、等价有偿原则、禁止权利滥用原则、公序良俗原则等并列的原则之一,虽然诚实信用原则是民法上的帝王原则,但仍然无法取代其他原则的法律地位。如果违法就是失信行为,同时违反诚实信用原则,根本就无需其他原则的存在,其他原则的存在就丧失了意义,正是因为不同的民事违法行为可能触犯不同的基本原则,才有将这些原则并列的意义,有的民事违法行为有违诚实信用原则,而有的行为只是违反等价有偿原则或者其他。比如人在面临特殊经济困难时低价出卖房屋,对方乘人之危通过合同低价购得,这在民法上属于可撤销民事行为,并不必然无效,行为人乘人之危的行为违反等价有偿原则,但并不缺少守信的情节。

信用惩戒是以失信行为的存在作为前提的,但失信的范围不同于信用惩戒的范围,信用惩戒的范围应当限定在那些危及信用秩序且情节严重的失信行为,不能随意扩张信用惩戒的范围,把所有违约和违法行为都纳入信用惩戒框架之内,其不明智之处在于市民生活是错综复杂且多变的,这种界定有笼统一团的嫌疑。正如雅沃伦·布里斯库所说的那样,"市民法上的一切定义都是危险的,定义和一般原理都是危险的,因为人们在形成它们的时候,不能预见它们适用于实际生活时可能产生的一切困难与错综"①。对任何法律术语进行概念界定,谨慎和严谨是必需的,要对现在或将来可能发生的实际结果做出预见,并关注现实生活中各种要素的变化,防止这种界定在面临特殊情况时失去其适应性。

（二）一般失信行为和严重失信行为

在社会公共管理领域,法律要牢牢守住的是信用惩戒的底线,恰恰对一般失信行为的界定才是信用惩戒的起点。过马路闯红灯和随地吐痰都是对社会

---

① 〔美〕博登海默:《博登海默法理学》,潘汉典译,北京:法律出版社,2015年,第204页。

公共秩序有害的行为,如果将闯红灯列入信用惩戒,不将随地吐痰列入信用惩戒,以什么样的标准将失信行为中一部分行为划分列入信用惩戒,又将另外一部分排除在外,这是目前急需解决的问题。应当说,划分一般失信行为和严重失信行为是区分单一惩戒和联合惩戒的前提,这是第二层次的问题,而什么样的失信行为能够进入信用惩戒的范围则是第一层次的问题。

从行为的社会危害性来看,所有进入信用惩戒范围的应受惩戒的失信行为可以分为一般失信行为和严重失信行为,一般失信行为可以由主管机关在法定权限内做出信用惩戒,这种惩戒是单一的,即单一惩戒;严重失信行为通常是失信信息共享之后由多个机构联合做出的信用惩戒,即联合惩戒,失信人并非只受到来自单一机构的信用惩戒,还要接受联合惩戒,即通常所说的"一处失信,处处受限",如《上海市社会信用条例》将严重失信行为分为四种情形①。在此,又必须对一般失信行为和严重失信行为做出清晰的界分,它们之间的关系如图 1-2 所示。

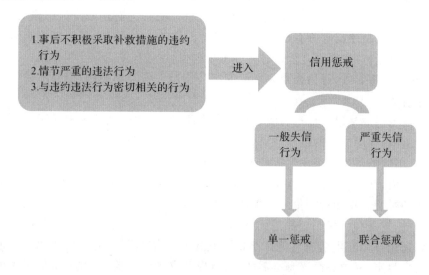

图 1-2　一般失信行为和严重失信行为的关系

---

① 《上海市社会信用条例》第二十五条规定:"行政机关根据信息主体严重失信行为的情况,可以建立严重失信主体名单。信息主体有以下行为之一的,应当将其列入严重失信主体名单:(一)严重损害自然人身体健康和生命安全的行为;(二)严重破坏市场公平竞争秩序和社会正常秩序的行为;(三)有履行能力但拒不履行,逃避执行法定义务,情节严重的行为;(四)拒不履行国防义务,危害国防利益,破坏国防设施的行为。"

（三）信用惩戒的除外范围

1. 言语失信

人们通常从一个人的口头和行动这两方面对其诚信品格进行审查,相比不诚信的举动,人们对信口开河或信口雌黄更为宽容,如果说一般公众对待信用惩戒有什么标准的话,就是:不能仅仅因为厌恶或不能接受某个行为,就禁止这种行为。信口开河或信口雌黄是一种言论自由的表达,惩罚信口开河或信口雌黄恰恰削弱了宪法上作为公民基本权利的言论自由。因此,口头上的失信不会收到信用惩戒的罚单。

2. 不文明行为

显然,并非所有失信行为都是信用惩戒针对的单位,失信行为千差万别,有的行为属于道德领域的问题,比如撒谎和缺斤少两行为,如果把所有不正当行为都视为失信行为,或者将所有失信行为都视为信用惩戒的对象,动辄得咎,法律就显得没有边界了。而且,在客观上,完全守信的社会是一个理想的"完人"社会,这是不可能实现的。无论我们是否愿意,必须接受失信是现实生活的一部分这一事实,人们对失信行为的看法,就像很多人对不道德行为的看法一样,除非形成客观规则平等适用于每一个人,否则人们会捶床捣枕,夜不能寐,于是全国各地出现多个版本的市民文明行为规范,因此,亟须筹谋建立公共文明行为规范体系。

按照笔者的见解,失信行为分为两种,即危及信用秩序的失信行为和未危及信用秩序的失信行为,只有危及信用秩序的失信行为才是信用惩戒的对象,未危及信用秩序的轻微失信行为适宜划入不文明行为的范围,闯红灯被信用惩戒并不只因为破坏了公共交通秩序,还因为可能带来交通事故等社会危害后果,基于人们对"红灯停、绿灯行"此类交通规则的信赖,如果闯红灯行为被宽纵,通过信号灯建立起来的公共交通秩序就会被打破。闯红灯和违规停车、随地吐痰等行为的差别就在于对社会秩序的危害程度和带来的直接社会后果,因此后两者大可划入不文明行为的序列。否则,信用惩戒就成了无所不能的"法律的眼睛"[1],一如福柯所说的"监控和惩罚"。2019年新通过的《天津市文明行为促进条例》第十七条所称文明驾驶,包括规范使用灯光和喇叭、按顺序通行、低速通过积水路段、礼让行人、主动让行有紧急情况的车辆、有序停车。这间接表明,酒驾与不文明驾驶是不同的。相比失信行为和违法行为,往

---

[1] 〔德〕米歇尔·施托莱斯:《法律的眼睛——一个隐喻的历史》,杨贝译,北京:中国政法大学出版社,2012年,第109页。

往不文明行为情节更轻微,有的行为,比如不礼让行人仅为不文明行为,既够不上违反交通法规的违法行为,也不属于失信行为,不会成为信用惩戒的对象。2016 年《杭州市文明行为促进条例》第六条将随地吐痰认定为不文明行为,它的不当性明显,但并未危及信用秩序,不会进入信用惩戒的范围,否则就会和社会感情以及日常生活方式产生激烈的矛盾。尚未构成法律意义上失信的行为不是信用惩戒的对象,全国多个地方出台文明行为条例间接为违法行为、不文明行为和失信行为的差别作了注脚。

3. 法律不禁止的不道德行为

不道德行为有两种,一种见于法律,另一种是不见于法律的,前者不为法律所容,在性质上已经转变为一种违法行为,自然落入失信行为的范围,但后者则仍然停留在道德领域,如酒驾在过去是一种不道德行为,自从入刑之后,不只是一种不道德行为,更上升为违法行为。

失信行为和道德之间固然是有联系的,西塞罗说,诚实的行为来源于四种美德,即知识之德、社会生活之德、心灵宏大之德和节制之德,[①]诚信带有品德高尚的意味。最高人民法院失信被执行人名单制度的实践运行表明,信用惩戒是否发生不取决于当事人的失信行为,而主要取决于失信之后的主观状态,例如主观上是否存在恶意不履行,或者从当事人的客观行为上推导出其主观上是否存在恶意。这就存在道德评价要素,恶意、懈怠等道德因素都在破坏诚信,信用惩戒当然要制裁这些败德者。但确切而言,不道德行为属于社会意义上的失信行为,不属于法律意义上的失信行为。且需要澄清的一点是,社会信用立法针对的是已经被现行法律体系吸收的不道德行为,这些不道德行为因为其社会危害性或情节严重程度已经上升至违法行为,它们的性质已经转变为违法行为了,譬如"酒驾",但在现实中,仍然有很多人因为这些不道德行为被纳入社会信用立法而不能释怀,认为法律僭越权责,侵入了道德的领地。

首先,基于法治理念,无论是法院还是行政机关都无权惩罚不道德行为。法律和道德是不同的社会规范,各自保有自己的管辖领域,社会信用立法的首要任务不在于打击不道德行为,更无法彻底消灭不道德行为。虽然很多人主张公共道德的重要性,认为对失信行为进行信用惩戒是维持传统美德长久不坠的一个手段。如果我们的社会信用立法与道德问题、道德考虑完全无关,也无法获得社会公众的支持和呼应,毕竟在很长一段时间内,失信带来的声名狼藉和道德上的恶评在人们心中不会改观。不过,在这一方面也必须特别谨慎,

---

① 〔古罗马〕西塞罗:《论义务》,王焕生译,北京:中国政法大学出版社,1999 年,第 147 页。

社会信用立法的条款不应对道德领域公民自主自治自决的事项予以干预,比如各地方出台的《文明行为条例》和社会信用立法之间就须有一个协调,防止自相矛盾的情形出现。

其次,社会信用立法针对的是见于法律的不道德行为。如果我们从道德的角度回想一下,在社会信用这个问题上,什么样的失信才被社会公众普遍接受为合道德和正当的呢? 信用惩戒立法是否要区分不道德的行为和合道德的行为呢? 我们没有理由说,一个以不道德为目的实施的行为不应该受到信用惩治,却有理由说一个合道德的行为应该被豁免,正如那些大义灭亲的案件,犯罪嫌疑人因其诚信品格反而会得到绝大多数人的同情一样。违反诚实信用原则本身就具有不道德性质,失信行为本身也是对诚实信用原则的践踏,奇怪的是,社会信用法并不禁止一个坏人以不道德的目的挥霍家财,以致最终无力清偿债务,因为真正窘迫的债务人不会成为信用惩戒的对象。

再次,对不道德行为本身的界定存在困难。如果要求社会信用立法努力防范一切不道德的人和坏人,那么对什么是不道德,什么是坏就必须先做合理地分析,很明显,人们对这些词汇的理解存在分歧,同时,要求信用惩戒的实施部门对失信人是否目的纯洁或守道德进行彻底考察并不现实。因此会出现的一幕是:那些不道德或动机不纯洁的真正的穷人不会进入信用惩戒的范围,社会信用立法会为这些人提供无限机会,但同时不会产生信用惩戒的社会效益,因为他们实际上也是真正的失信人。所以在这个角度上,信用惩戒考虑了那些违反诚实信用原则和不道德之间的交叉情况,很多违反诚实信用原则的行为都有不道德的目的,但很多不道德的情形逃脱了惩戒。与此同时,一个有道德的人也可能因为害怕失信人名单曝光给自己和家人朋友带来羞辱,乖乖掏钱向制度屈服,可见,虽然信用惩戒会受到“道德滋扰”[①],但道德不能作为信用惩戒的立论基础,信用惩戒并没有在有力地捍卫道德。诚实信用原则和秩序、契约自由、正义、道德之间的关系错综复杂,违反诚实信用原则的失信行为并非一定受到信用惩戒的管辖,比如悔婚行为,即使是污染了契约自由、正义、道德等神圣准则的行为也未必是冒犯信用惩戒立法的行为,比如有的犯罪行为。哪些行为才是信用惩戒的标的,信用惩戒的最终形式是什么,这些在社会信用立法时被屡次提及,但最后石沉大海,这也是本书一直在试图解答的问题。

最后,现实而言,如果失信行为将违约和违法行为囊括进来,再将所有不

---

① 〔美〕艾德华·H.列维:《法律推理引论》,庄重译,北京:中国政法大学出版社,2002年,第135页。

道德行为收入囊中,那么,社会公共信用信息记录将变成个人或组织的不当行为档案,信用惩戒最终接近"口袋罪"。仔细梳理我国当前各个地方的信用惩戒立法,它将真正的叫花子、穷人排除在外,但同时将流氓、曾经的罪犯都收入囊中,这完全突破了诚实信用原则的界限,而在道德上,叫花子、穷人、流氓和罪犯很有可能是一丘之貉,都是败德的人。但在法理上,将叫花子和真正的穷人排除在外又并非全无道理,民法上的责任以过错责任为基础前提,无论是侵权行为还是债务不履行都要担负赔偿责任,一般须以行为人具有故意或过失为要件。

在实践中,2017年颁行的《厦门经济特区促进社会文明若干规定》将随地吐痰、乱扔垃圾、占道经营、违规停车等传统意义上的不道德行为作为重点整顿对象,一年内被依照该规定行政处罚五次以上且情节严重的,以及提供虚假材料、隐瞒真实情况,侵害社会管理秩序和社会公共利益或者拒不履行处罚决定的,就可以纳入失信信息。① 2019年《南京市社会信用条例》将过去划入道德范畴的饲养烈性犬等危害公共安全的行为、医闹等扰乱医疗秩序的行为、不诚信的逃票行为、组织策划传销活动的行为、以欺骗手段办理业务的行为等纳入失信范围。② 同在2019年,北京市交通委员会《关于对轨道交通不文明乘车行为记录个人信用不良信息的实施细则》将逃票、占座、进食、推销和大声外放音乐和视频这五种不文明行为纳入个人信用不良信息记录,③越来越多的不文明、不道德行为开始进入信用惩戒的范围,对什么样的不道德行为应予信用惩戒亟须一个明确的标准,而全国各地正根据自己的需要制定各自的标准。

综上,关于失信的措辞方式极大影响了信用惩戒的范围,比如一场不道德的性交易,双方自愿履行并完成交易,完全缺少失信的情节,却可能因为违法行为成为信用惩戒的对象;而对比出轨,同样具有不道德的目的,同样缺少失信的环节的很多行为,却没有受到信用惩戒的管辖。更有,一个颇具节操的人在特殊情景下可能成为违法者,进入信用惩戒的范围,而一个道德败坏的人不免成为窘迫的债务人,因无法履约成为失信人,无论其主观上是否具有违背诚信的意图,仅仅客观上无法履行,却不会进入信用惩戒的范畴,这是否意味着信用惩戒的实践无需考虑道德因素呢? 一位法官提到,"即使有大师般的手

---

① 参见《厦门经济特区促进社会文明若干规定》第五十一条。
② 参见《南京市社会信用条例》第二十三条。
③ 参见北京市交通委员会《关于对轨道交通不文明乘车行为记录个人信用不良信息的实施细则》第二条。

笔,语言的运用也可能是不够充分彻底而留有争论余地的。鉴于在仓促的立法过程中,事物的种种层面有的可能只能为议员所部分了解,有的则完全未能为议员所了解,而立法的后果则可能完全超出了眼下可能的预见,因此,看到为解释立法语言经常需要适用立法意图的规则而不顾所谓立法意图与立法语言字面意义的抵触,这不令人感到惊异么?"①信用惩戒的立法意图是消灭失信人,而其字面立法语言意在消灭一切违约人和违法者。如果再加上失德者,那么,信用惩戒无异于无所不能的神通之法了。所以,信用惩戒的实现要考虑当事人主观上诚实信用的状态,也要考虑当事人的能力,尤其是经济能力,但失信人的道德通常不在考虑之列,在事实和对不诚实守信活动的广义解释之间存在着大量矛盾,还有很多疑点亟待澄清。关于失信的措辞必须能够应对将来各种意想不到的情况,随着突发情况的出现,这些词汇不会自行改变自己的意思,所以在很多人眼中,模棱两可才是上策,我国很多关于信用惩戒的政策法令做了闪烁其词的阐述,一旦学界没有任何成熟的探讨分析,无法提供有益的指南,各个社会机构当然只好各自摸索适合的路径了。

概言之,在社会信用立法语境下,失信行为和不道德行为之间仅具有交叉关系,失信行为一般不包括道德行为,道德领域公民自治自主的事项不得干预,如见死不救,但反复多次、严重危害社会公共安全、管理秩序和公共秩序且情节严重的不道德行为已经上升为违法行为,从而进入失信范围。

二、信用惩戒的功能

只要有人的地方,就会有信用的问题,这使信用惩戒被认为具有万金油一般的功能,作为一种社会约束机制被嵌入社会经济、文化、政治等各个领域。诚然,所有的信用惩戒都必须缘法而行,关于信用惩戒的目的,第一,要反映失信的严重性,促进守信,并对失信进行公正地惩罚;第二,对失信行为足以产生震慑;第三,保护公众免受失信行为的进一步侵害;第四,以最有效的方式向失信人提供必要的教育。

保罗·利科曾提出"惩罚—再造—宽恕"这一序列,始于惩罚,通过重塑行为,使某人获得不该获得的宽恕。② 陈文玲提出要形成激励约束相容机制,失

---

① 〔美〕艾德华·H.列维:《法律推理引论》,庄重译,北京:中国政法大学出版社,2002年,第87页。

② 〔美〕保罗·利科:《论公正》,程春明、韩阳译,北京:法律出版社,2007年,第153页。

信惩戒既要有惩罚和道德谴责功能,也要具备威慑功能,起到警示和威慑作用。[①] 从抽象意义上看,信用惩戒的直接功能应有三项,即预防、矫正和惩罚。惩戒不只是惩罚,但和任何惩罚制度一样,信用惩戒具有惩罚的功能,但这还不是最终目的,其最终目的是预防和矫正失信行为。辛普森教授曾经在论及法律的主要功能时提到,法律的主要功能有五大项:解决争端,规范人类行为,配置权力,分配财产以及调和稳定和变革。[②] 信用惩戒毫不例外地具备这五项功能中的一项或几项,但在不同的社会领域,信用惩戒的功能迥异。比如,目前我国知识产权领域内信用惩戒的主要功能是作为一种抑制知识产权侵权的辅助性威慑措施,是在涉知识产权的民事、行政、刑事制裁手段之外的补充制裁手段,这无疑和交通运输管理领域内的信用惩戒在功能上有很大差别。

从具体意义上,信用惩戒的功能主要分为两层。一是解决信用争端,解决守信人和失信人之间的纷争。人民法院失信被执行人名单制度本身是一个很好的证明,最高人民法院和其他部门进行联合惩戒等于加长了司法机关的手臂,将司法裁判的影响力扩大到法院之外,以法院为主,其他社会机构为辅,结成一张拦截失信被执行人的大网。失信被执行人名单制度是以解决“执行难”问题并进而解决当事人之间纷争为指向的,它的应用以当事人入廪法院为前提,进入司法程序的信用纷争毕竟属于少数,而且,即便案件进入司法程序,一部分也因为司法强制力的缘故能够做到案结事了,只有那些拒不执行法院生效裁判的失信被执行人才会成为信用惩戒的对象。二是规范信用行为,对自然人、法人或其他组织的信用行为进行管理,从而改善、改革、创生一个理想的诚信社会。在强制性力量介入信用关系之前,失信人经常自由处置自己的信用,为了蝇头小利恣意践踏诚实信用原则,严重破坏社会信用秩序,如火车“霸座”这个被诟病良久的社会现象,在铁路运输部门出台信用惩戒措施之后,才得到相当程度的改善。为了诚信社会建设,有力控制失信行为并通过奖励或惩戒的方式使之贯彻落实,信用惩戒即便不是唯一的,也是保护守信人和社会信用秩序本身免受贪婪的失信人侵害的最好方法之一。

综合来看,信用惩戒制度兼具解决信用争端和规范信用行为的两重功能。必须思考的是,信用惩戒不是万能的,到底如何建构信用惩戒概念和体系,其功能的界限何在,以此为基础,我们才不至于对信用惩戒制度有过高的期待,

---

[①] 陈文玲:《透视中国——中国社会信用体系与文化报告》,北京:中国经济出版社,2016 年,第 33 页。

[②] 〔英〕布赖恩·辛普森:《法学的邀请》,范双飞译,北京:北京大学出版社,2014 年,第 12 页。

幻想着以扩张适用的方式来取得此制度自身不能达到的功能。

三、信用惩戒的内容

成文法的问世,打破了法律的神秘状态,动摇了强势阶级罪刑擅断的思想,标志着法治思想的出现。关于信用惩戒的内容须是明确具体的,不是含糊抽象的,以使每一个公民知悉自己的行为将在法律上作何评价,这是法治的基本要求。而不幸的是,信用惩戒的内容通常就带有一般性和抽象性,这个结论可以从目下备受赞誉的人民法院失信被执行人名单制度的运行中得出。失信被执行人名单是法院执行庭法官在执行过程中根据被执行人的表现做出的,如果在执行过程中发现符合最高人民法院《关于公布失信被执行人名单信息的若干规定》中规定的六种情形,执行法官就可以做出列入失信被执行人名单的决定,然后由执行局长和分管院长审核、签发,并登录法院网络系统,系统自动连接最高人民法院失信查询平台,可以公开查询,银行、工商、铁路等部门会自动获取失信信息,一个失信被执行人向银行申请贷款时,这些信用信息将成为阻扰的依据;一个人出行时,头等舱、商务舱又或者动车一等座都是被限制的范围,铁路或航空部门会限制其购票资格。从整个过程来看,从法院做出将其列入失信被执行人名单决定的那一刻起,虽然知道失信人会面临信用惩戒,但是失信人最终会遭遇何种内容的信用惩戒却是不确定的,只能大体知悉信贷、出行和高消费受限,至于详尽的内容只会在不确定的将来渐渐显现,接入失信信息的部门越多,用信的部门越多,可能意味着面临的信用惩戒的内容越多,会接受更多的惩罚,这个过程的无限度如此明显,以致做出信用惩戒决定的人民法院都无法判断信用惩戒的最终形式。

(一)通用性措施和专门性措施

一般而言,信用惩戒的内容分为两类,一类是通用性信用惩戒措施,另一类是专门性信用惩戒措施,后者一般是各个社会领域专门针对本领域特有的失信行为作出的惩戒措施,如国家知识产权局针对知识产权领域失信行为作出的信用惩戒措施。目前,通用性信用惩戒措施一般包括四种类型,一是向社会公开失信行为,失信人将承受来自社会的道德谴责和负面评价,这类似我国有学者提出的社会性惩戒,比如盛行多年的"黑名单"制度和新近的失信被执行人名单制度;二是限制向银行申请信贷的资格,一旦商业银行和信用监管部门之间有共享信息的机制,或者金融机构的征信系统和公共信用信息中心系统对接,失信人因个人征信不佳,从银行申请贷款和信用卡的资格就会受到限制;三是限制出行,铁路、公路和航空出行受到限制,列入失信被执行人名单的失信人因出行受限,无法购买车票机票或者购买车票机票的等级受限,比如不能购买商务舱、头等舱等;四是限制消费,比如信用卡消费、境外旅游受限等。至于专门性信用惩戒措施,不同的社会领域有不同的信用惩戒手段,知识产权领域和物流领域分属不同的领域,失信行为的表现形式亦有差别,信用惩戒的内容也有差别。因此可以看到,不同领域内的信用惩戒措施千差万别,对本领域行之有效的信用惩戒手段未必适合其他的领域。

(二)内容须具体且明确

信用惩戒的内容应具有可预见性,涉及惩罚的内容必须清晰可见是法治的基本要求,未经合法程序公布的信用惩戒措施不得施行,从以权力为基础的信用惩戒向以法律为基础的信用惩戒的过渡就是为了避免国家行政权力不当侵害公民处置自身信用的自由。

在实践中,目前出台的信用惩戒方面的指导性文件很多,极具权威性的是2016年国务院颁布的《关于建立完善守信联合激励和失信联合惩戒制度加快推进社会诚信建设的指导意见》。该意见指出,信用惩戒的内容分为六个方面,一是联合惩戒;二是行政性约束和惩戒;三是市场性约束和惩戒;四是行业性约束和惩戒;五是社会性约束和惩戒;六是完善个人信用记录,推动联合惩戒措施落实到人。① 这意味着联合惩戒在一定程度上是惩戒内容的联合,除了联合惩戒,其他的行政性、市场性、行业性、社会性约束和惩戒以及记入信用记录都是内容纯粹的单一惩戒。单一惩戒的内容基本是确定的,但联合惩戒的内容是不确定的。从一般失信行为来看,由于受到的是单一的信用惩戒,具体内容基本上是清晰明确的,这本身是行政权法定的应有之意,以权力为基础对公民作出信用惩戒必须得到合法的授权,且在法定权限范围内,采取的惩罚措施也是具体的。如《上海市社会信用条例》规定行政机构可以采取的信用惩戒措施分为六类,②每一类惩戒措施都相对具体,没有法定的权限,不得施行信用惩戒,惩戒的手段也不会超出这六类之外。但从严重失信行为来看,受到的是联合惩戒,那就是另一番景象了。比如拒不执行法院生效裁判,被纳入失

① 参见《关于建立完善守信联合激励和失信联合惩戒制度加快推进社会诚信建设的指导意见》第(九)到(十四)条。

② 参见《上海市社会信用条例》第三十条规定:"对违反法定义务和约定义务的失信主体,行政机关在法定权限范围内就相关联的事项可以采取以下惩戒措施:(一)在实施行政许可等工作中,列为重点审查对象,不适用告知承诺或简化程序;(二)在财政资金资助等政策扶持中,作相应限制;(三)在行政管理中,限制享受相关便利化措施;(四)在公共资源交易中,给予信用减分、降低信用等次;(五)在日常监管中,列为重点监管对象,增加监管频次,加强现场检查;(六)国家和本市规定的其他措施。"

信被执行人名单,最高人民法院公开失信被执行人名单之后,其他社会机构援引失信被执行人名单,对相关主体的利益或资格作出限制,"一处失信,处处受限","一处"是确定的,至于"处处"是多少"处",是哪"处",这要视乎各个社会机构的性质,同时视乎失信人要从事的社会活动的需求。比如常见的,金融机构对个人信用有很高的要求,而不常见的,公务员招录过程中对个人信用记录的要求是新近的规定,随着越来越多的社会机构采取信用惩戒,致使连最初做出信用惩戒的人民法院都无法确定失信被执行人最终将会遭遇多少信用惩戒。从这个角度来讲,严重失信行为将面临难以预估的惩戒,失信人将寸步难行,这是确切的。正因为如此,对严重失信行为的界定必须慎之又慎,同样是酒驾行为,内中的情形可能千差万别,一般性酒驾可以按照交通运输管理的现行规定进行处理,但如果伴随逃逸、隐瞒、虚构事实等不诚信行为且造成严重社会后果的,应进入严重失信行为的范围。

在各方的共同努力下,信用惩戒已经慢慢显现出自己的轮廓,虽然仍有诸多模糊地带,但它概括性的功能、范围和内容渐次显现,现今的问题集中于以下几个方面。一是信用惩戒不是万能的,它的功能和民事、刑事、行政制裁有共通之处,但绝不雷同,它有自己的独特功能,不能对这种功能抱有过度期待,以致想要通过信用系统的法律运作来取得信用惩戒本身不能提供的功能。二是以什么样的标准将应受信用惩戒的失信行为和不受信用惩戒的失信行为区分开。失信行为很多,哪些应受信用惩戒必须有一个稳固划一的标准,乘车逃票、欠缴水电费、堵塞消防通道等会不会进入信用惩戒的范围是社会公众普遍的疑问,这是信用惩戒的底线问题。三是信用惩戒的最终内容是否可预见。可预见性是成文法的特征,人们通过法条预见到自己的行为将会招致什么样的结果,从而作出最优的行为选择。这是因为,凡事须决断于白纸黑字的法律,且法律的运作须有高度的可预见性,不被恣意滥用,对同等事情做同样处理,这是法治的要求。

第二章　知识产权领域信用惩戒三大类型

大凡管理信用的方法可以分为三种,一是精神上的激励或谴责,社会主义核心价值观、道德楷模都不失为一个正面的激励,而舆论谴责则是一个负面的惩戒;二是以权力进行强制,警察、法庭和执法队伍相应地建立;三是以法律进行指引,进行社会信用立法,策动个人趋利务实,注重长期信用利益而不着眼于短期利益。社会信用立法的中心是推动信息公开、信息共享,建立公共信用信息中心,这个机构十分关键,类似福柯所言的"全景敞视建筑"[①],从中几乎可以窥到个人信用的概貌,便于信用监控。在道德力量式微、社会信用法律体系尚未全面建立的情况下,以权力予以强制是当前最为常见的方式。

当前信用惩戒主要分为三大类型,第一类是以行政力量为主导,第二类以司法力量为主导,第三类仰仗社会力量,以社会力量为主导。这三大类型貌似在所有国家都能够找到踪迹。没有立法时,由自由裁量实行信用惩戒,彼时一般性规则尚未创生,根据国家意愿或者社会惯常的技术性规范,信用惩戒在形式上表现为行政管理者发布的命令。有立法时,则依靠成文法划定的标准,由权力机关推动信用惩戒的实施,这两种情形的展开背后依靠的都是强制力,前者依靠行政上的权力,后者依靠的是司法上的权力,从行政的自由裁量权走向确定详密的规则,这是法律史上的惯常规律。我们从《汉谟拉比法典》那里就看到国家权力在民间债务、高利贷等问题处理上适用信用惩戒的痕迹,在国家权力的干预下,公道得以复苏,只是当时信用惩戒的手段简单而粗暴,但从那时起,法律的因素开始醒目地在信用领域生长了。到了《十二铜表法》时,立法开始努力地排除行政权力的因素,企图将信用领域变成法律领域,于是对强势一方对待弱势一方的权力进行了极为细致地限制,比如对债权人限制债务人人身自由时使用脚镣的重量都进行了限定。[②]

---

①　〔法〕米歇尔·福柯:《规训与惩罚》,刘北成、杨远婴译,北京:生活·读书·新知三联书店,2012年,第224页。

②　《十二铜表法》第三表"执行"规定,"此时如债务人仍不清偿,又无人为其担保,则债权人得将其押至家中拘留,系以皮带或脚镣拴住,但(镣铐)重量最多为十五磅,愿减轻者听便"。

目前,在我国,由于信用复杂性而生的困难还在于,不可能所有的契约都会被遵守,也不是所有的社会秩序都会被遵从,法律还没有从这些复杂多变的社会信用关系中总结出系统化的信用惩戒法则,这是一段空白地带,结果造成可以便宜行事的行政权力在信用惩戒领域迅猛增长。从信用惩戒的源泉来看,权力并不是信用惩戒的唯一来源,道德、习惯、法律都企图在失信行为上发生作用,只是从表面看来,道德、习惯已经处于失败的下风,法律因其固有的精确性,在技术上还无法为千差万别的失信行为立下一个同等的标准,而权力基于其迅捷和灵活的特性已然在信用惩戒方面占据一席之地。总的说来,没有任何一个国家放弃以上任何一种手段,通常是将这几者结合起来进行运用,同时将公共教育动员起来。《资治通鉴·唐纪二》里"丈夫一言许人,千金不易"和《论语·为政》里"人而无信,不知其可也"都起着道德教化的作用,然而,这些虽然重要,却无法弥补传统道德规范的强制性过弱所带来的不足,而具有强制性的行政和司法力量在信用管制上始终不可或缺。

第一节　以行政为主导的信用惩戒

信用惩戒的理念来自西方资本主义国家,这些国家的经济结构和政治结构与我国有很大的不同,西方资本主义国家社会信用秩序的创制主要依靠的是法律和市场,而在我国,在信用惩戒制度的创制过程中,最响亮的声音不是来自实务界和市场,而是来自政府,信用秩序的创建主要依靠的是政府的力量,信用社会的构建责任也主要落在政府头上,这是一个极大的分别。

一、以行政为主导的信用惩戒形式

以行政为主导的信用惩戒有别于有的学者提出的行政性惩戒,行政性惩戒是行政机关或其授权机构依法做出的惩戒,性质上属于行政处罚或强制性管理措施。而以行政为主导的信用惩戒的范围相对更大,它包括但不限于行政性惩戒,比如因学生毕业论文抄袭等不诚信行为,高等院校依据学位条例、国务院学位委员会的相关规定以及学校内部规定做出撤销学位的惩戒属于以行政为主导的信用惩戒,但不属于行政性惩戒,撤销学位引发的纠纷在性质上仍然属于行政诉讼的受案范围,因为高等院校是根据国务院授权才颁发学位的。在我国知识产权领域,以行政为主导的信用惩戒主要表现为三种形式。

一是行政性惩戒。它包括两类:一类是行政处罚,在实践中,知识产权行政执法部门对知识产权侵权等失信行为的行政处罚手段囊括了除行政拘留以外的所有措施,形式包括警告、罚款、没收违法所得、没收非法财物、责令停产停业、暂扣或者吊销许可证或暂扣或者吊销执照等。在版权领域,版权侵权,同时损害公共利益的,著作权行政执法部门可以做出责令停止侵权行为、没收违法所得、没收和销毁侵权复制品以及罚款的处罚;情节严重的,还可以没收主要用于制作侵权复制品的材料、设备和工具等。另一类是行政机关做出的强制性管理措施,如加强检查频次、加大监管力度、列为重点关注对象等。

二是公布失信信息,如建立失信"黑名单"。国家知识产权局《关于开展知识产权快速协同保护工作的通知》(国知发管字〔2016〕92 号)提出要建立产业集聚区知识产权失信"黑名单",加大对重复侵权,假冒专利,拒不执行行政决定,连续提交非正常申请及违法违规从事专利代理等失信行为的惩戒力度。①

2016 年 11 月《中共中央国务院关于完善产权保护制度依法保护产权的意见》国家(中发〔2016〕28 号)中提出,要加大知识产权保护力度,"建立收集假冒产品来源地信息工作机制,将故意侵犯知识产权行为情况纳入企业和个人信用记录,进一步推进侵犯知识产权行政处罚案件信息公开",公开失信信息是最常见的信用惩戒手段。

三是联合惩戒,采取多种手段加重惩戒或者跨部门联合惩戒。2018 年《关于对知识产权(专利)领域严重失信主体开展联合惩戒的合作备忘录》列明的联合惩戒措施包括国家知识产权局采取的信用惩戒措施,也包括跨部门联合惩戒措施,联合惩戒措施多种多样,达到 33 种,涉及 30 多个部门。

尤其要说明的是,2021 年新修《行政处罚法》增加五类新措施,包括通报批评、降低资质等级、限制开展生产经营活动、责令关闭、限制从业,这五类措施严格意义上都是行政性惩戒,只是原来作为行政强制性管理措施存在,现在进入行政处罚的范围,它们本质上都是一种依靠行政力量作出的信用惩戒,即行政性惩戒。

二、以行政为主导的信用惩戒的特征

本质上,我国知识产权领域信用体系建设是由政府主导、自上而下的社会改革,推动知识产权领域信用惩戒制度前进的主要责任方是政府,行政权力是

---

① 《关于开展知识产权快速协同保护工作的通知》提出,"切实加大对失信行为惩戒力度。建立产业集聚区知识产权失信'黑名单',将存在重复侵权、假冒专利、拒不执行行政决定、连续提交非正常申请及违法违规从事专利代理者列入'黑名单',在一定时间内禁止其通过快速审查通道申请专利"。

背后策动信用惩戒机制运行的主导性力量,以行政为主导的信用惩戒有以下三个显明的特征。

第一,信用惩戒的主导性力量来自行政权力,实施信用惩戒的机关主要是行政机关。以《关于对知识产权(专利)领域严重失信主体开展联合惩戒的合作备忘录》为例,除了最高人民法院,联名签署备忘录的其他部门几乎均属于行政机关或被授权的具有行政管理职能的机构。

第二,惩戒手段多样化。根据不同惩戒机关的不同职能,惩戒手段综合多样,限制资格、进行更严格的监管、列入失信信息等是主要的手段。

第三,以行政管理权作为启动信用惩戒的依据。所有施行信用惩戒的行政机构都必须具备相应的行政管理职权或相关授权,信用惩戒非法外之权。

在整体上,以行政为主导的格局注重社会向心力和信用秩序的安定,少有考虑个体需求和客观情势的变迁。可是,随着文明的复杂和多元化,这种以行政为主导的信用惩戒的弱点逐渐暴露出来,因为它注重结果,而不注重过程,注重社会整体实效,而不关注人的个别信用需求,更忽视了个体的经济性格。知识产权领域信用惩戒制度相关法律性文件很多,多为赋予行政机构信用惩戒的权力,惩戒一旦做出,不容反驳,在打击失信行为的同时,对个体的权利少有考虑,从而导致整个体制有时缺少来自社会底层的坚实支持。

三、行政权力介入信用关系的原因

历史的诡谲在于,知识产权领域信用问题的勃发为政府行政权力的延展做了贡献,知识产权侵权泛滥的问题一直让我国饱受西方国家的诟病,无论是加入 WTO 的过程,又或者在历次中美贸易摩擦事件中,知识产权侵权都是必涉的主题。现实而言,在很多行政官员眼中,对知识产权领域失信的管制和对社会治安的管制,这两类管制并无明显的区别,就像我们在很长时期将贩卖书籍和贩卖果蔬同时归入商务流通一样。但是,知识产权领域内的信用问题仅仅是在相当有限的意义上才构成"社会公共秩序"的一部分,如果把它界定为和卫生、巡查、治安管理类似的事项,管制权在政府是无疑问的。概括而言,行政权力介入信用关系的原因有如下几点。

第一,社会发展的需要。"国家理由学说"代表人、意大利政治哲学家马基雅维利极力颂扬国家的功能,试图让个人从属于国家的需要,公共领域的伦理和道德也要完全服从政治的需要,[①]这种理论至今没有衰落。实际上,在人类

---

① 〔意〕马基雅维利:《君主论》,潘汉典译,北京:商务印书馆,1985 年,第 45-48 页。

社会的早期,失信的大小规模都是存在的,它出现在社会的各个领域,从个体的角度,因失信产生的矛盾,只要可以在当事人、中间人的协商下妥善解决,就不必见证于官方。以版权为例,根据笔者对江苏省某市版权行政执法案件的调研结果,文化市场综合执法支队作为文化行政管理部门下辖的版权执法机构,查处版权侵权行为只是日常六大职责范围之一,而且是较小的一个版块,每年查处的版权类案件只占执法案件总数的20%还不到;①从政府的角度,涉及知识产权的纠纷少之又少,只要没有酿成大规模的社会纷争,政府的惰性使然,就没有去解决的动力,这种管理体制和我国传统农业社会结构相吻合,"将矛盾化解在基层"这句流行语也是有其历史渊源和根据的。但这种农业社会机构并不是千年不变的,商品经济对传统农业经济的冲击,造成社会的经济格局更加复杂,个人对土地、宗族的依附减弱,宗族力量的弱化瓦解,使得因失信产生的社会矛盾被内部消解的可能性大大降低,而任由这些矛盾的肆意发展会直接危及社会经济的发展,并最终危及整个国家的稳定,这才使信用问题进入到国家和政府的视野中来。

第二,知识经济和信用经济的需要。为什么要进行信用惩戒,这个问题和现代知识经济和信用经济的勃兴不无关系。信用惩戒被用来作为社会控制的手段,是和日渐繁荣的知识经济和信用经济携手并进的,知识经济的崛起在历史上第一次将知识产权送上至高无上的尊位,利用一切可能的手段保护知识产权,促进知识产权事业繁荣发展是世界各国政府的重要任务。而勃兴的信用经济要求个人信用干净无瑕疵,个体为从信用经济当中获得资金用于消费或实业投资,都务必保持信用的完美,这使国家获得灵感,将信用作为一个武器去对抗那些不守信用、破坏社会信用秩序的人们。知识经济的发展需要信用体系的支撑,信用惩戒的加强一部分是基于经济上的原因是显见的,从传统农业社会过渡到商品经济社会,失信行为已经危及以信贷关系为基础的商品经济,个人私欲的勃发在原始社会尚不明显,到了现代社会则变成赤裸裸的普遍现实,这使信用制度和惩戒制度成为必需,由于失信的危害,国家需要制定惩戒失信的方法。

可见,在行政权力这条路径上,随着行政范围的扩大,信用的作用在现代被重新发掘,在行政力量的推动下,立法和信用迅速地联系在一起,这是一种

---

① 根据笔者对江苏省某地级市文化市场综合执法支队的调研数据,2017年案件总数57件,涉版权类案件10件;2018年案件总数114件,涉版权类案件27件;2019年案件总数129件,涉版权类案件25件;一般地,涉版权类案件占到案件总数1/5左右。

新观念,这种观念将信用惩戒看作是改革、完善和促成一个不同社会的工具。既然法律可以在减少失业、保护动物等问题上进行社会调控,甚至在控制人类言论表达上都卓有成效,那么为什么不可以成为一种维持社会诚实信用的手段呢? 只是信用立法起步相对太晚了,在社会信用立法上,政府的作用是明显的,政府改变了信用立法,改变了传统信用领域内只有纯粹的市场力量在起作用的格局,就像辛普森教授所言,"在现代社会,一直都有很多立法在尝试改变纯粹市场力量作用下存在的权力关系"[1]。

四、以行政为主导的信用惩戒与行政处罚的差异

从行政机关出来的决定和命令形式多样,行政处罚抑或以行政为主导的信用惩戒都有惩罚的性质,《牛津法律大辞典》将惩罚定义为享有惩罚权的人使他人遭受某种痛苦、折磨、损失、资格丧失或者是其他损害。无论是罚款等行政处罚还是剥夺资格等信用惩戒都是使他人遭受某种损害,它们有共通之处,但差异仍然明显。

第一,针对的对象不同。行政处罚针对的是"公民、法人或者其他组织违反行政管理秩序的行为"[2],而以行政为主导的信用惩戒针对的是失信行为,并不是所有违反行政管理秩序的行为都属于失信行为,也不是所有失信行为都侵害了行政管理秩序,这两种行为有交叉重叠的部分。具体到知识产权领域,我国 2009 年《著作权行政处罚实施办法》对行政处罚的管辖事项以及类型有详细的规定,著作权侵权行为并同时侵害社会公共利益的是行政处罚针对的单位,但没有侵害社会公共利益的恶意著作权侵权行为仍然可以成为信用惩戒的对象,行政处罚和以行政为主导的信用惩戒有交叉,但不完全重叠,以行政为主导的信用惩戒的功能定位也不应该和行政处罚重叠,否则两者就没有分开设置的必要和意义了。从我国目前的情形来看,故意知识产权侵权被纳入信用惩戒的范围,但不是所有故意侵犯知识产权的行为都是行政处罚的对象,只有知识产权侵权并侵害社会公共利益的行为才是行政处罚针对的单位。

第二,依据不同。行政处罚和以行政为主导的信用惩戒本质上都是一种惩罚,但行政处罚做出的依据是我国《行政处罚法》以及其他行政类法律法规

---

[1]　〔英〕布赖恩·辛普森:《法学的邀请》,范双飞译,北京:北京大学出版社,2014 年,第 24 页。

[2]　2021 年新修《行政处罚法》第四条规定:"公民、法人或者其他组织违反行政管理秩序的行为,应当给予行政处罚的,依照本法由法律、法规、规章规定,并由行政机关依照本法规定的程序实施。"

规章,甚至是一些上级主管机关的通知等。以行政为主导的信用惩戒做出的依据分为法律依据和政策依据,法律依据包括知识产权领域的法律法规规章和其他规范性法律文件,如《专利法》《专利代理管理办法》《专利法实施细则》等,而政策依据包括行政指导性文件和若干备忘录,行政指导性文件如《社会信用体系建设规划纲要(2014—2020 年)》和《关于建立完善守信联合激励和失信联合惩戒制度加快推进社会诚信建设的指导意见》,备忘录如《关于对知识产权(专利)领域严重失信主体开展联合惩戒的合作备忘录》等。

第三,目的不同。行政处罚的目的在 2021 年新修订的《行政处罚法》第一条中有清晰的描述,即保护个体合法权益和维护社会公共秩序。① 知识产权领域以行政为主导的信用惩戒的目的是加快推进知识产权领域信用体系建设,无论是行政处罚还是以行政为主导的信用惩戒,都有助于建立一个和平有序的社会,但这两种制度各有侧重。

第四,关于可诉性的问题。行政处罚的可诉性毋庸置疑,《行政处罚法》本身就旨在对行政处罚权进行监督和规范。但以行政为主导的信用惩戒是否具有可诉性还是一个悬而未决的问题,从法理上,根据《行政诉讼法》,只要相关主体认为行政行为侵犯了自身权益,就有权向法院提起诉讼。② 但《关于对知识产权(专利)领域严重失信主体开展联合惩戒的合作备忘录》和《专利领域严重失信联合惩戒对象名单管理办法(试行)》在关于信用惩戒的可诉性问题上并没有做出明确的指引。在实践中,因被行政机关列入"黑名单"而提起行政诉讼的案件不在少数,原则上,只要被惩戒人认为行政机关或其授权机关做出的信用惩戒侵害了个人权益,都在可诉讼的范围之内。

综上可知,行政处罚和以行政为主导的信用惩戒的关系是有交叉但不重叠,两者在惩治手段和措施上不同,在侵害社会公共利益的情况下,行政处罚并不影响信用惩戒的叠加适用。

第二节　以司法为主导的信用惩戒

在知识产权领域信用惩戒的场域,和行政力量并行的另一股力量是司法。

---

① 具体表述为:"为了规范行政处罚的设定和实施,保障和监督行政机关有效实施行政管理,维护公共利益和社会秩序,保护公民、法人或者其他组织的合法权益。"

② 《行政诉讼法》第二条规定:"公民、法人或者其他组织认为行政机关和行政机关工作人员的行政行为侵犯其合法权益,有权依照本法向人民法院提起诉讼。"

在我国,知识产权领域以司法为主导的信用惩戒是司法机关在诚信社会建设目标之下针对失信行为做出的司法反应。

一、以司法为主导的信用惩戒形式

在司法的语境下,知识产权侵权行为作为知识产权领域失信行为之首,要接受相应的民事、行政或刑事制裁,除此之外,还要承担相应信用上的制裁,这种信用制裁主要有以下几种。

一是对外公布失信被执行人名单。事实而言,普通社会公众正是通过人民法院失信被执行人名单才知道司法惩戒的存在,才真切领会到以司法为主导的信用惩戒的威力,人民法院对外公布失信被执行人名单是司法机关施行信用惩戒的独有方式,失信被执行人也因此获得一个独有的别名"老赖",被贴上"老赖"标签的失信被执行人不仅在信贷、出行和高消费等方面受到限制,而且受到道德舆论广泛谴责,因其负面信用损失潜在的市场交易机会,人民法院失信被执行人名单制度是以司法为主导的信用惩戒机制的基石。

二是限制信贷、出行或高消费等。限制失信被执行人从银行等金融机构获得信贷是以司法为主导的信用惩戒的基本内容,银行等金融机构也是联合惩戒同盟之中最固定的盟友,各地公共信用信息中心也和银行等金融机构进行数据对接,失信被执行人不能从银行等金融机构获得信贷几乎成为一项不言自明的常识。同时,最高人民法院《关于限制被执行人高消费的若干规定》规定被执行人为自然人的不得有选择飞机及列车软卧、轮船二等以上舱位、星级以上宾馆酒店夜总会高尔夫球场等场所进行高消费、购买不动产或者新建扩建高档装修房屋、购买非经营必需车辆、旅游度假、子女就读高收费私立学校、支付高额保费购买保险理财产品等高消费行为。

三是联合惩戒。对外公布失信信息,借助司法之外的力量惩戒失信人,在限制信贷、出行或高消费等手段之外,开辟出更多的惩戒措施,惩戒手段更为多元化。2013年和2017年前后两个版本的《关于公布失信被执行人名单信息的若干规定》奠定了联合惩戒的基本框架,联合惩戒的第一步是向全社会公开失信信息,如《关于公布失信被执行人名单信息的若干规定》(2017)第七条的规定。①

联合惩戒的第二步是联合其他机构实行跨部门联合惩戒,如《关于公布失

---

① 《关于公布失信被执行人名单信息的若干规定》(2017)第七条规定:"各级人民法院应当将失信被执行人名单信息录入最高人民法院失信被执行人名单库,并通过该名单库统一向社会公布。"

信被执行人名单信息的若干规定》(2017)第八条的规定①。至今为止,最高人民法院已经加入多个联合惩戒备忘录,成为联合惩戒背后的诸多力量之一。

二、以司法为主导的信用惩戒的特征

我国知识产权领域以司法为主导的信用惩戒具有三个明显的特征。第一个特征是被动性。和以行政为主导的信用惩戒不同,司法力量无法主动介入知识产权领域信用关系当中去,只有那些因知识产权纠纷诉至法院,存在严重失信行为且拒不执行法院生效裁判的案件当事人才可能收到信用惩戒的罚单。第二个特征是手段相对单一,主要是列入失信被执行人名单,限制信贷、消费或出行等。第三个特征是惩戒的依据源自《民事诉讼法》和最高人民法院《关于限制被执行人高消费及有关消费的若干规定》(2015)和《关于公布失信被执行人名单信息的若干规定》(2017),这有别于以行政为主导的信用惩戒。事实也是,以司法为主导的信用惩戒主要是通过失信被执行人名单制度发挥作用的,通过对全社会公示失信被执行人名单,人们才领略到以司法为主导的信用惩戒的威力。

尤其是2018年11月,在国家发改委、国家知识产权局推动下,38个相关部门和单位联合签署《关于对知识产权(专利)领域严重失信主体开展联合惩戒的合作备忘录》(发改财金〔2018〕1702号),国家知识产权局和最高人民法院赫然在列。作为联合惩戒的实施单位,最高人民法院承担的惩戒功能体现在跨部门联合惩戒措施第29条②中,即限制高消费及出行,通过失信被执行人名单制度,国家知识产权行政管理部门和司法机关结成一个同盟。行政机关和司法机关结成同盟的情形本身并不多见,最高人民法院是38个署名单位中少有的不是行政机关的机构。在知识产权领域信用惩戒这个问题上,国家知识产权局和最高人民法院自愿结盟,信息共享,共同监管,联合惩戒,司法成为和行政并行的促成知识产权领域信用惩戒的平行力量。

---

① 《关于公布失信被执行人名单信息的若干规定》(2017)第八条规定:"人民法院作为授信部门,和政府相关部门、金融监管机构、金融机构、承担行政职能的事业单位及行业协会等共享失信信息,其他部门可以依据失信信息在行政审批、政府采购、政府扶持、招标投标、市场准入、融资信贷、资质认定等方面,对失信人予以信用惩戒。"

② 具体表述为:"被人民法院依照有关规定依法采取限制消费措施或依法纳入失信被执行人名单的,限制乘坐飞机、列车软卧、G字头动车组车全部座位、其他动车组列车一等以上座位等高消费及其他非生活和工作必需的消费行为。"

三、司法介入信用关系的原因

亚里士多德在《尼各马可伦理学》一书中提到,虽然人们追求表现为普遍规则的法律,但法律不可避免地存在疏漏,世界上没有任何一部法律足以应对未来出现的所有情形。如果要实现正义,除了公正的法律规则之外,还需要一种独立于规则存在的矫正的力量,①这种力量就是司法,司法介入信用关系是信用惩戒法治化的一个必然结果。

首先,是解决现实司法难题的需要。2013 年和 2017 年两个版本的《关于公布失信被执行人名单信息的若干规定》是司法全面介入信用关系的标志,司法介入信用关系也是解决现实司法难题的结果。多地的社会信用条例出台之后,我们所处的法律环境已经大不相同了,透过各种差异,我们应该能感觉到政府对信用秩序管理上有越来越强烈的需求,也能感觉到法院司法态度的转变。至少在失信被执行人名单制度施行之前,法院在阻止当事人失信以及压制失信方面少有建树,因此长期饱受"法院打白条"的批判,司法判决的有效性也受到过明确的质疑。在过去,一个没能通过契约防御对手失信的当事人不能指望通过法院来讨回公道,但在失信被执行人名单制度问世之后,事情开始起变化,事实也说明,失信被执行人名单制度被创生之后,法院通过该制度在鼓励诚信、抵御失信方面已经发挥了很大的作用。

其次,是限制行政权力的需要。信用惩戒法治化就是对政府行使信用惩戒这种专擅权力进行逐步限制的过程。在实践中,公民或组织被列入"黑名单"可以提起行政诉讼,关涉"黑名单"的信用惩戒也是行政诉讼的范围。在信用惩戒的相关法律性文件里,惩戒实施机构更加具体,惩戒手段也更加明确。信用惩戒和其他惩戒手段一样,其终极目标是实现公道,这样一个空洞的概念遗留给我们的疑惑有两个,一是用什么标准来衡量信用惩戒到是公道的;二是达到公道的信用惩戒的特定方法是什么。通常,我们习惯性地将实现公道这个目标的任务交到司法机关手中。各种各样的力量促成了知识产权领域信用惩戒制度的成长,比如传统的信念、人类的信仰、先天的本能、政治力量还有经济的格局等,但司法始终是促成信用惩戒制度成长的力量之一。在本质上,信用惩戒法治化既是对个体滥用信用行为的限制,也是对政府信用惩戒权力的限制,它尝试着保证每个人不为失信所害,也保证每个人的信用利益不被随意地褫夺和减损,而不是根据社会需要,赞同惩戒实施机构对失信人施行信用惩

---

① 〔英〕布赖恩·辛普森:《法学的邀请》,范双飞译,北京:北京大学出版社,2014 年,第 101 页。

戒的权力,社会需要也未必一定是善的,民间集资和高额借贷就并没有走向法治和善治。而限制行政权力,保障公民权利从来都是司法机关的首要职责,司法被称为社会公平正义的最后一道防线,司法的介入,增强了社会公众对于信用惩戒的信任度,构建了社会信任新体系。

第三节　以社会为主导的信用惩戒

伸张正义、制裁失信的方式很多,以行政为主导的信用惩戒和以司法为主导的信用惩戒都是具有强制力的国家机关依据法律法规针对失信人做出的制裁,而在更广阔的社会领域,还存在着许许多多性质完全不同的信用惩戒形式,即以社会为主导的信用惩戒,它主要包括三种形式:道德惩戒、行业惩戒和市场惩戒。

一、道德惩戒

保罗·利科认为惩罚的发生存在某种归责于"公众舆论"的因素,"公众舆论首先是媒介传播,其次是扩大器,最后是复仇欲望的代言人"。[①] 在权力、法律还没有介入信用关系之前,道德是调理信用关系的主要手段之一。相比权力和法律,道德是一个更为主观的标准,应该对什么样的失信行为采取信用惩戒,这个问题不在于信用惩戒本身,而在于对某些失信行为进行严厉的打击是否为道德所允许,比如随地吐痰。

道德惩戒的作用路径是通过社会舆论对失信人的失信行为进行道德批判和谴责,这些负面评价将对失信人的生活、工作、社交以及家庭等关系产生负面影响。在性质上,道德惩戒是一种对失信人精神层面的制裁,也是一种间接性制裁,比如 2014 年琼瑶通过媒体曝光侵权方的知识产权侵权行为[②]。

道德惩戒的特征有四个。一是不确定性。有的失信行为可以轻易判定,能够在社会成员中间形成共识,比如火车"霸座"行为,但有的行为是否属于失信行为尚有争议,比如新冠肺炎疫情期间,在隐瞒病情或隐瞒行程的行为是否属于失信行为这个问题上,各地存在分歧,毕竟,从公民个人权利的角度,病情

---

① 〔法〕保罗·利科:《论公正》,程春明、韩阳译,北京:法律出版社,2007 年,第 159 页。
② 2014 年,台湾作家琼瑶诉大陆编剧于正的《宫锁连城》抄袭其名著《梅花烙》,侵犯其改编权和摄制权,2015 年 12 月经北京高院二审,该著作权案终审落幕,琼瑶胜诉。

或行程是公民个人隐私的一部分。因此,现状是,有的地方将疫情期间隐瞒病情或行程的行为纳入个人信用记录,而有的地方并不认可这样的做法。二是主观性。不同人有不同的道德评价标准,针对同一个失信行为,不同人给予的评价不同,甚至截然相反。即便是当代公认的版权侵权行为,在知识产权人眼中,毫不含糊,它属于失信行为,但在普通民众眼中,"窃书不算偷",和信用关系不大。三是没有固定的惩戒依据。无论是以行政为主导的信用惩戒还是以司法为主导的信用惩戒,都必须有合法稳固的惩戒依据,否则,惩戒就是非法的,没有被赋权的行政机关或司法机关不得作为信用惩戒的实施单位,不经公开的惩戒手段也不得施行,一切依法而行。但是,道德惩戒没有成文的依据,也不需要确切的依据,惩戒依据变动不居,并不稳固。四是受传播技术和手段的强烈影响。从传统纸质媒体到互联网,从黑白电视机到智能手机,不同时代的信息传播技术对道德惩戒的力度影响很大。尤其互联网出现之后,失信人的失信信息一旦上网,会迅速传播到世界各个角落,而且,即便失信事件年深月久,也会永久在网络上留有印记,随时都有被人翻出炒作的可能,从这个角度看,个人信用记录虽然有期限限制,但道德惩戒没有时间上的限制。

二、行业惩戒

行业惩戒主要是一种资格惩戒,指失信人因失信行为而丧失在本行业领域内某些权利资格,包括降薪、降职、开除、吊销业务执照或其他证照、被组织排斥、取消资格等。比如律师协会作为社会团体法人和律师行业自律性组织,对违法违纪律师做出训诫、通报批评、取消会员资格等处分,这种处分明显不同于司法厅吊销律师执业证书的惩戒。在文教领域,由于没有统一的反学术不端机制,各大学术期刊对于如何处置抄袭等不诚信行为没有一致的规定,但实务上的惩戒措施通常有一定期限内拒绝其投稿、对外公示不诚信行为并通报其工作单位,等等。在知识产权领域,国务院《关于新形势下加快知识产权强国建设的若干意见》(国发〔2015〕71号)提出知识产权服务业及社会组织管理要探索开展知识产权服务行业协会组织"一业多会"试点,并完善执业信息披露制度,及时公开知识产权代理机构和从业人员信用评价等关联信息。2016年《关于建立完善守信联合激励和失信联合惩戒制度加快推进社会诚信建设的指导意见》第十二条提出加强对失信行为的行业性约束和惩戒,支持行业协会商会按照行业标准、行规、行约等,视情节轻重对失信会员实行警告、行业内通报批评、公开谴责、不予接纳、劝退等惩戒措施。中华专利代理人协会发布的《专利代理职业道德与执业纪律规范》规定,协会可以做出取消会员资格并收回专利代理人执业证的处分,也可以提请国务院专利行政部门给予惩戒,直至吊销执业资格。① 《中华人民共和国种子法》规定,经营者可以依法自愿成立行业协会,进行自律管理。② 2016 年《中国互联网金融协会自律惩戒管理办法》设置了七种惩戒措施,最严重的措施是取消会员资格。这些规定本质上就是各行业针对本领域内从业人员不诚信行为的惩戒,以此规范会员行为,加强行业自律。在我国,推行行业惩戒正成为一种趋势。

三、市场惩戒

市场惩戒指失信主体作为市场经济活动的参与者,因失信行为而受到市场更加严格的监管,或者被加重处罚,被提高市场准入门槛,丧失市场交易机会,或者被限制向银行等金融机构贷款的资格等。2016 年,《关于建立完善守信联合激励和失信联合惩戒制度加快推进社会诚信建设的指导意见》明确提出要加强对失信行为的市场性约束和惩戒。③ 《上海市社会信用条例(草案)》起草说明也提出要"突出市场力量,引导市场主体进行激励与约束"。市场惩戒起源于长期以来形成的市场惯例或习俗,有的属于一种约定俗成的不成文规定,对所有进入市场的主体都有约束力。市场惩戒将失信行为和个体经济利益直接挂钩,对失信人的负面影响是直接的,立竿见影。最为常见的市场惩戒是来自金融机构,对商业性质的实体实行市场惩戒是防范失信最直接有效的方式,不良征信记录将影响企业或个人向银行申请贷款的资格已经深入人心,上升为一项常识。

综上,道德惩戒、行业惩戒和市场惩戒均是依靠社会力量展开的信用惩戒形式,背靠的不是行政或司法权力,它们并不必然产生,带有偶然性。比如在

---

① 《专利代理职业道德与执业纪律规范》第四十条规定:"专利代理机构和专利代理人违反本规范,情节特别严重的,中华全国专利代理人协会应当做出取消其会员资格并收回专利代理人执业证的处分,同时提请国务院专利行政部门给予相应处罚,直至吊销其执业资格。"

② 《中华人民共和国种子法》第五十一条规定:"种子生产经营者依法自愿成立种子行业协会,加强行业自律管理,维护成员合法权益,为成员和行业发展提供信息交流、技术培训、信用建设、市场营销和咨询等服务。"

③ 《关于建立完善守信联合激励和失信联合惩戒制度加快推进社会诚信建设的指导意见》第(十一条)提出,"对严重失信主体,有关部门和机构应以统一社会信用代码为索引,及时公开披露相关信息,便于市场识别失信行为,防范信用风险。督促有关企业和个人履行法定义务,对有履行能力但拒不履行的严重失信主体实施限制出境和限制购买不动产、乘坐飞机、乘坐高等级列车和席次、旅游度假、入住星级以上宾馆及其他高消费行为等措施。支持征信机构采集严重失信行为信息,纳入信用记录和信用报告。引导商业银行、证券期货经营机构、保险公司等金融机构按照风险定价原则,对严重失信主体提高贷款利率和财产保险费率,或者限制向其提供贷款、保荐、承销、保险等服务"。

社会实践中,银行在对失信人施行信用惩戒的同时,只要失信人找到专业担保公司作担保,银行仍然可以继续向不良征信记录的贷款人提供贷款。

第四节　三大类型信用惩戒之间的关系

以行政为主导的信用惩戒的背后是行政权力,以司法为主导的信用惩戒的背后是司法权力,这两种类型均以权力为基础,而社会性惩戒并不以权力为基础,但这三大类型都是依靠不良信用信息在社会领域的广为传播,使人们从市场、行业以及生活圈对失信人形成负面评价,进而展开对失信人的制裁和约束作用。

一、以行政为主导的信用惩戒是主要形式

虽然在知识产权领域信用惩戒事项上,行政和司法是两股并行的力量,但它们各自的表现是不同的。在诚信社会建设中,以政府为主导的格局以及惩戒权力主要掌握在行政机构手中的事实决定了以行政为主导的信用惩戒是主要形式。在寻常老百姓眼里,法院和其他任何行政机构并无分别,都属于社会管理机构,只有法律专业的从业者才会坚持清楚明白地去区分司法和行政,去区分司法标准和政府标准,并按照法律设想的那样适用于每一个个案,而在普通人看来,这些没有区别,都是官方标准。但由于法院介入信用关系以检察院提起公诉或个体诉讼为前提,司法惩戒的作用范围有限,这直接决定了法院对失信行为的惩戒在范围上不会太大,对失信行为起主要威慑作用的是来自以行政为主导的信用惩戒。并且,由于民族传统的影响,伦理道德对我国知识产权领域信用问题的约束很弱,加上不成熟的知识产权行业和市场,社会性力量尚不能对知识产权领域信用问题提供强有力的干预。

二、三大类型之间相互配合、共同协作

信用惩戒绝不能是一个封闭的系统,联合惩戒更是如此,其建立在诸多社会部门相互配合协作的基础上,信息共享、共同监管、协同治理、借助联合惩戒,司法之手才得以延伸到金融、税务、保险、交通等领域中去,以司法为主导的信用惩戒发生作用很大一部分源自司法体系之外的力量,既有行政力量,也有社会力量。

一方面,司法机关依法做出的生效裁判是行政机关做出信用惩戒的依据

之一。比如,2019 年 12 月,广州市知识产权工作领导小组办公室发布的《关于对知识产权领域严重失信主体及其有关人员开展联合惩戒的合作备忘录》规定,经生效裁判确认为侵犯知识产权罪的行为作为七种知识产权领域严重失信行为之一,①属于联合惩戒的对象。毋庸置疑,司法机关是一个十分特殊的机构,它应该保持它应有的独立性,这一直是法律界人士的共识。在过去,司法机关联合地方执法招致的恶评言犹在耳,2017 年 2 月,最高人民法院印发《人民法院落实〈保护司法人员依法履行法定职责规定〉的实施办法》,该办法规定,严禁人民法院工作人员参与地方招商、联合执法,严禁提前介入土地征收、房屋拆迁等具体行政管理活动。在这个意义上,以行政为主导的信用惩戒和以司法为主导的信用惩戒之间具有不可逆性,经司法机关确认的失信行为可能成为行政机关信用惩戒的对象,而失信行为经行政机关确认的并不能逆向成为司法机关做出信用惩戒的理由。

另一方面,以行政为主导的信用惩戒和以司法为主导的信用惩戒都要借助社会力量,受到社会力量的影响。知识产权领域"黑名单"制度和人民法院失信被执行人名单制度适用的一般路径都是对外公布失信人信息,通过社会形成负面舆论,对失信人形成道德惩戒和制裁。通常意义上,一个不会受到道德、行业和市场惩戒的失信行为,不会上升到受以权力为基础的信用惩戒制裁的地步,即不会受到以行政为主导的信用惩戒和以司法为主导的信用惩戒。现实而言,只有在失信行为受到以社会为主导的信用惩戒并未取得实际成效的情况下,才产生以行政或司法权力进行信用惩戒的社会需求。

---

① 2019 年广州市《关于对知识产权领域严重失信主体及其有关人员开展联合惩戒的合作备忘录》第一条明确知识产权领域严重失信行为包括:重复侵权行为、不依法执行行为、代理机构严重违法行为、专利代理师严重违法行为、非正常申请行为、提供虚假文件行为以及经生效裁判确认为侵犯知识产权罪的行为。

第三章　知识产权领域信用惩戒的标的

——知识产权失信行为

如果信用惩戒针对的标的别无二解,那么本章完全缺乏意义。恰恰是,单单从信用的定义还看不出违反信用的失信行为的种类,如果以知识产权领域信用惩戒制度为主题,却不对知识产权领域信用惩戒的标的进行描述,那足以称得上是一个严重的失误。知识产权领域信用惩戒以知识产权失信行为为标的,对什么样的行为才属于知识产权失信行为必须有明晰的阐释和说明。

第一节　知识产权失信行为的概念

正如前文所述,广义上的失信行为指违法行为、违约行为以及违背社会责任的不诚信行为,狭义失信行为指的是违约行为、违法行为以及与之密切相关的行为。知识产权失信行为和失信行为的关系就是种属关系,后者外延更大,是属概念,而前者外延更小,是种概念。失信行为遍布社会各个领域,知识产权领域只是其中之一,知识产权失信行为也只是失信行为中的一种。

学界首次明确提出知识产权失信行为这个概念是在 2011 年,学者曾经将知识产权失信行为概括为"知识产权领域内违反知识产权法律制度规定,背离知识产权立法宗旨和诚实守信原则,从而有损知识产权制度信誉的行为"[①],这个相对模糊的概念还不足以概括出知识产权领域失信行为的特征,譬如公民个人从网上非法下载电影供自己欣赏的侵权行为,固然违反了知识产权法的规定,也背离知识产权立法宗旨和诚实守信原则,但因情节轻微,对知识产权制度信誉造成的损害极为有限,而多个同样的侵权行为连接起来将明显有损知识产权制度信誉,那么究竟要不要纳入知识产权失信行为的范围呢? 另外,还有学者将知识产权信用定义为"权利人及其相关行为主体之间形成的相

---

①　参见吴国平、唐珺:《知识产权失信行为的法律规制研究》,《知识产权》2011 年第 9 期。

互信任关系和诚信度"，①那么，知识产权失信行为就是一种破坏这种"相互信任关系和诚信度"的行为，譬如知识产权侵权、盗版、抄袭、制假售假、知识产权服务不达标准等。知识产权领域信用体系建设是社会信用体系建设的一部分，知识产权失信行为要在社会信用体系建设语境下做出，广义的知识产权失信行为指的是知识产权领域内违法行为和违约行为以及违背社会责任的不诚信行为；狭义的知识产权失信行为指的是知识产权领域内违法行为、违约行为以及与之密切相关的行为。与违法行为、违约行为密切相关的其他行为，如失信关联行为和为失信行为提供主要支持的行为都是知识产权领域信用惩戒针对的标的。

第二节　知识产权失信行为的内涵

一、知识产权失信行为是诚实信用观念在知识产权领域的体现

早在 10 年前，学界针对知识产权领域各式失信行为的危害性，提出要予以法律规制。② 彼时，诚信社会建设目标还没有被郑重提出，知识产权领域信用问题还没有被纳入社会信用体系建设大框架，但知识产权是现代市场经济竞争的利器，市场经济本身就是信用经济，诚实可信的信用环境和市场生态被视为经济发展的助推器，因此，惩治知识产权失信行为成为知识产权领域自身建设不可或缺的一部分。2019 年，诚实信用原则正式进入新修商标法，但诚实信用原则要转化为具体的规则才能对知识产权领域各主体的失信行为起到真正的规范作用。在当代，知识产权失信行为概念的提出，诚实信用原则进入知识产权法，这是诚实信用观念引领下知识产权信用体系建设走出的第一步。

二、知识产权失信行为划定了知识产权领域各主体信用行为的边界

在诚信社会建设目标之下，什么样的行为是失信行为需要被谨慎界定，在不同的社会领域，失信行为各不相同，知识产权领域失信行为的界定实质上是在知识产权领域各主体失信行为和守信行为之间划出的一条明确的界线，对

---

① 刘瑛：《加快构建知识产权信用法治体系》，《中国国情国力》2019 年第 6 期。
② 参见吴国平、唐珺：《知识产权失信行为的法律规制研究》，《知识产权》2011 年第 9 期。

守信行为给予激励,对失信行为予以制裁。推动知识产权领域信用惩戒机制,加强知识产权领域信用体系建设是构建新时代知识产权保护工作格局的重要一环,将为净化知识产权市场提供制度保障。

三、知识产权失信行为设定的目的是实现知识产权领域各主体以及社会利益的平衡

国家惯以利益平衡社会各主体之间的关系,惩治知识产权失信行为,不仅仅是出于宏观上社会公共利益的考虑,还在于知识产权领域各主体之间的利益需要平衡。在过去,涉及知识产权的违约和违法行为各有救济的途径,但对不道德行为之上、违约违法行为之下的那一部分失信行为往往无可奈何。譬如提供虚假文件,该行为和知识产权领域违约违法行为密切相关,是确实的不诚信行为,但又不属于现行知识产权法规制的范围,因为一方提供虚假文件,导致多方主体利益受损,失信人和守信人之间的矛盾冲突日益突出。但现在,提供虚假文件作为专利领域一种严重失信行为被纳入联合惩戒,这就是《现代知识产权法的演进:英国的历程(1760—1911)》中描述的,"政府愿意修改国内法的程度,依发生争议的市场本质和被盗版国家作品的数量而有所不同"。[①]

第三节　知识产权失信行为的种类

学界对知识产权失信行为的分类少有关注。有学者认为,知识产权失信行为主要表现为滥用知识产权,侵犯知识产权以及知识产权中介机构失信这三种。[②] 也有学者认为,常见的知识产权失信行为包括知识产权侵权,制造销售假冒伪劣商品,作品盗版及抄袭,知识产权服务不达标准等。[③] 众口不一知识产权失信行为类型化的确定尚未提上日程。

知识产权领域内失信行为可以定为十种:一是知识产权侵权行为;二是涉知识产权的违约行为;三是滥用知识产权的行为;四是涉知识产权的不正当竞争行为;五是不诚信的知识产权代理行为;六是不诚信的知识产权登记、申请

---

① 〔澳〕布拉德·谢尔曼、〔英〕莱昂内尔·本特利,《现代知识产权法的演进:英国的历程(1760—1911)》,金海军译,北京:北京大学出版社,2006 年,第 141 页。

② 参见吴国平、唐珺:《知识产权失信行为的法律规制研究》,《知识产权》2011 年第 9 期。

③ 刘瑛:《加快构建知识产权信用法治体系》,《中国国情国力》2019 年第 6 期。

或注册等行为;七是拒不执行法院生效的知识产权裁判文书及行政机关、行业组织等作出的处罚决定或者其他对抗正常执法的行为;八是涉知识产权的失信关联行为,即与失信行为存在直接或间接的控制、被控制关系,或者其他有重要影响的行为(如博导的失职失察是与博士科研失信攸关的失信关联行为,前者是后者科研成果的直接控制人和实际支配人);九是为知识产权失信行为提供主要支持的行为,如大规模购买盗版书籍;十是情节严重且危及知识产权领域正常秩序的其他不诚信行为。应当说,并没有任何一种制度能够解决所有的失信问题,开出一张处方包治百病,对知识产权领域失信行为的规制仍然要在知识产权法的基础上,依靠刑法、民法典和其他法律法规等形成社会联防机制,但知识产权法要责无旁贷地承担起主要的使命。

可以理解的是,知识产权侵权行为高居知识产权领域十大失信行为之首,是公认的需要着重打击的对象。涉知识产权违约行为以及不诚信的知识产权代理或登记、申请等行为都是确切无误的失信行为,拒不执行法院生效的知识产权裁判文书及行政机关、行业组织等作出的处罚决定或者对抗正常执法的行为是多地社会信用立法明确反对的失信行为,情节严重且危及知识产权领域正常秩序的其他不诚信行为是作为一个兜底条款存在的,这些都毋庸赘述,要着重阐释的是滥用知识产权的行为、涉知识产权的不正当竞争行为、涉知识产权的失信关联行为、为失信行为提供主要支持的行为。尤其是知识产权领域内滥用知识产权和不正当竞争同样应作为失信行为,纳入信用惩戒的范围,体现各主体在与知识产权相关的活动中地位一律平等的原则。

一、滥用知识产权行为

所有的生活都是一场信用的考验,信用惩戒何尝仅仅是惩罚失约的一方呢?受信用影响的那些相关人因信用之故结成一体,因此,关于信用的所有规定不仅适用于知识产权侵权人,还应平等地适用于知识产权人及相关人群。诚实信用原则作为试金石,在知识产权领域内,所有相关主体的行为都必须接受诚实信用原则的考验,知识产权侵权人如此,滥用权利的知识产权人亦如此。《与贸易有关的知识产权协议》(TRIPS 协议)认可将采取适当措施防止知识产权滥用，[1]滥用知识产权行为早已和知识产权侵权行为一样，成为知识产权领域备受关注的焦点。

（一）权利不得滥用原则与诚实信用原则

首先，权利不得滥用是诚实信用原则的应有之意。学者陈锐雄将权利不得滥用视作诚实信用原则的应有之意，权利的行使有违诚实信用原则的，即构成权利滥用，它是诚实信用原则的反面规范。[2] 林诚二教授考察了诚实信用原则和权利不得滥用原则的各自机能后指出，在适用问题上，"诚实信用之规定，应为行使权利及履行义务之原则，而权利滥用禁止之规定，应为违反诚信原则之效果，亦即权利滥用之法律基础，在于诚信原则之违反"。[3] 法国学者普兰利认为，"滥用权利本身是个矛盾的字眼，权利不存在滥用，当滥用的时候权利已经不存在，它已经不是法律所承认的、在一定范围内行使的权利"。[4] 罗马法上有格言称，行使自己的权利，无论对于何人均非不法，继受罗马法的《法国民法典》第五百四十四条规定所有权绝对，即"所有权是对于物有绝对无限制地使用、收益及处分的权利"，同时声明"但法律所禁止的使用不在此限"。《瑞士民法典》将诚信原则和权利不得滥用原则规定于同一条款之中，其第二条规定"任何人都必须诚实、信用地行使其权利并履行其义务"，同时规定，"不许可滥用权利，明显滥用权利的，不受法律保护"，以上的这些规定都是针对民事活动的双方，而不是针对单方而言的。我国《宪法》规定公民行使权利的同时不得损害国家、集体和他人自由和权利。[5] 被废止的《民法通则》规定民事活动不得损害社会公共利益和经济秩序，[6]这被徐国栋教授看作是权利不得滥用原则的法律表现形式，权利不得滥用原则的要义是要求权利人在满足个人利益的同时，不得侵害他人和社会公共利益，实现社会公共利益和个人利益之间的平衡。李双元和温世扬两位教授在主编的《比较民法学》中特别提到，

---

① TRIPS 协议第八条"原则"指出，"1. 在制定或修改其法律和法规时，各成员可采用对保护公共健康和营养，促进对其社会经济和技术发展至关重要部门的公共利益所必需的措施，只要此类措施与本协定的规定相一致。2. 只要与本协定的规定相一致，可能需要采取适当措施以防止知识产权权利持有人滥用知识产权或采取不合理地限制贸易或对国际技术转让造成不利影响的做法"。

② 陈锐雄：《民法总则新论》，台北：三民书局，1982 年，第 920 页。

③ 林诚二：《民法理论与问题研究》，北京：中国政法大学出版社，2000 年，第 17 页。

④ 王利明等：《民法新论》，北京：中国政法大学出版社，1988 年，第 135 页。

⑤ 《宪法》第五十一条规定："中华人民共和国公民在行使自由和权利的时候，不得损害国家的、社会的、集体的利益和其他公民的合法的自由和权利。"

⑥ 《民法通则》第七条规定："民事活动应当尊重社会公德，不得损害社会公共利益，扰乱社会经济秩序。"

以《苏俄民法典》为首的公有制国家民法典,谨遵列宁的指示,"凡是西欧各国文献和经验中所有保护劳动人民利益的东西,都一定要吸收",吸收了资本主义民法典中的诚实信用原则,1921年和1964年的民法典都先后坚持公民在行使权利和履行义务时,要尊重社会公共利益、法律、公共生活准则以及道德伦理等,① 这是一种从权利不得滥用角度对诚实信用原则的具体化表述,要求当事人兼顾各方利益,不得滥用权力,这正是诚实信用原则的内容。

其次,权利不得滥用原则和诚实信用原则的方向不同。民事私法主要调理两层利益关系,一层是个人和社会之间的利益关系,另一层是个人与个人之间的利益关系。诚实信用原则贯穿于这两层关系的始终,但权利不得滥用原则主要调理的是第一层关系,即个人和社会之间的利益关系,权利人实现个人利益的活动必须有益于增进社会福利,在社会利益的允许范围之内。

最后,权利不得滥用原则是在诚实信用原则基础上发展起来的。20世纪以来,资本主义国家出现从个人本位到社会本位的重大转变,对个人权利的行使进行必要的限制成为广泛的共识,权利不得滥用原则最先体现于所有权上,后来扩张到一切权利上面。徐国栋教授曾经简要阐述过这一扩张的过程,1855年德国科尔玛法院创生了一个禁止为损害他人而行使所有权的判例,后来的《德国民法典》出现"所有权之行使,不得专以损害他人为目的"的规定,要求诚信行使权利。这项规定作为权利不得滥用原则的雏形为大陆法系国家所广泛引用,② 如1907年《瑞士民法典》规定,"明显地滥用权利,不受法律保护",1811年《奥地利民法典》同样规定了权利不得滥用原则。

(二)权利不得滥用原则与知识产权法

在知识产权国际条约中,防止权利滥用往往作为一项基本原则存在。《与贸易有关的知识产权协议》(TRIPS协议)认可成员国需要采取适当措施以防止知识产权权利持有人滥用知识产权或不合理地限制贸易或对国际技术转让造成不利影响,并将其作为一项原则。知识产权主要被认为是一种私权,长期以来,创生于民法领域的诸多理念、规则和制度被逐渐沿用于知识产权领域,每当知识产权领域出现新的困难,随之而来的就是向民法求救,这是一个反复出现的规律。所有权神圣原则受到团体主义立法思想的挑战之后,权利不得滥用以及所有权的行使应受限制的观念兴起,这个"权利"自私法上的所有权开始,逐渐扩及所有权之外的权利,包括知识产权。

---

① 李双元、温世扬主编:《比较民法学》,武汉:武汉大学出版社,2016年,第44页。
② 徐国栋:《民法基本原则解释》,北京:中国政法大学出版社,2001年,第132-136页。

（三）权利不得滥用原则在知识产权法中的发展方向

权利不得滥用原则在知识产权法中的发展是沿着另外一个不同的方向。第一，传统民法上所有权指向的是有体财产，而知识产权属于无形财产，发生了对无形财产的权利亦不得滥用的问题。第二，知识产权法与国家的公共政策之间的联系更为紧密，更明显地体现社会公共利益，尤其对于我们这样一个社会主义国家，在行使个人权利（包括知识产权）时不得侵害社会利益，建立个人利益服从社会利益的权利不得滥用原则几乎是所有社会主义国家的必选项。1922年《苏俄民法典》第一条规定，"民事权利的保护，以行使民事权利不违反该权利的社会经济使命为限"，这种禁止性规范是从正面宣示权利不得滥用原则，且从反面宣告权利人不得违反诚实信用原则。已被废止的《民法通则》第七条指明，民事活动应尊重社会公德，不得损害社会公共利益和经济秩序，那么，违反社会公德，损害社会公共利益，扰乱社会经济秩序这三种情形就是衡量权利滥用的标准。第三，权利不得滥用原则在知识产权法中的基准化。权利不得滥用原则在私法上的标准是模糊的，但知识产权滥用的标准相对是清晰的，从概念上，知识产权滥用是相对于知识产权的正当行使，权利人在行使自己的知识产权时超出必要限度，构成知识产权的不当行使，侵害他人或社会公共利益，因而落入知识产权滥用的范围。从表现形式上，学界对于知识产权滥用的具体表现形式都有详细的列举，比如搭售、回授、价格歧视、恶意诉讼等，以色列《专利法》对滥用垄断专门进行了界定，[①]为知识产权领域的权利滥用行为确立了抽象和具体两方面的基准。第四，滥用知识产权比滥用所有权造成的社会危害更大。这是所有国家无法忽视的，在一架飞机身上，最值钱的部分绝不是作为物的飞机本身，更不是制造的材料，而是与飞机相关的知识产权，如果飞机的知识产权价值不超过飞机本身的价值，那么飞机发明人莱特兄弟为了飞机专利权斗争一生的经历就显得缺乏意义了。正是因为知识产权本身附着巨大的利益，被滥用的可能性更大，比如2008年微软黑屏事件。除了

---

① 以色列《专利法》第一百一十九条指明，如果就专利客体的发明、产品或方法存在以下情况，且如果专利权人未就此情况提供合理的理由，行使专利赋予的垄断应被认为滥用：（1）在以色列未得以合理条件满足对产品的所有需求。（2）专利权人对提供产品或为其生产或使用授予许可所附加的条件在当时情况下不合理，不考虑公共利益，且基本上由存在专利而导致。（3）通过生产实施发明在以色列不可能或受到产品进口的限制。（4）产品不在以色列生产而专利权人拒绝以合理条件授予本地生产者为本地市场需要或为出口目的生产或使用产品。（5）专利权人拒绝以合理条件为在以色列生产产品或使用方法授予许可，且由于此种拒绝使从以色列出口产品受到阻止或受到不利影响；或妨碍一项商业或工业活动在以色列启动或发展。

知识产权法本身对滥用知识产权行为的限制,反垄断法也成为牵制知识产权人滥用权利的一柄利器,后者的公法性质体现的一个趋向是:对滥用知识产权的限制已经不限于私法手段,而是私法和公法手段并用。

在实践中,我国多地社会信用条例将违约、违法信息纳入信用信息的范围,信用惩戒的范围也随之扩张。信用惩戒在不同部门法上的效果是不一样的,比如在合同法领域,一个在契约上对守信人做过承诺的人临事背约,那么他就是失信人;但在知识产权法领域,作为侵权一方和作为知识产权人的一方都有成为失信人的可能,因此,要抛开只有知识产权侵权人才会成为失信人的前见,不遵守诚信、滥用权利的知识产权人和知识产权领域相关人员都有成为失信人的可能。如2019年新修订的《商标法》规定,商标代理机构不仅要遵守诚信原则,还要遵守法律法规以及委托合同,保守商业秘密。① 这一条很显然就是针对商标领域侵权人和权利人之外的相关人群的。因此,无论是知识产权侵权行为人、滥用权利的知识产权人还是知识产权代理人,只要违反诚实信用原则,必须同等对待。然而,2016年《国务院关于建立完善守信联合激励和失信联合惩戒制度加快推进社会诚信建设的指导意见》中仅仅将严重侵犯知识产权的行为纳入信用惩戒的范围,而将同样违反诚实信用原则的滥用权利的行为弃置一边,知识产权人有什么理由得到特殊待遇呢?一旦滥用权利的失信行为被弃置一边,对滥用权利的知识产权人进行信用惩戒的主张就难以为继了。2018年,《关于对知识产权(专利)领域严重失信主体开展联合惩戒的合作备忘录》决定对知识产权(专利)领域严重失信主体开展联合惩戒,备忘录将知识产权信用惩戒的对象扩大到包括知识产权侵权人以及和知识产权相关的其他人员,比如专利代理人,但仍然忽视了知识产权人滥用权利的失信行为。这种界定还是没有恰当反映知识产权市场上和信用秩序密切相关的人群的分布状态。致力于知识产权人、利用人和社会公众之间的利益平衡是一场马拉松,在实践中,微软公司利用知识产权优势地位,招致欧盟史上最高罚金的实例说明,滥用权利和知识产权法之间的冲突绝对不是表面问题。如前文所述,滥用权利是一种违反诚实信用原则的行为,属于信用惩戒的范围,知识产权人和利用人都是平等的主体,那么,有什么理由只对知识产权侵权人实施信用惩戒,而对滥用权利的知识产权人网开一面呢?

① 《商标法》第十九条规定:"商标代理机构应当遵循诚实信用原则,遵守法律、行政法规,按照被代理人的委托办理商标注册申请或者其他商标事宜;对在代理过程中知悉的被代理人的商业秘密,负有保密义务。"

综上,除了诚实信用原则,公平原则在知识产权法中也应占据一席之地,诚实信用原则要体现公平原则,维持各主体之间利益平衡,以知识产权联结起来的当事人双方在确立权利和义务时要兼顾公平,信用惩戒制度不是针对任何一个单方的规则。联合惩戒在知识产权法领域开了先河,守信一方有了社会信用法以及政府、法院、银行等多部门联合惩戒合作备忘录的支持,知识产权侵权面临的不只是赔偿了事,严重侵权行为还要面临惩罚,收到法庭之外其他社会机构的罚单。这是一副新的药方,但相伴而生的问题是,如何在联合惩戒的情境下不超过必要限度,守住公平正义的底线。毕竟,调理信用行为的信用惩戒,包括联合惩戒,关注的不能仅仅是效率,还有公平正义。

二、涉知识产权的不正当竞争行为

(一)不正当竞争与诚实信用原则

在国际上,1979年修正的《保护工业产权巴黎公约》第十条之二"不正当竞争"中指出,"凡在工商业事务中违反诚实的习惯做法的竞争行为构成不正当竞争的行为",第十条之三将商标、厂商名称、虚伪标记、不正当竞争并列作为工业产权针对的对象。同年修正的《建立世界知识产权组织公约》在其第二条"定义"部分申明,知识产权这项权利本身就包括制止不正当竞争,[①]由此可见,制止不正当竞争是知识产权保护的应有之意。如果故意侵犯知识产权的行为属于信用惩戒的对象,那么,不正当竞争行为本质上就是不诚信侵犯知识产权的行为,就没有理由被排除在信用惩戒的范围之外。

(二)不正当竞争法和知识产权法

没有人会否认知识产权法与不正当竞争法之间的紧密联系,以致有学者将反不正当竞争法视作与专利法、商标法平行的第三工业产权法。[②]芬兰《专利法》要求专利权人在被授予或被转让专利时行为诚实善意,[③]并直接将一系列有悖诚实的商业做法认定为不正当竞争,如通过盗窃、间谍或其他非法方式

[①] 《建立世界知识产权组织公约》在其第二条"定义"部分指出,"知识产权包括有关下列项目的权利:文学艺术和科学作品;表演艺术家的表演以及唱片和广播节目;人类一切活动领域内的发明;科学发现;工业品外观设计;商标、服务标记以及商业名称和标志;制止不正当竞争;以及在工业、科学、文学或艺术领域内由于智力活动而产生的一切其他权利"。

[②] 李顺德:《试论反不正当竞争法的客体和法律属性》,《知识产权研究》(第8卷),北京:中国方正出版社,1999年,第210-215页。

[③] 参见芬兰《专利法》第五十二条。

获取受保护的信息或者唆使员工泄露信息。① 巴西《知识产权法》(商标、地理标志部分)规定了不正当竞争罪,将 14 种行为认定为不正当竞争,如使用欺骗手段争夺消费者或发布损害竞争者的虚假信息等不诚信行为,处以 3 个月以上 1 年以下的监禁或者罚款。② 墨西哥《工业产权法》规定与商标、专利有关的违反行业恰当做法和惯例的行为构成不正当竞争。③ 也有学者指出反不正当竞争法对与知识产权法有关但又无法管辖的范围予以保护,弥补了知识产权法的空白地带,并对各类知识产权客体的交叉部分提供了兜底保护,知识产权法和反不正当竞争法结合起来保护了更大范围的智力成果。④ 这些提法都是确实的,我国司法机关在处理那些无法纳入知识产权法保护体系的新型智力成果的案件时,往往仰仗反不正当竞争法来补住知识产权法的疏漏,比如2014 年"央视国际网络公司诉北京我爱卿网络科技有限公司案",北京一中院认为体育赛事节目不构成作品,网络转播他人体育赛事节目的行为既不受广播权控制,也不受广播组织权控制,因此不侵犯著作权,但构成不正当竞争。被告的行为"明显有违公平竞争的市场原则,恶化了正常的市场竞争秩序,违反了诚实信用原则和公认的商业道德,具有不正当性,属于《反不正当竞争法》第二条第一款规定的不正当竞争行为"。⑤ 这正说明有的学者所言不虚,"事实上,禁止商业活动中的欺诈或虚假陈述,构成了反不正当竞争法的一个主干"。⑥ 我国 2019 年新修订的《反不正当竞争法》规定,生产经营活动要遵循诚信原则,也要遵守法律和商业道德,⑦其第二章"不正当竞争行为"中指明,不正当竞争行为包括经营者实施混淆行为,采用贿赂手段谋取交易机会或者竞争优势、作虚假或者引人误解的商业宣传来欺骗误导消费者,侵犯商业秘密,不正当有奖销售、损害竞争对手的商业信誉和商品声誉,利用技术手段或其他方式妨碍破坏其他经营者合法提供的网络产品或者服务正常运行的行为等,而以上种种行为无一不是对诚实信用原则的践踏。不正当竞争行为的内在主观状态就是故意或恶意,这就是《保护工业产权巴黎公约》第十条之二将

---

① 参见芬兰《专利法》第五十八条。
② 参见巴西《知识产权法》五十八(商标、地理标志部分)第一百九十五条。
③ 参见墨西哥《工业产权法》第二百一十三条。
④ 吴汉东主编:《知识产权法》,北京:法律出版社,2014 年,第 364 页。
⑤ 参见北京一中院(2014)一中民终字第 3199 号。
⑥ 李明德:《美国知识产权法》,北京:法律出版社,2014 年,第 623 页。
⑦ 参见《反不正当竞争法》第二条规定:"经营者在生产经营活动中,应当遵循自愿、平等、公平、诚信的原则,遵守法律和商业道德。"

不正当竞争行为定义为一种"违反诚实的习惯做法的竞争行为"的原因。因此,与知识产权有关的不正当竞争行为在本质上和故意侵犯知识产权的行为别无二致,都是对知识产权正常运行的妨害和破坏,应当予以信用惩戒。

目前,我国知识产权领域信用体系建设或多或少忽视了不正当竞争带来的信用问题,不正当竞争行为没有在失信行为目录中被提及,相应地,信用惩戒规则没有对不正当竞争表现出兴趣。实务中,同时涉及知识产权法和反不正当竞争法的诉讼很少出现,两者之间似乎保持了恰当的距离,但这并不是说这两部法之间没有相互联系的因子,涉知识产权的不诚信竞争行为就不能不引起知识产权法的注意。信用问题贯穿两部法律,但两部法都是受保护知识产权这个终极目标驱动的,保护知识产权,促进文化繁荣发展是反不正当竞争法和知识产权法的共同目标,在外表上按照平行的路线前进,因此,必须对信用规则加以协调,并就信用问题形成共同的理解。对于知识产权法而言,在能力不及之处求助于反不正当竞争法是常有的事情,比如我国对于不法利用非作品的智力成果的保护借助了反不正当竞争法的力量,将不诚信竞争行为纳入信用惩戒,就是将那些没有进入知识产权目录的智力成果间接地考虑进去。不同行为之间都有关联,不应该忽略任何一个,知识产权领域信用惩戒制度应该覆盖所有人,除非特殊情况,任何组织和个人不享有任何豁免机制。诚信的概念以各种不同的方式进入反不正当竞争法,信用惩戒制度的开放程度遵循了这一趋势,监督各种与知识产权相关的不法行为,那么,国内立法应将信用惩戒的目标整合入反不正当竞争法之中,创设特别的规则,而不是将解决这样的困难留给市场,这是更包容的法律选择。

三、涉知识产权的失信关联行为

失信行为的存在是承担信用责任的前提,信用责任是指行为人因失信行为或情节严重的失信关联行为所应承担的名誉或人格贬损、精神压力与机会损失,信用责任一般通过失信信息的广泛传播而实现。

有时,知识产权失信行为的作出离不开失信关联的人支持和配合。

四、为知识产权失信行为提供主要支持的行为

实际上,失信有时是多种行为综合作用的结果,如果只追究某一部分人的责任,仅仅将部分人的行为列为失信行为,就会把问题掩盖起来,比如版权执法部门在将盗版人列为失信人的同时,如果不对那些明知盗版却提供条件的相关行为进行规制,如明知却故意为生产盗版产品提供场所或原料的行为,那

就是不公平的。

在一定程度上，可以将失信人的盗版行为视为直接失信行为，提供主要支持的行为就是间接失信行为，他们的行为连成一体，没有他们的相助，失信人可能根本无法完成失信行为。如我国新修订的《商标法》明确规定，故意为侵犯他人商标专用权行为提供便利条件，帮助他人实施侵犯商标专用权行为的，属于侵犯注册商标专用权，[①]为知识产权侵权提供帮助的行为同样是知识产权法规制的对象。

综上可知，滥用知识产权行为，涉知识产权的不正当竞争行为，涉知识产权的失信关联行为以及为知识产权失信行为提供主要支持的行为等都是对知识产权领域违反诚实信用原则的具体表述，都是违反知识产权的失信行为。

第四节　法律意义上的知识产权失信行为

知识产权失信行为涉及各式各样的不诚信行为，它们具有自身的特点，但是知识产权失信行为评价机制严重滞后，至今尚未建立起相应的评判标准，导致知识产权失信行为定性困难，许多失信行为游离在知识产权法律体系之外。社会信用立法也无能为力。要推动知识产权领域信用体系建设，建立一套可适用于全境的评价知识产权领域失信行为的法治标准是迫在眉睫的问题。

一、知识产权失信行为的官方标准

社会信用体系建设采取的不是社会各个领域一体化，而是重点领域和重点行业先行改革的方略。《社会信用体系建设规划纲要（2014—2020 年）》（简称《纲要》）针对政务诚信、商务诚信、社会诚信和司法公信建设四个重点领域提出了明确的建议，具体到知识产权领域，作为社会诚信建设的一部分，《纲要》提出要重点打击知识产权侵权和制售假冒伪劣商品的行为，将失信信息纳入信用记录，实施联合惩戒。这意味着知识产权侵权行为是理所当然的知识产权失信行为。2016 年国务院《关于建立完善守信联合激励和失信联合惩戒制度加快推进社会诚信建设的指导意见》则进一步对严重失信行为进行界定，

---

① 参见《商标法》第五十七条。

将严重失信行为分为四类,[①]制售假冒伪劣产品和故意侵犯知识产权隶属严重破坏市场公平竞争秩序和社会正常秩序的行为,作为严重失信行为,成为联合惩戒针对的标的。2018年《关于对知识产权(专利)领域严重失信主体开展联合惩戒的合作备忘录》将知识产权(专利)领域严重失信行为确定为六类,[②]在诚信社会建设目标下,社会各个领域都在确定本领域内独有的失信行为。在知识产权领域,失信的边界已经从从事知识产权侵权、假冒伪劣等行为扩展到从事非正常申请专利、提供虚假文件等行为上,知识产权领域失信行为变得越来越具有典型性。

实践中,在现行知识产权法之外,政府加设了新的诚信义务。过去,知识产权代理人资格挂靠行为、非正常申请知识产权的行为、提供虚假文件的行为等都是知识产权法之外的问题,但现在,根据《关于对知识产权(专利)领域严重失信主体开展联合惩戒的合作备忘录》和《专利领域严重失信联合惩戒对象名单管理办法(试行)》,这些行为作为严重失信行为成为联合惩戒针对的标的。

二、知识产权失信行为的法律标准

正如一个行政官员和一个法官对失信行为的理解不会完全相同,知识产权失信行为存在多种标准的问题,知识产权失信行为的官方标准和法律标准是不同的,前者建立在社会标准或道德标准之上,而后者则建立在法律法规之上,采用法治的标准。知识产权领域诚实信用原则正在逐步具体化,虽然诚实信用原则作为一项基本原则已经进入新修商标法,但商标法并没有针对本领域提出哪些行为才是违反诚实信用原则的行为,原本抽象的诚实信用原则加上具体的知识产权失信行为,再加上个性化的知识产权失信行为惩戒规则,诚实信用原则才真正在知识产权领域落地生根,开花结果。

在法律上,要构成一个知识产权失信行为,除了失信行为须发生在知识产权领域或者和知识产权相关以外,还应具备以下要件。

---

① 具体包括:一是严重危害人民群众身体健康和生命安全的行为;二是严重破坏市场公平竞争秩序和社会正常秩序的行为;三是拒不履行法定义务,严重影响司法机关、行政机关公信力的行为;四是拒不履行国防义务,拒绝、逃避兵役,拒绝、拖延民用资源征用或者阻碍对被征用的民用资源进行改造,危害国防利益,破坏国防设施等行为。

② 具体包括:一是重复专利侵权行为;二是不依法执行行为;三是专利代理严重违法行为;四是专利代理人资格证书挂靠行为;五是非正常申请专利行为;六是提供虚假文件行为。

（一）失信人具有相应的民事行为能力

失信人具有相应的民事行为能力是知识产权失信行为的主体构成要件之一，只有具备相应民事行为能力的主体才可能成为法律意义上的知识产权失信人。参考新修民法典，在年龄和智力上不符合要求的无民事行为能力人，如8周岁以下的儿童或精神病人，不可能做出知识产权失信行为，自然不会成为知识产权失信人。

（二）具有失信的真实意思表示

知识产权失信行为是外部行为和内心真实意志共同作用的结果，如果外部行为和内心真实意志不一致，行为因虚假表示、欺诈、误解、乘人之危、胁迫等原因所致，或者存在如吴晶妹教授所说的"无意识失信"等情形，行为的发生与行为人的主观意愿不符，意思表示不真实，并不能成为法律意义上的知识产权失信行为。

（三）违反法律

一般而言，知识产权失信行为往往存在行为内容不合法、不正当的情形，如果知识产权失信行为完全合法且正当，就不存在失信的问题了。因此，一个行为被界定为知识产权失信行为，在另一个层面即意味着该行为可能违背了知识产权法、民法典或其他法律法规，又或者因危及社会公共利益不为法律认可和接受。

第四章　知识产权领域信用惩戒的嬗变
——联合惩戒的引入

严格来说,在我国,对信用惩戒真正意义上的关注,是从单一惩戒向联合惩戒过渡的时候才开始。作为一种信用惩戒新形式,联合惩戒是单一惩戒的进化和加强,联合惩戒的"联合"一方面体现为惩戒机构的联合,另一方面体现为惩戒内容的联合。信用惩戒的外部形式从惩戒机构和内容相对单一慢慢走向惩戒机构的联合和惩戒内容的综合多样化。

第一节　知识产权领域联合惩戒的概况

"联合惩戒"是从联合执法、联合监管演化而来的一个词语,就笔者目前搜索所得,它最早出现在国家层面官方文件上的时间是 2006 年。2006 年 7 月,作为国务院直属事业单位的银监会发布《关于进一步加强房地产信贷管理的通知》,提出建立违约客户"黑名单"等联合惩戒机制。2007 年黑龙江省政府工作报告也提出要"建立失信联合惩戒机制",但彼时还是基于增强金融对经济发展支持力度的立场。① 2014 年 6 月发布的《社会信用体系建设规划纲要(2014—2020 年)》提出,通过信用信息共享,建立联合奖惩机制,形成"守信者处处受益、失信者寸步难行"的局面,并对重点领域之一的知识产权领域有针对性地提出,要"强化对盗版侵权等知识产权侵权失信行为的联合惩戒,提升全社会的知识产权保护意识"。自 2014 年起,联合惩戒成为和信用社会建设紧密联结的一个热词,迅速在全国范围内传播开来。可以说,《社会信用体系建设规划纲要(2014—2020 年)》在全国范围内拉开了知识产权领域联合惩戒的帷幕。

但在学界,2019 年才开始出现探讨联合惩戒的热潮,比较具有代表性的

---

① 参见黑龙江省省长张左己 2007 年 1 月 25 日在黑龙江省第十届人民代表大会第六次会议上所作的政府工作报告。

是，2019 年 10 月，北京大学王锡锌教授提出，"基于社会信用体系的大背景，失信联合惩戒是一套多主体联动对（严重）'失信'行为人施加不利影响（Punish）的制度系统、一种面向特定问题的公共治理技术、一种法—政同构的权力规训，也是一个想象的'开放监狱'"①。在联合惩戒这个主题上，学界的步伐是落在实务界之后的，如果检视官方发布的联合惩戒文件目录，就可以发现 2014 年以来联合惩戒一词出现的频次之高令人咋舌。罗培新的《社会信用法：原理·规则·案例》一书曾经做过统计，截至 2017 年，有关部门已经签署联合惩戒合作备忘录 20 多个，联合惩戒措施百余项。② 越来越多的机构和部门加入到联合惩戒的队伍中来，联合惩戒备忘录名单有不断增加的趋势。联合惩戒将信用惩戒从经济领域拓展到社会其他领域，信用惩戒的覆盖面急剧扩大，几乎已经覆盖所有重点领域，这已经成为一个不可辩驳的事实。

一、知识产权领域联合惩戒的两大类型

联合惩戒主要体现为具有惩戒权限的机构的联合，从知识产权领域联合惩戒的主导性力量来源来进行分类，主要可以分为以行政为主导的联合惩戒和以司法为主导的联合惩戒。

（一）以行政为主导的联合惩戒

历史上从来没有这样一个时期，信用惩戒像现在这样受人青睐。政府领导着诚信社会建设运动，在 2014—2019 年这几年里，政府不断发布关于信用的法律性文件，旨在消除各种各样的失信行为，呼吁加快实现诚信社会的目标。虽然之前对失信行为也有相应的处置措施，但关于失信极少有明确公开宣布的法规。2010 年之后，湖北、上海、河南等地的社会信用条例相继出台，国家层面的社会信用立法也在积极酝酿之中，国家和地方社会信用法的出台可为知识产权领域信用惩戒提供基础性的制度支撑。行政力量的活跃是我国信用惩戒制度区别于西方国家的一个重要方面。西方国家，如美国对失信行为的打击主要通过司法途径和市场途径，行政性惩戒主要体现在海关的边境措施以及贸易委员会对知识产权方面假冒、盗版等行为的经济制裁。当然，除了信用惩戒立法之外，现代政府采取应付失信的办法很多，比如舆论宣传、道德规劝以及偶尔出现的制裁，但公开承认的机制只能是法律和行政制裁。也

---

① 参见 2019 年 10 月 29 日王锡锌教授在中央财经大学法学院"法治中国论坛"上所作主题为"失信联合惩戒：关键概念及实践展开"的学术讲座。

② 罗培新：《社会信用法：原理·规则·案例》，北京：北京大学出版社，2018 年，第 110 页。

不是所有知识产权领域的失信问题都涉及政府权力,知识产权合同守信方有权处置失信人的失信行为,可以入禀法院,也可以保留追究的权利,甚至不追究,即公民可以在信用领域建立自己的小小的自由地带,在契约、道德、品格甚至宗教信仰上维持着信用关系。

目前,以行政为主导的信用惩戒分为两类,一类是单一惩戒,另一类是联合惩戒,联合惩戒是单一信用惩戒的进一步深化。比如 2018 年 11 月,国家发展改革委、人民银行、国家知识产权局等联合发布《关于对知识产权(专利)领域严重失信主体开展联合惩戒的合作备忘录》,明确规定惩戒措施包括国家知识产权局采取的惩戒措施和跨部门联合惩戒,国家知识产权局自身既可以将多个措施结合起来进行联合惩戒,也可以发起跨部门联合惩戒,后者是以国家知识产权行政管理部门为主导,其他单位配合进行。其他单位既有行政单位,也有被授权的具有管理公共事务职能的组织,但实施单位的非行政性质不足以影响由国家知识产权行政管理部门发起的联合惩戒的本质,它们仍旧是以行政为主导的联合惩戒。

在专利领域,信用体系建设早已悄然铺开。2017 年 9 月,国家公共信用信息中心经由中央编办批复设立,为联合惩戒的展开提供了基础性的技术平台。2018 年是一个不能忽略的年份,国家针对知识产权领域连续出台多个政府指导意见。6 月,财政部、国家知识产权局发布《关于 2018 年继续开展知识产权运营服务体系建设工作的通知》,致力于打通知识产权运营链条和服务体系,举措之一就是"开展知识产权领域社会信用体系建设,建立知识产权失信主体联合惩戒机制"。专利领域最重要的一部联合惩戒规范性文件是 2018 年11 月由国家发展改革委、人民银行、国家知识产权局等 38 个部门和单位联合签署的《关于对知识产权(专利)领域严重失信主体开展联合惩戒的合作备忘录》,其针对六类知识产权(专利)领域严重失信行为进行联合惩戒,并对信息共享与联合惩戒的实施方式、联合惩戒措施予以明确的规定。其中联合惩戒措施分为两种,一种是国家知识产权局本身采取多种惩戒措施进行联合惩戒,另一种是跨部门联合惩戒,有 33 项之多,并对每项惩戒措施的实施单位予以公开,涉及国家发展改革委、各级人民政府、中国人民银行、市场监管总局、中央宣传部、广电总局、最高法院、文化和旅游部等，①备忘录署名单位 38 个，数量之多，分布之广，实属罕见。在地方，2018 年 12 月通过的《深圳经济特区知识产权保护条例》将五类知识产权失信违法信息纳入公共信用信息系统，②其中第五项作为兜底条款为未来可能出现但无法预估的知识产权领域失信行为预留了空间，这是值得肯定的。与此同时，2019 年 4 月，国家市场监督管理总局和国家知识产权局等联合发布《2019 年知识产权执法"铁拳"行动方案》（国市监稽〔2019〕94 号），提出要通过案件公开、媒体曝光、失信惩戒等措施，提高执法威慑力。2019 年 5 月 1 日起施行的《专利代理管理办法》（国家市场监督管理总局令第 6 号）规定国家知识产权局对专利代理领域严重失信行为展开联合惩戒。③ 2019 年 10 月，国家知识产权局发布《专利领域严重失信联合惩戒对象名单管理办法（试行）》（国知发保字〔2019〕52 号），以推动《关于对知识产权（专利）领域严重失信主体开展联合惩戒的合作备忘录》贯彻实施为主要目标，对专利领域严重失信行为的认定、实施机构的职责、列入名单、联合惩戒、移出名单以及信用修复等都有细致的规定。2019 年 11 月，中共中央办公厅、国务院办公厅发布《关于强化知识产权保护的意见》，提出要建立"黑名单"制度，完善市场主体诚信档案，实行分类管理，建立失信联合惩戒机制。至此，专利领域联合惩戒机制既有法律根据，也有明确可操作的具体步骤和要求。最让人欣慰的进步是，《关于对知识产权（专利）领域严重失信主体开展联合惩戒的合作备忘录》明确了跨部门的联合信用惩戒措施有 33 项，并且将每一项措施的实施单位进行了公示，如第 33 项措施，"将失信主体的失信信息协调互

---

① 《关于对知识产权（专利）领域严重失信主体开展联合惩戒的合作备忘录》列明的联合惩戒实施机构有：国家发展改革委、财政部、各级人民政府、人力资源社会保障部、中国人民银行、银保监会、证监会、市场监管总局、外汇局、中央组织部、民政部、住房城乡建设部、医保局、农业农村部、药监局、税务总局、应急部、中央宣传部、海关总署、自然资源部、科技部、广电总局、国家知识产权局、国资委、国家林草局、最高法院、交通运输部、民航局、铁路总公司、文化和旅游部、中央文明办、国务院扶贫办、全国总工会、共青团中央、全国妇联、中国科协、中央编办、中央网信办等。

② 《深圳经济特区知识产权保护条例》第四十七条规定："市主管部门应当建立健全知识产权信用评价、诚信公示和失信惩戒机制，将自然人、法人和非法人组织的下列知识产权失信违法信息纳入公共信用信息系统：（一）知识产权司法裁判和行政处罚；（二）涉嫌侵犯他人知识产权，隐匿证据、拒不接受调查，妨碍行政执法；（三）在政府投资项目、政府采购和招标投标、政府资金扶持、表彰奖励等活动中被认定侵犯他人知识产权；（四）在政府投资项目、政府采购和招标投标、政府资金扶持、表彰奖励等活动中提供虚假知识产权申请材料或者违背知识产权合规性承诺；（五）其他应当纳入的侵犯他人知识产权的信息。"

③ 《专利代理管理办法》第五十四条规定："国家知识产权局按照有关规定，对专利代理领域严重失信主体开展联合惩戒。"

联网新闻信息服务单位,向社会公布",这项信用惩戒的实施单位是中央网信办。这一显著进步部分平息了各方对信用惩戒工作的抨击,联合惩戒不再是不可预见的,它逐步从抽象走向了具体,这为未来知识产权领域跨部门联合惩戒树立了楷模。

在版权领域,2016年1月,文化部发布《文化市场黑名单管理办法(试行)》,并在2018年进行了修改。2018年6月,文化和旅游部发布《全国文化市场黑名单管理办法》,决定将严重违法失信的文化市场主体及人员列入全国文化市场黑名单,并向社会公布,实施信用约束、联合惩戒等措施。2018年12月,国家发展改革委、人民银行、文化和旅游部、市场监管总局等联合发布《关于对文化市场领域严重违法失信市场主体及有关人员开展联合惩戒的合作备忘录》,将因严重违法失信被列入全国文化市场黑名单的市场主体及其法定代表人或者主要负责人列为联合惩戒的对象。事实上,在2018年机构改革之前,我国版权领域执法都是由文化行政部门和文化市场综合执法机构联合进行的,在机构改革之后,虽然有的地方成立知识产权局,采取"三合一"的模式,版权执法归入知识产权局职责范围,但有的地方将版权局并入宣传部,版权执法工作仍然保持原状,还是在文化行政部门手中,正是由于这样的渊源,我国版权领域信用惩戒起源于文化部门"黑名单"制度,这是真切的。由此可以看出,相比专利领域,版权领域的情况更加复杂,通过联合惩戒打击版权领域严重失信行为在2016年已经开始,虽然从外部看国家版权行政管理部门在信用惩戒制度上少有建树,但并不意味着版权领域信用惩戒制度的缺失,相关部门在应对版权领域失信现象问题上并未缺席。还有一个有趣的现象是,版权领域是先发布黑名单管理办法,再联合其他机构签署联合惩戒备忘录的,而专利领域恰恰相反,是联合惩戒备忘录在先,而名单管理办法在后。

在商标领域,承担商标执法职能的国家工商总局(2018年机构改革前)和市场监管总局(2018年机构改革后)都在各自的职责范围内参与了与商标相关的联合惩戒。2015年9月,由国家工商总局牵头,国家发展改革委、最高人民法院、文化部等多个部门联合签署的《失信企业协同监管和联合惩戒合作备忘录》(发改财金〔2015〕2045号)将联合惩戒的对象确定为两类。① 2016年6月,国务院发布《关于发挥品牌引领作用推动供需结构升级的意见》,提出在产品质量和知识产权等领域建立联合惩戒机制,提高失信成本。2017年5月,国家工商总局发布《关于深入实施商标品牌战略推进中国品牌建设的意见》,提出要通过商标信用管理来加强商标的行政保护,将行政处罚信息纳入国家企业信用信息公示系统,形成对商标领域失信行为的协同监管和联合惩戒。②

综上可以看到,虽然步伐并不一致,但到2018年为止,知识产权领域内以行政为主导的联合惩戒的格局初步建立起来了。

(二)以司法为主导的联合惩戒

在行政机构眼中,最高人民法院和其他机构并无差别,在司法协助领域和最高人民法院之间的联合只是拓展了以行政为主导的联合惩戒的疆域,这和在安全生产或环境保护等领域与其他机构合作并无二致。但司法机关是和行政机关性质不同的机构,这是毫无疑问的。2018年最高人民法院工作报告指出,最高人民法院已经联合国家发展改革委等60多个单位构建信用惩戒网络,形成多部门、多行业、多手段共同发力的信用惩戒体系,"一处失信、处处受限"的联合惩戒格局初步形成。联合惩戒的作用在于激活了信用信息。过去,不良信用信息掌握在不同的部门手里,这些部门各自为政,使信用信息成为封存在系统内部的"数据碎片",联合惩戒制度的出现,加上全国各个地方公共信用信息平台的建立,打破了部门之间信息不共享的格局,将个体信用,尤其是不良信用者的信用图谱完整地绘制出来,通过联合惩戒,信用信息开始在各部门之间重新活跃起来。

---

① 《失信企业协同监管和联合惩戒合作备忘录》第一条"协同监管和联合惩戒的范围"指出:"联合惩戒的对象为违背市场竞争准则和诚实信用原则,存在侵犯消费者合法权益、制假售假、未履行信息公示义务等违法行为,被各级工商行政管理、市场监督管理部门(以下简称'工商行政管理部门')吊销营业执照、列入经营异常名录或严重违法失信企业名单,并在企业信用信息公示系统上予以公示的企业及其法定代表人(负责人),以及根据相关法律法规规定对企业严重违法行为负有责任的企业法人和自然人股东、其他相关人员(以下简称'当事人')。本备忘录其他签署部门在履行法定职责过程中记录的,依据法律法规应予以限制或实施市场禁入措施的严重违法失信企业和个人,属于当事人范围,应纳入联合惩戒范围。"

② 《关于深入实施商标品牌战略推进中国品牌建设的意见》第三部分"切实加强注册商标行政保护"中提出,"推进商标监管规范化。加强商标信用监管,将因商标侵权假冒、违法商标代理行为受到行政处罚等信息纳入国家企业信用信息公示系统,形成对商标失信行为的协同监管和联合惩戒。实施商标'双随机、一公开'监管,根据总局随机抽查事项清单,加强对商标违法行为的检查。有效利用抽查检查结果,积极探索实行风险分类监管。创新商标监管方式,充分利用大数据、云计算等现代信息化手段,探索实行'互联网+监管'模式,增强对商标违法行为线索的发现、收集和甄别能力"。

当前,司法主导下的联合惩戒的范围有快速扩张的趋向,涉及领域包括税务、水利、保险、会计、医疗、电力、金融、旅游、慈善、上市公司、农民工工资、婚姻登记等。而且,可以预见的是,失信被执行人名单制度的存在,以司法机关为中心的联合惩戒包围圈将越来越大,我国知识产权领域内以司法为主导的信用惩戒就是围绕失信被执行人名单制度而展开的,诚如最高人民法院所说,"信用惩戒是失信被执行人名单制度的主要价值所在"。

二、联合惩戒与"黑名单"制度

"'黑名单'制度是社会信用体系的一部分,它的建立与运行说明我国失信惩戒机制已开始发挥作用。"参与《社会信用体系建设规划纲要(2014—2020年)》制定的吴晶妹教授曾这样说。"黑名单"制度是信用惩戒制度体系中的重要部分,在中外都有相当悠久的历史。2014年,早为公众所熟知的"黑名单"制度第一次被写入中央政府工作报告,而在此之前,许多社会领域已经施行"黑名单"制度。虽然银行等金融机构对不良征信记录人的信用惩戒早已存在,但金融系统联合司法和交通等部门对失信人进行多机构联合惩戒却是近年来才出现的新手段。从这个角度上看,现今声名鹊起的所谓信用惩戒,事实上更多指向的是联合惩戒,单一惩戒和联合惩戒的分类是在联合惩戒出现之后才回头进行区分的。

首先,"黑名单"制度诞生于联合惩戒之前。"黑名单"制度较早被引入知识产权领域。早在2010年,国家版权局、公安部、工信部联合开展的"剑网行动"就正式启动,打击网络侵权盗版,进行专项治理,汇集各地被惩处的侵权盗版网站名单。网站黑名单由全国打击网络侵权盗版专项治理工作领导小组办公室最后确定,不定期发布在国家版权局网站上,对列入黑名单的侵权网站,运营商不得提供运营或服务,同时进行技术监控,这就是早期联合惩戒的式样。

其次,"黑名单"制度是联合惩戒的前站,联合惩戒是建立在"黑名单"制度基础之上的。早在2007年,国家版权局就提出建立盗版企业"黑名单"制度的设想,以此打击互联网企业反复侵权问题。2016年11月,国家知识产权局发布《关于开展知识产权快速协同保护工作的通知》,提出要建立产业聚集区知识产权失信"黑名单",在一定期限内禁止其通过快速审查通道申请专利。2017年,国家知识产权局发布《关于集中治理专利代理资格证书挂靠行为的通知》,明确将建立专利代理资格证书挂靠"黑名单"制度,将存在"挂证"行为的专利代理机构及其专利代理人纳入"挂证"黑名单,纳入国家信用体系。

2019年11月,中共中央办公厅、国务院办公厅发布《关于强化知识产权保护的意见》,提出要建立市场主体诚信档案"黑名单"制度,健全失信联合惩戒机制。由此可知,黑名单的创建,实现失信信息共享,多部门共同打击,失信人"一处失信、处处受限"的格局才得以逐步形成。当前,"黑名单"制度最关键之处在于如何形成全国统一标准,国家发展改革委、人民银行《关于加强和规范守信联合激励和失信联合惩戒对象名单管理工作的指导意见》提出的建议很中肯,社会各领域须"研究制定各领域红黑名单统一认定标准,依法审慎认定红黑名单",各领域的红黑名单认定原则上须实行全国统一标准。

第二节　知识产权领域联合惩戒的意义

在知识产权领域,联合惩戒是一个新事物,而信用惩戒却不是。如果联合惩戒才是信用惩戒的开端,那么,过去刑法上对假冒商标罪和假冒专利罪进行的严厉打击就显得意义不那么大了。事实很明显,在联合惩戒还没有出现之前,信用惩戒已经在社会各领域(包括知识产权领域)普遍且真实地存在,当代对信用惩戒的滥用主要是对联合惩戒寄望过深。

如果说社会信用法将守信和失信、合法的失信和非法的失信区分开来,联合惩戒就是在一般失信行为和严重失信行为中间划出了一条分界线。一旦一方当事人试图通过惩罚失信人来得到保护,三方面的力量可能会介入来强化和维持信用关系,即行政力量、司法力量和社会力量,但事实是,任何一方力量都无法单独有力地遏制住社会信用秩序失守的格局,这使得三方面力量产生了互相联合的需求。

一、联合惩戒代表一种新型惩戒秩序

必须承认,在信用惩戒这个词还没有在我国学界出现之前,很多信用惩戒的手段已经真实地存在了。过去,涉知识产权的合同遭遇失信,合同法可以处理;涉知识产权侵权,司法机关可以依据知识产权法处理,行政部门也可以做出行政处罚;涉知识产权犯罪,司法机关可以依据刑法处置。知识产权领域失信行为很多,但不同的失信行为都有不同的法律进行规制,司法机关和行政机关各司其职,并没有产生太大的罅隙。联合惩戒的出现打破了这种平行格局,将司法力量和行政力量结合在一起,加大了对知识产权领域失信行为的惩戒力度。联合惩戒是一种新型的惩戒秩序,信用惩戒从一个授信单位发展到多

个用信单位,惩戒内容从一项变成多项,如此一来,失信行为仍然是一个,实际的惩戒却有好几个,以一个失信行为为主线,辅之以联合惩戒措施,在特定的期限内以多个用信单位进行综合性惩戒收拢结尾,使失信人陷入"一处失信、处处受限"的困局,迫使其回归守信的轨道。应当讲,联合惩戒制度本身并非执意惩戒失信人,而是释放出一种"一处失信、处处受限"的信号,这在学者徐昕的见解里,就是国家对法律规则的规定总有过度性的特点,有些法律制定出来原本就不是为了得到执行……而可能只是传递一种法律鼓励或者反对某种行为的信号。[①] 即联合惩戒的存在,本身是国家激励守信、反对失信的一种信号宣示。

由此可见,联合惩戒,论其特色,牵一发而动全身,需要多个部门的联动配合。没有联合惩戒,就谈不上"一处失信、处处受限"新秩序的形成。

二、联合惩戒的形成过程在本质上是立法工作

从 2014 年《社会信用体系建设规划纲要(2014—2020 年)》开始,到 2016年国务院《关于建立完善守信联合激励和失信联合惩戒制度加快推进社会诚信建设的指导意见》,再到《关于对知识产权(专利)领域严重失信主体开展联合惩戒的合作备忘录》和《专利领域严重失信联合惩戒对象名单管理办法(试行)》,知识产权领域率先以专利为试点建立起联合惩戒的基本框架。

首先,行政机关加快了联合惩戒规则创制。2016 年 7 月,天津市发布《天津市行政机关联合惩戒暂行办法》,试图为混乱无序的行政性联合惩戒指明一个基本的体制性方向。夏皮罗曾经提到,可以将所有行政程序分为三大类:规则制定、裁决和其他官僚活动,包括执行、管理和向公众传达政策指令等活动。在规则制定过程中,政府机构要像立法机构那样运作;在裁决过程中,政府机构又要像法院那样运作。简言之,要求政府机构制定规则时按照立法机构的要求进行而在裁决争议时则按法院的方式进行,其余均作为政府机构的自由裁量权加以保留。[②] 无论是《关于对知识产权(专利)领域严重失信主体开展联合惩戒的合作备忘录》《专利领域严重失信联合惩戒对象名单管理办法(试行)》,还是国家发展改革委和人民银行发布的《关于加强和规范守信联合激励和失信联合惩戒对象名单管理工作的指导意见》(发改财金规〔2017〕1798

---

① 徐昕:《论私力救济》,北京:中国政法大学出版社,2005 年,第 246-251 页。

② Martin Shapiro,"APA：Past，Present and Future"，*Virginia Law Review*，Vol. 72，No. 4，1986.

号),在部分程度上都意在创新路径来解决知识产权领域因联合惩戒而产生的矛盾和难题。

其次,司法机关首创失信被执行人名单制度,加入联合惩戒的行列。相比数目庞大的参与联合惩戒的行政机构,作为司法机关的最高人民法院显得势单力孤,这也决定了联合惩戒通常是以行政机构为主导的。在知识产权领域,以司法为主导的联合惩戒通过两个途径展开,第一,司法机关在联合惩戒机制上发挥作用主要是通过失信被执行人名单制度,根据《中华人民共和国民事诉讼法》的相关规定,最高人民法院 2010 年发布《关于限制被执行人高消费的若干规定》,2013 年发布《关于公布失信被执行人名单信息的若干规定》,并在 2015 年和 2017 年分别进行了修改,前后两个版本的规定共同托起了失信被执行人名单制度。第二是通过联合惩戒备忘录,如最高人民法院和国家知识产权局等其他多个部门联合签署的《关于对知识产权(专利)领域严重失信主体开展联合惩戒的合作备忘录》和《关于对失信被执行人实施联合惩戒的合作备忘录》等,越来越多的机构和部门加入到由最高人民法院主导的联合惩戒的队伍中来。

综上,在社会信用体系建设大目标之下,2014 年之后我国出现了一次联合惩戒的立法高潮,以行政或司法为主导的联合惩戒都以自己的方式不断发展壮大。联合惩戒一方面是为了增进守信,促进惩戒机构之间的合作;另一方面,它的真正功能是提供一种常规性机制,将当事人之间的信用争端转化为公权力强制性介入的事项,从而使信用纷争正式进入行政或司法等公权力联合管辖范围。

三、联合惩戒巩固了社会公平正义的最后一道防线

司法是维护社会公平正义的最后一道防线。在司法这条路径上,知识产权人的权利通过使知识产权侵权人受到惩处得以实现,如果一个知识产权侵权人不履行法院判决将会受到知识产权法规定之外更多的惩罚,比如联合惩戒,那么就等于加大了惩罚的砝码。联合惩戒加固了这道防线,第一次加固是通过《关于限制被执行人高消费的若干规定》,法院可以在小范围内,比如信贷、消费、出行等方面对失信人进行惩戒;第二次加固是发布《关于公布失信被执行人名单信息的若干规定》,并和其他部门签署联合惩戒备忘录,与国家知识产权局等其他机构和部门共享失信被执行人名单信息,将联合惩戒的范围扩大到政府招投标、保险、旅游等更广泛的领域。随着联合惩戒措施更加多元化,惩戒的力度越来越大,越来越多的失信被执行人慑于联合惩戒的威力重新

回到守信的轨道上来。

由此可以理解，联合惩戒的意义已经不仅仅是一项制度，而上升为信用社会建设的一项基本原则。如 2016 年 9 月，中共中央办公厅和国务院办公厅发布《关于加快推进失信被执行人信用监督、警示和惩戒机制建设的意见》，确定了失信被执行人信用监督、警示和惩戒机制建设的四项原则为：合法性原则、信息共享原则、联合惩戒原则以及政府主导和社会联动原则。

第三节　知识产权领域联合惩戒的特征

无疑，相比单一惩戒，联合惩戒的历史并不长，而且具有自己独有的特征，如群体决策特征，社会发展到一定程度，"人们普遍认为，群体决策和决策团体必须在政治生活中扮演重要角色"[①]。联合惩戒由四个基本成分组成：一是关联，不同机构在职能或业务上有关联和交叉之处，有联合的基础，互惠互利；二是合法，任何一项惩戒措施的背后都必须有相应的法律依据，不经合法授权的措施不得施行；三是共享，联合惩戒以信息共享为实施路径，失信信息共享是实施联合惩戒的前提；四是承诺，即其他力量愿意加入联盟，承诺成为联合惩戒的力量。这四种成分构成几种不同类型的联合惩戒，广义上，可以分为五种，一是"行政＋行政"型；二是"行政＋司法"型；三是"行政＋社会"型；四是"司法＋社会"型；五是"行政＋司法＋社会"型，即行政力量、司法力量和社会力量进行各种形式的联合。狭义上，主要是指前两种，即"行政＋行政"型和"行政＋司法"型。本书仅仅从狭义上进行探讨，具体而言，我国知识产权领域联合惩戒具有如下特征。

第一，以信息共享为路径。信息共享是联合惩戒实施的前提，以失信被执行人名单制度的运行为例，地方各级法院拟出失信被执行人名单并记入系统，系统对接最高人民法院，最高人民法院再在全国信用信息共享平台失信行为联合惩戒系统上实时更新失信被执行人信息，联合惩戒备忘录上的其他单位会根据各自职责，指导和监督下级单位按照备忘录和相应规定施行或解除惩戒。信息共享是人民法院失信被执行人名单制度适用的前提。2016 年国务院《关于建立完善守信联合激励和失信联合惩戒制度加快推进社会诚信建设的指导意见》也明确声明，在有关部门和社会组织依据法律法规对本领域失信

---

① 〔意〕布鲁诺·莱奥尼：《自由与法律》，秋风译，长春：吉林人民出版社，2004 年，第 155 页。

行为作出处理和评价基础上，通过信息共享，推动对重点领域和严重失信行为的联合惩戒。① 在知识产权领域，联合惩戒的展开是和"黑名单"紧紧联系在一起的。在版权领域，从 2016 年 1 月文化部发布的《文化市场黑名单管理办法(试行)》到 2018 年 6 月文化和旅游部发布《全国文化市场黑名单管理办法》，再到 2018 年 12 月国家发改委、文化与旅游部、市场监管总局等联合发布的《关于对文化市场领域严重违法失信市场主体及有关人员开展联合惩戒的合作备忘录》；在专利领域，从 2018 年 11 月《关于对知识产权(专利)领域严重失信主体开展联合惩戒的合作备忘录》到 2019 年 10 月《专利领域严重失信联合惩戒对象名单管理办法(试行)》，无一不在努力确定失信主体名单，确定严重失信人名单并在各机构之间实现信息共享以便施行联合惩戒。

第二，以严重失信行为为标的。联合惩戒意味着惩戒力度的加大，它并不适用于所有失信行为，仅以严重失信行为为对象，形成严重失信人名单是联合惩戒的第一要务。在我国知识产权领域，联合惩戒针对的标的仅为六种行为，即重复专利侵权行为、专利代理严重违法行为、不依法执行行为、非正常申请专利行为、专利代理人资格证书挂靠行为以及提供虚假文件行为。但在实践中，各地方有扩大联合惩戒范围的趋向，如 2019 年 9 月，广州市发布《关于对知识产权领域严重失信主体及其有关人员开展联合惩戒的合作备忘录》，知识产权领域联合惩戒的标的扩展到七种行为，除了上述六种行为之外，还加上"经生效裁判确认为侵犯知识产权罪的行为"，顺利实现了行政机关和司法机关之间联合实施信用惩戒的对接。对于严重失信行为的认定还要参照 2016 年 1 月国家知识产权局《关于开展知识产权系统社会信用体系建设工作若干事项的通知》(国知发管字〔2016〕3 号)及其他相关文件来确定。比如 2017 年

---

① 《关于建立完善守信联合激励和失信联合惩戒制度加快推进社会诚信建设的指导意见》第(九)条规定："对重点领域和严重失信行为实施联合惩戒。在有关部门和社会组织依法依规对本领域失信行为作出处理和评价基础上，通过信息共享，推动其他部门和社会组织依法依规对严重失信行为采取联合惩戒措施。重点包括：一是严重危害人民群众身体健康和生命安全的行为，包括食品药品、生态环境、工程质量、安全生产、消防安全、强制性产品认证等领域的严重失信行为。二是严重破坏市场公平竞争秩序和社会正常秩序的行为，包括贿赂、逃税骗税、恶意逃废债务、恶意拖欠货款或服务费、恶意欠薪、非法集资、合同欺诈、传销、无证照经营、制售假冒伪劣产品和故意侵犯知识产权、出借和借用资质投标、围标串标、虚假广告、侵害消费者或证券期货投资者合法权益、严重破坏网络空间传播秩序、聚众扰乱社会秩序等严重失信行为。三是拒不履行法定义务，严重影响司法机关、行政机关公信力的行为，包括当事人在司法机关、行政机关作出判决或决定后，有履行能力但拒不履行、逃避执行等严重失信行为。四是拒不履行国防义务，拒绝、逃避兵役，拒绝、拖延民用资源征用或者阻碍对被征用的民用资源进行改造，危害国防利益，破坏国防设施等行为。"

10月,国家发展改革委和人民银行发布《关于加强和规范守信联合激励和失信联合惩戒对象名单管理工作的指导意见》,专门就建立守信联合激励对象和失信联合惩戒对象名单制度提出意见,根据主体的诚信度,施行不同类型和不同程度的联合惩戒,对严重失信主体施行联合惩戒,对尚未达到标准的失信主体,纳入重点关注对象。随着知识产权领域信用问题的频发,可以预见的是,严重失信行为的范围将不断扩大,联合惩戒的标的也将不断增加。

第三,联合惩戒的结果具有不确定性。在词义上讲,信用惩戒即是失信惩戒的另一种表达,两者属于异字同义。但从效果上看,信用惩戒一方面是对当下失信行为的惩罚,另一方面是对未来利益的限制甚至剥夺,即采取剥夺未来利益的方式惩罚失信人当前的失信行为,对失信行为的惩罚常以限制或剥夺未来利益为伴,两者互为表里。一个人没有信守定期向银行还款的承诺,情节比较严重的,将在一定的时期内丧失将来再次向金融机构借贷的权利,这种信用惩戒在金融领域实在太稀松平常,已经成为商业领域稳定的、多年不易的惯例,只是不同的银行采取的信用惩戒的强度和范围有所差别,商业性银行、政策性银行和信用合作社在信用惩戒上的具体规定都是不同的。但这并不是说对失信行为的惩戒仅信用惩戒而已,对失信行为的惩戒方式很多,可以是即时的经济制裁,也可以是非经济制裁,有时又是经济制裁和非经济制裁的结合,手段并非单一的,它们可以结合起来使用,也可以单独使用,具有不确定性。

在实践中,2014年中央文明办、最高人民法院等八部门联合签署的《"构建诚信、惩戒失信"合作备忘录》拉开了针对失信被执行人的联合惩戒的序幕。一个涉及知识产权侵权的诉讼当事人,收到的将不只是法院的败诉判决,根据人民法院失信被执行人名单制度,拒不执行法院裁判将丧失将来的其他利益,比如被限制信贷、出行和高消费,丧失将来向金融机构贷款的资格或子女被限制进入收费高昂的学校等。这些所谓的"其他利益"可能发生,也可能不发生,它是不确定的;它也是非即时的,发生在将来,而不是目下;它对失信人的打击有时是间接的,不是直接的,法院对失信人强制执行属于直接的手段,失信被执行人名单制度则是以间接的手段引导失信人回归守信的轨道。

第四,联合惩戒的影响不限于失信人本身。联合惩戒带来的影响不止于失信人本身,还延及其近亲属。比如最高人民法院《关于限制被执行人高消费及有关消费的若干规定》限制被执行人的消费行为,其中一项就是限制"子女就读高收费私立学校",由此产生的社会效果是学校要求入学学生的家长提供个人信用记录。联合惩戒有"株连九族"的嫌疑,招致许多恶评,对失信人的失信行为进行连带性的惩罚,而且牵连近亲属有时更是缺乏社会伦理的普遍支持。这迫使最高人民法院在 2019 年《关于在执行工作中进一步强化善意文明执行理念的意见》中不得不就"子女就读高收费私立学校"这一条予以回应和澄清，并提出"应当做好与被执行人子女、学校的沟通工作，尽量避免给被执行人子女带来不利影响"。

第五，联合惩戒通常具有一定的期限限制。假如联合惩戒没有期限，等于将失信人一棍子打死，失信人因失信"误终身"，不再有改过自新的机会。如果期限过长，失信人留在黑名单上的时间越久，可能受到的联合惩戒就越多，对失信人有失公平。所以，通常联合惩戒被赋予一个合理期限，如我国《专利领域严重失信联合惩戒对象名单管理办法（试行）》第十七条将联合惩戒的期限确定为三年，《全国文化市场黑名单管理办法》规定的信用惩戒的期限是五年。① 在这个期间到来之前，它像一幕尚未落幕的戏剧，还没有人知道它的结局，即没有人知道失信人遭遇的信用惩戒的最终形式。例外的是，在不诚信行为一直持续的情况下，联合惩戒可以没有期限限制，根据笔者调研所得，如江苏省某市出台的《××市市区违法建设失信行为联合惩戒实施办法》就没有为联合惩戒设置期限，违法建设失信人整改拆除是解除联合惩戒的唯一途径。②

第四节　知识产权领域联合惩戒的内容

联合惩戒的内容直接关乎惩戒的实效，展现着联合惩戒在当代的种种形态，既要在惩戒机关的法定职责范围之内，又要对失信人起到现实的警戒作用。惩戒内容既不能过多过重，超出失信人承载能力，显失公平，也不能过少过轻，无法展现联合惩戒的威慑力。在知识产权领域，当前联合惩戒的内容主要包含如下方面。

第一，限制资格或待遇。主要指限制严重失信主体参与或享受来自政府的知识产权相关利好待遇，包括限制获得政府性资金支持、政策扶持、政策试点、示范项目；限制参与或获得某项资质、荣誉、表彰或奖励；限制享受专利费

---

① 《全国文化市场黑名单管理办法》第八条规定："文化市场主体及其法定代表人或者主要负责人被列入全国文化市场黑名单满 5 年，未再发生本办法第五条第一款规定情形的，由列入机关自届满之日起 30 个工作日内移出全国文化市场黑名单。"

② 根据笔者调研数据，该市自 2019 年 6 月施行联合惩戒措施以来，因超过批准期限未拆除违章建筑进入联合惩戒名单的达 865 人次，其中 2019 年有 588 人次，2020 年前 5 个月有 277 人次（6 月份以后数据未出）。

用减缴、优先审查等优惠措施；限制发行企业债券；限制作为供应商参与政府采购；限制担任企事业单位法定代表人或主要负责人；限制公务员或事业单位人员招录等。如《关于对文化市场领域严重违法失信市场主体及有关人员开展联合惩戒的合作备忘录》限制严重失信主体担任人大代表或政协委员，《关于对知识产权（专利）领域严重失信主体开展联合惩戒的合作备忘录》则限制高消费及其他非生活和工作必需的消费行为。限制的内容要视参与联合惩戒的机构下辖的职能，惩戒机构可以结合本单位的职能对严重失信主体进行灵活限制，由此，专利领域和版权领域施行的限制性措施可能会有不同。

第二，加重失信的处罚力度。除了行政拘留，知识产权行政管理部门可以对严重失信行为采取其他任何种类的行政处罚，比如按照《关于对知识产权（专利）领域严重失信主体开展联合惩戒的合作备忘录》，对重复专利侵权行为可以联合惩戒，加重处罚。2018年国家发改委、文化和旅游部、市场监管总局等联合发布的《关于对文化市场领域严重违法失信市场主体及有关人员开展联合惩戒的合作备忘录》也规定，依法依规对再次违法违规行为给予从重处罚，那么，存在版权侵权行为的严重失信文化市场主体将面临更严厉的处罚。

第三，加强监管，重点关注，从严审查。如市场监管部门提高日常督查频次，加大抽查力度；文旅部门从严审批行政项目；海关加大进出口货物监管力度，加强布控查验，限制或下调企业信用等级；证监会对有失信记录的主体的从业资格从严审查，并重点关注，在上市公司或非上市公众公司事前事中事后监管中予以重点关注；工业和信息化部门从严审查失信主体的增值电信业务经营许可申请和非经营性互联网信息服务备案核准申请等等。质言之，一旦存在失信的污点，将面临更严格的监管和核查。

第四，共享失信信息，供其他部门参考。在融资授信、信用类债券发行审核、外汇额度核准与管理、非上市公众公司重大资产重组审核、基金销售资格审批、认定低保和医疗救助以及临时救助等社会救助对象、认定保障性住房等保障对象以及复核其救助保障资格、证券基金和期货公司的主要负责人任职审批考核、纳税信用管理、招标投标、申请政府性资金支持等事项中作为参考。《关于对知识产权（专利）领域严重失信主体开展联合惩戒的合作备忘录》和《关于对文化市场领域严重违法失信市场主体及有关人员开展联合惩戒的合作备忘录》都规定在多个方面将失信信息作为参考，在同等条件下，鼓励和扶持守信主体，对失信主体进行限制。

第五，提高市场准入门槛。如人民银行或银保监会提高财产保险费率或限制提供保险等服务，限制境内国有控股上市公司股权激励计划方面的资格，或终止股权激励对象行权等。

第六，取消或中止资格。知识产权行政管理部门取消失信主体进入各知识产权保护中心和快速维权中心的专利快速授权确权与快速维权通道、申报国家知识产权示范和优势企业、申报国家专利运营试点企业等资格，已经取得的资格可以酌情取消。

第七，限制失信被执行人高消费、出行及其他非生活和工作必需的消费行为。在司法协助领域，对于失信被执行人名单上的失信人，限制出行，限制一定范围的旅游、度假等非生活和工作必需的消费行为，这直接体现了以司法为主导的联合惩戒。

第八，向全社会公开失信信息。这是一种通用型信用惩戒，2014年10月，《企业信息公示暂行条例》正式施行，通过各种信用信息公示系统向社会公开，加强舆论监督，利用报刊、广播、电视、网络等各类媒体监督曝光失信信息，这在性质上属于一种社会性惩戒。早在2014年2月，国务院批转《关于依法公开制售假冒伪劣商品和侵犯知识产权行政处罚案件信息的意见（试行）》，要求行政执法机关通过政府网站主动公开假冒伪劣和侵权行政处罚案件相关信息，或者以公告栏、新闻发布会或广播、报刊、电视等其他方式予以公开，这表明假冒商标或商标侵权行政处罚案件信息将在全社会公开共享。借助社会力量对不法行为人进行信用惩戒，在一定意义上，这是一种"行政＋社会"型联合惩戒。

综上可知，知识产权领域联合惩戒内容丰富多样，无法一一列举。联合惩戒的内容是惩戒机关的惩戒职责和受惩戒人应尽义务和享有权利的总和，是联合惩戒最核心的部分。联合惩戒的内容仍在不断扩充，在全国范围内，多个地方在国家部委文件的基础上进一步扩展了联合惩戒的范围，如作为国家知识产权示范城市的广州市，2019年1月发布《广州市建立完善守信联合激励和失信联合惩戒机制实施方案》，同年9月发布《对知识产权领域严重失信主体及其有关人员开展联合惩戒的合作备忘录》，加强了对失信主体的行业性约束和惩戒，鼓励行业协会商会建立会员信用档案，开展信用评级，支持行业协会商会按照行业标准、行规、行约并视情节轻重对失信会员进行警告、行业内通报批评、公开谴责、不予接纳、退出市场等有差别的惩戒措施，这些都是极具意义的创新之举，但同时表明，联合惩戒是对单一惩戒的整合和超越，我国知识产权领域联合惩戒的内容还没有最终确定，还在不断深化发展之中。

第五节　知识产权领域联合惩戒的依据

在现有的知识产权法框架内,并无专门关于联合惩戒的规定,知识产权领域联合惩戒的依据指的是涉知识产权的各种联合惩戒规则的总和,这些规则散见于各单行法律、法规、规章之中,亦被各类规范性文件所涵摄。

一、作为直接依据的规范性法律文件

事实而言,无论是出自政府的行政性指导意见还是多个机构联名签署的联合惩戒备忘录都不能直接作为适用联合惩戒的依据,还需要进一步转化为法律、法规或规章等规范性法律文件。

首先,从立法机关的角度,联合惩戒在近年才成功进入立法机关的视野。2019 年 8 月新修订的《中华人民共和国药品管理法》要求药品监督管理部门为药品上市许可持有人和其他相关机构建立药品安全信用档案,记录日常检查监督情况,并向社会公开,有不良记录的,要加强督查,并依法进行联合惩戒。[①] 药品专利是全世界公认的利润最高的专利,有 170 多年历史的制药巨头辉瑞是国际第一制药巨头,旗下有多项"明星专利",如万艾可、立普妥等,环绕在制药巨头周围的也有数不清的制药企业,一旦陷入知识产权纠纷,被认定存在知识产权侵权等严重失信行为,失信人将面临联合惩戒,那么对制药巨头及其相关企业来说,后果将是无法估量的。同样的情况也发生在疫苗专利上面,2019 年 12 月 1 日起施行的《中华人民共和国疫苗管理法》规定,要为疫苗上市许可持有人及其相关人员建立信用记录,将严重失信信息纳入全国信用信息共享平台,施行联合惩戒。[②] 2019 年施行的《中华人民共和国个人所得税法》明确要将纳税人、扣缴义务人的守法违法情况纳入信用信息系统,以此实

---

① 《中华人民共和国药品管理法》第一百〇五条规定:"药品监督管理部门建立药品上市许可持有人、药品生产企业、药品经营企业、药物非临床安全性评价研究机构、药物临床试验机构和医疗机构药品安全信用档案,记录许可颁发、日常监督检查结果、违法行为查处等情况,依法向社会公布并及时更新;对有不良信用记录的,增加监督检查频次,并可以按照国家规定实施联合惩戒。"

② 《中华人民共和国疫苗管理法》第七十二条规定,"药品监督管理部门应当建立疫苗上市许可持有人及其相关人员信用记录制度,纳入全国信用信息共享平台,按照规定公示其严重失信信息,实施联合惩戒"。

施联合激励或惩戒。① 一旦被税务部门认定为失信人并纳入信用信息系统，联合惩戒将可能随时到访。

其次，从行政机关的角度，在专利领域，2019年国家知识产权局发布的《专利领域严重失信联合惩戒对象名单管理办法（试行）》是目前为止专利领域施行联合惩戒最直接的依据，其对联合惩戒的对象、行为认定，名单的列入和移出，信用修复等都作了较为细致的规定。在版权领域，2018年文化和旅游部印发的《全国文化市场黑名单管理办法》虽然不是直接针对版权领域，但除了少数地方成立"三合一"型知识产权局，多数地方仍由文化行政部门和文化市场综合执法机构执掌版权执法，《全国文化市场黑名单管理办法》是对版权侵权等失信行为展开联合惩戒的最为直接的依据，其将"全国文化市场黑名单管理"界定为"将严重违法失信的文化市场主体及人员列入全国文化市场黑名单，并向社会公布，实施信用约束、联合惩戒等措施的统称"，②由此可见，"黑名单"本身和联合惩戒密不可分，甚至可以说它是联合惩戒的一部分。在商标领域，2015年底《严重违法失信企业名单管理暂行办法》将十种情形列入严重违法失信企业名单管理，并施行联合惩戒。其中有两种情形和商标有关，一是因商标侵权行为5年内受到两次以上行政处罚的；二是被决定停止受理商标代理业务的。③ 意味着和商标有关的这两种失信行为将面临联合惩戒，但显然，商标领域失信行为的种类远远不止于此。综上可知，虽然版权和商标领域内主要的失信行为，如侵权行为都真实受到来自联合惩戒的打击，但缺少一部

---

① 《个人所得税法》第十五条规定："有关部门依法将纳税人、扣缴义务人遵守本法的情况纳入信用信息系统，并实施联合激励或者惩戒。"

② 《全国文化市场黑名单管理办法》第二条规定："本办法所称全国文化市场黑名单管理，是指文化行政部门或者文化市场综合执法机构将严重违法失信的文化市场主体及人员列入全国文化市场黑名单，并向社会公布，实施信用约束、联合惩戒等措施的统称。"

③ 《严重违法失信企业名单管理暂行办法》第五条规定："企业有下列情形之一的，由县级以上工商行政管理部门列入严重违法失信企业名单管理：（一）被列入经营异常名录届满3年仍未履行相关义务的；（二）提交虚假材料或者采取其他欺诈手段隐瞒重要事实，取得公司变更或者注销登记，被撤销登记的；（三）组织策划传销，或者因为传销行为提供便利条件两年内受到三次以上行政处罚的；（四）因直销违法行为两年内受到三次以上行政处罚的；（五）因不正当竞争行为两年内受到三次以上行政处罚的；（六）因提供的商品或者服务不符合保障人身、财产安全要求，造成人身伤害等严重侵害消费者权益的违法行为，两年内受到三次以上行政处罚的；（七）因发布虚假广告两年内受到三次以上行政处罚的，或者发布关系消费者生命健康的商品或者服务的虚假广告，造成人身伤害的或者其他严重社会不良影响的；（八）因商标侵权行为五年内受到两次以上行政处罚的；（九）被决定停止受理商标代理业务的；（十）国家工商行政管理总局规定的其他违反工商行政管理法律、行政法规且情节严重的。"

像专利领域《专利领域严重失信联合惩戒对象名单管理办法（试行）》那样专门针对本领域严重失信行为进行联合惩戒的规范性文件。

最后，从司法机关的角度，最高人民法院《关于限制被执行人高消费及有关消费的若干规定》（2015）和《关于公布失信被执行人名单信息的若干规定》（2017）是对失信被执行人展开联合惩戒的最直接依据。《关于公布失信被执行人名单信息的若干规定》规定失信被执行人名单信息应在政府相关部门、金融监管机构、金融机构、承担行政职能的事业单位及行业协会之间共享，作为信用惩戒的依据。[①] 经由最高人民法院发布的失信被执行人名单即为司法机关对司法领域严重失信主体进行联合惩戒的"黑名单"，可以称之为"司法黑名单"，《关于限制被执行人高消费及有关消费的若干规定》《关于公布失信被执行人名单信息的若干规定》加上最高人民法院和知识产权行政管理部门之间的联合惩戒备忘录是司法机关和其他机构之间进行联合惩戒的桥梁。

二、作为间接依据的指导性文件

虽然不能作为直接的法律依据进行援用，但是政府指导性意见和多机构联名签署的备忘录是对联合惩戒入法贡献最大的因子。作为专利领域联合惩戒最直接依据的《专利领域严重失信联合惩戒对象名单管理办法（试行）》，其背后的依据就是政府的一系列行政指导性文件。

（一）政府指导性意见

首先，应该说，联合惩戒从设想到实现是依靠政府指导性文件从上到下逐次贯彻下去的。2014 年《社会信用体系建设规划纲要（2014—2020 年）》是第一个官方关于知识产权领域联合奖惩的规范性文件，也是和联合惩戒最为直接相关的政府指导性意见之一。纲要提出社会信用体系建设的总目标以及针对各个领域的分目标。在知识产权领域，分目标是在知识产权领域建立诚信管理制度，出台信用评估办法，重点打击知识产权侵权和制售假冒伪劣商品等知识产权失信行为，将知识产权失信行为信息纳入失信记录，强化联合惩戒，提升知识产权保护意识，开展知识产权服务机构信用建设，建立各类知识产权服务标准化体系和诚信评价制度等。2015 年国务院《关于新形势下加快知识

---

① 《关于公布失信被执行人名单信息的若干规定》（2017）第八条规定："人民法院应当将失信被执行人名单信息，向政府相关部门、金融监管机构、金融机构、承担行政职能的事业单位及行业协会等通报，供相关单位依照法律、法规和有关规定，在政府采购、招标投标、行政审批、政府扶持、融资信贷、市场准入、资质认定等方面，对失信被执行人予以信用惩戒。"

产权强国建设的若干意见》提出要将故意侵犯知识产权行为情况纳入企业和个人信用记录。这些政府指导性意见都为 2016 年国务院《关于建立完善守信联合激励和失信联合惩戒制度加快推进社会诚信建设的指导意见》提供了政策根据,该意见明确提出了联合惩戒的措施类型、重点领域和对象,旨在专门为建立完善守信联合激励和失信联合惩戒机制,加快推进信用社会建设提供精神指导。在此之前,2008 年《国家知识产权战略纲要》(国发〔2008〕18 号)就提出要在知识产权中介服务行业建立诚信信息管理、信用评价和失信惩戒等诚信管理制度。①

其次,政府指导性意见的作用不可忽略,其不仅提供精神指引,还提出具体的指导和要求。国家知识产权局在 2016 年发布《关于开展知识产权系统社会信用体系建设工作若干事项的通知》,提出各级知识产权局要建立数据库,实现信用信息的公开和共享,与同级有关部门信用信息平台和综合性平台协商对接,并积极联合有关部门,探索建立守信激励和失信联合惩戒机制。2017年 10 月,国家发展改革委、人民银行《关于加强和规范守信联合激励和失信联合惩戒对象名单管理工作的指导意见》更是为完善守信联合激励和失信联合惩戒机制提出具体细致的指导,内容包括总体要求、基本原则、认定标准、认定程序等。客观来说,正是在政府指导性意见的逐步指引下,知识产权领域联合惩戒机制才慢慢形成了今天的轮廓,它们是知识产权领域联合惩戒的间接依据。

(二)备忘录

至今为止,涉知识产权的联合惩戒备忘录是考察知识产权领域联合惩戒机制的绝对不能忽略的参考依据。目前,知识产权领域联合惩戒备忘录分两个部分,第一个部分是以知识产权行政管理部门为主导的联合惩戒备忘录,包括国家知识产权局牵头组织的《关于对知识产权(专利)领域严重失信主体开展联合惩戒的合作备忘录》,其意义不亚于"南门之木",还包括版权行政管理部门参与的联合惩戒的备忘录,如《关于对文化市场领域严重违法失信市场主体及有关人员开展联合惩戒的合作备忘录》;第二个部分是在知识产权纠纷中起主要作用的司法机关(主要是最高人民法院)参与的联合惩戒备忘录。

第一,备忘录具有契约性质,规定了签署各方的权利义务,对各方具有约束力。一方面,在国务院关于联合惩戒指导性文件的共同指引下,通过备忘

---

① 《国家知识产权战略纲要》具体表述为:"完善知识产权中介服务管理,加强行业自律,建立诚信信息管理、信用评价和失信惩戒等诚信管理制度。规范知识产权评估工作,提高评估公信度。"

录,具有惩戒权力的各个机构之间达成联合惩戒的合意,备忘录有契约的性质;另一方面,《关于对知识产权(专利)领域严重失信主体开展联合惩戒的合作备忘录》规定了具体的惩戒措施及其实施机构,创设了各个机构在联合惩戒上的权利义务,对备忘录签署各方具有一定约束力。但要说明的是,备忘录在形式上类似行政协议,相比我国侧重于备忘录的契约性质,美国更倾向于将行政协议作为立法性规则,侧重行政协议的本质及其合法性问题。[①] 客观地说,那种将备忘录作为行政协议的观点尚不足以全面揭示备忘录的本质,备忘录主要体现的是政府机构在行政业务上的一种合作倾向,这种行政合作意味深长。昂格尔在《现代社会中的法律》一书中就提到,"合作主义的锋芒所向,就是要在思想上和组织上取消国家与社会的界限,因而,也要取消公共生活与私人生活的界限","合作主义对法律最明显的影响就在于,它有助于一套打破了传统公法与私法界限的规则之形成"[②]。

第二,备忘录不能直接作为联合惩戒的依据。一方面,联合惩戒须从法定,不能从约定。备忘录的契约性质决定了它们不能被直接援引来作为联合惩戒的依据,因此可以看到,在《关于对知识产权(专利)领域严重失信主体开展联合惩戒的合作备忘录》这份主文不过三五页的文件里,却在附表部分,占用长达50页的篇幅来说明"部门联合惩戒措施及法律政策依据",包括《专利法》《专利法实施细则》《专利代理管理办法》《专利收费减缴办法》《专利优先审查管理办法》《关于规范专利申请行为的若干规定》《政府采购法》《征信业管理条例》《商业银行法》《上市公司收购管理办法》《证券公司监督管理条例》等近80部法律法规规章,这些法律法规规章才是联合惩戒成立且有效的依据,而备忘录本身不是。另一方面,如果备忘录的内容和法律法规规章发生冲突和矛盾时,仍以后者为准,这就是《关于对知识产权(专利)领域严重失信主体开展联合惩戒的合作备忘录》最后一句所表达的:备忘录与法律法规规章不一致的,仍以后者为准。[③]

第三,备忘录的落实还有待时日。从横向来看,为了落实联合惩戒备忘录,各个机构还需要进一步制定联合惩戒的实施细则和操作流程。比如国家

---

① 高秦伟:《美国法上的行政协议及其启示》,《现代法学》2010年第1期。

② 〔美〕R. M. 昂格尔:《现代社会中的法律》,吴玉章、周汉华译,南京:译林出版社,2008年,第169页。

③ 备忘录具体表述为:"本备忘录签署后,各部门、各领域内相关法律、法规、规章及规范性文件修改或调整,与本备忘录不一致的,以修改后的法律、法规、规章及规范性文件为准。实施过程中具体操作问题,由各部门另行协商解决。"

知识产权局为了贯彻落实备忘录,2019 年 10 月发布《专利领域严重失信联合惩戒对象名单管理办法(试行)》。总体上,联合签署《关于对知识产权(专利)领域严重失信主体开展联合惩戒的合作备忘录》的 38 个机构全部落实备忘录还需要很长一段时间。从纵向来看,在实践当中,各地在知识产权领域联合惩戒机制的施行上各具特色,有的地方自成一体,如作为知识产权示范城市的广州市通过《对知识产权领域严重失信主体及其有关人员开展联合惩戒的合作备忘录》,将国家知识产权局在专利领域联合惩戒的试点拓展到专利和商标两个领域。在全国范围内形成统一的联合惩戒标准尚需时日。

第五章　知识产权领域信用惩戒的理论基础

从法理学的角度,信用惩戒的现实运行不仅仅是因为法律的规定,更要追溯信用惩戒的根基,为什么法律要赋予信用惩戒的权力。相比而言,经济学领域早已从信息经济学的角度对信用惩戒制度的理论基础做过深入的探讨,利奥·赫维茨提出经济机制设计理论,把机制定义为一个信息系统,在信息不对称情况下,研究当事人之间如何制定契约和对行为进行规范。克瑞普斯、罗伯茨等学者通过博弈论来探讨信用问题,他们建立企业家声誉机制作用机理的经济模型,认为良好的职业声誉增加了企业家的博弈能力,对企业家行为有正面的激励作用,相反,较坏的职业声誉会提早结束企业家生涯,对企业家机会主义行为具有约束作用。米勒以实证主义的方法去总结西方征信国家征信体系的发展规律。克莱因用模型检验了与正规信息交换相关的问题,结论是信息交换机制规模越大,失信人的违约成本越高。意大利学者图里奥·贾佩里和马可·帕加诺以大量数据检验得出,完善的信用惩戒对于一个国家银行信贷的发展作用巨大。经济学领域这些研究成果的影响力可谓电照风行,以致法学领域的学者论及信用惩戒的法理基础时,它们仍然被作为轨物范世的教科书。很真切地,比起经济学领域,法学领域对信用惩戒机制的整体研究是薄弱的,更遑论针对知识产权领域信用惩戒制度的研究了。

第一节　社会公共秩序

一、从社会公众的角度

像不能忍受专擅的暴政,期待和平的秩序一样,人们也无法长期忍受一种不确定的信用状态,因为失信的不受控制,世界上没有明白确定要实际履行的契约,授予一部法律来限制人们恣意背约的状态,是公众的共同心愿。

在自由资本主义阶段,信用背后有契约自由的支撑,失信得到一定范围内的许可。通常,失信所诱发的危险也不是即刻而明显的,不会让人们感觉到大祸临头或者迫在眉睫，所以国家也不会为了社会公共秩序去牺牲契约自由。但在市场经济越来越发达之后，对于失信的抨击开始变得越来越激烈，对失信的反对意见主要来自市场主体，他们希望维持和谐守信的社会秩序，以维护社会信用秩序为由去限制不受限制的契约自由，而政府也随时预备以维护社会公共秩序为由扩张权力，政府也不会坐等宪法授权，因为从来没有像现代社会这样，众人感觉受到来自失信人的种种威胁。

信用惩戒通常以违背诚实信用原则开始，而以信用秩序的恢复结束，建立和平的社会公共秩序并不是它的直接责任，那是行政法的范围。秩序是法律最重要的价值之一，为法律秩序所认为的应然之举即为合法，反之即为非法。社会信用法的问世即表明失信行为在实体法秩序中得到了一个负面的评价，社会信用法肯定或否定某行为的法律规则旨在建立良好的社会信用秩序，诚实信用原则旨在对社会信用秩序的维护，这和信用惩戒制度别无二致。秩序分为很多种，人们对和平秩序的渴望内生于心，天下分久必合，合久必分的提法得到多数人的认可，是因为在人类内心深处对和平、统一、安定有着天然的向往，对战争、动乱、暴动有天然的抵触，因此，对良好社会秩序的渴求是人类文明向前迈进的有力的因子，这在中国被称为"人心所向"。对一个不良的社会秩序，人们无法忍受太久，在人类内部的力量，包括道德、伦理、习惯等，无法避免这种连续的、普遍的纷争之时，就需要外部力量来保障秩序，这种外部力量无外乎两种，一是权力，二是法律，因为这样的原因，人类需要法律，它本质上是人类用来调理社会冲突纷争的方式之一。

二、从法律的角度

保罗·利科说，"每一种侵害行为都是对法律的对抗，对秩序的侵犯"[①]。社会信用立法的作用通常有三种，即调节信用矛盾、保障信用秩序和限制惩戒权力。

首先，信用惩戒努力使守信人和失信人之间的斗争规范化。具体到知识产权领域，主要是使知识产权人和侵权人以及其他主体之间的斗争规范化。在中美贸易摩擦风起云涌之际，国家致力于构建信用社会，着力管理知识产权领域各种失信行为，正式引入知识产权惩罚性赔偿，将故意知识产权侵权行为纳入联合惩戒的范围，正是向更加有序的中美两国关系迈进了诚恳的一步。如果可以通过机构之间相互联合惩戒失信人，在知识产权领域内部建立秩序，

---

① 〔法〕保罗·利科:《论公正》，程春明、韩阳译，北京:法律出版社，2007年，第158页。

那么,至少从理论上来说,信用惩戒可以在维持知识产权领域信用秩序方面发挥自己应有的作用了。因为在这之前,很多试图消除失信的努力都是徒劳的,比如在版权领域,知识产权法无法应对那些情节轻微的个人在网上频繁下载、利用他人作品的情形。信用惩戒是一种消弭知识产权纠纷的解决方式,尽管知识产权领域内的失信现象仍然会一直延续下去,但只要措施得当,大体来说,失信事件的数量会有一定幅度的下降,那也是令人无比欣慰的。通过信用惩戒的手段尽可能减少失信给他人造成的痛苦,至少已经取得一定的成效,通过失信被执行人名单制度,公开那些拒不执行法院生效裁判的知识产权侵权人的信息,至少可以对那些因侵权受害的知识产权人给予些许抚慰。德国学者霍夫曼(Hofmann)研究过惩罚不道德者和道德情感、短暂幸福感之间的联系,认为惩罚的欲望与国家的愤怒、厌恶和尴尬有关,而这些与低下的短暂幸福感也相关。① 同样地,对那些重复侵权的知识产权侵权人予以信用惩戒,即便是轻微的,也可以抚慰那些无能为力的知识产权人受创的心灵。

其次,信用惩戒有保障信用秩序的功能。法律最普遍的一个作用是产生好的秩序,国家一直致力于建立一整套社会信用法律制度体系,更远大的理想是建立诚信社会,实现和平安宁的社会秩序。知识产权领域内的信用惩戒制度应当保卫信用秩序,保护守信人不受失信人的侵害,将信用惩戒引入知识产权领域的目的,也绝不仅仅是调节知识产权纷争。以法律的名义去抑制失信,比以道德、习惯、权力或者其他的名义去抑制失信更具有理性成分是后来得出的结论,这是人类历史上伟大的立法建树之一,终结了一段时期内的混乱秩序。譬如虽然在《十二铜表法》中可以清晰地看到债权人和债务人之间关系恶化的严峻程度,但是为了债务的消除,法律维护了债务人,试图缓解债权人和债务人之间的敌对状态,恢复混乱的经济秩序,并且在两者之间建立均衡的状态,实现权利的均等分布,这为日后公法和私法的分立描绘出了初步的轮廓。

现实是,在当下,任何社会都面临关于信用惩戒的选择,在国家层面的社会信用法问世之前,尚不存在根据法律在全境内统一惩罚失信人的权力。失信人永无断绝,不停地搅扰社会信用秩序,法律一直没有严厉惩戒失信人的事实掩蔽了失信人的不良企图。社会信用法的任务是在信用问题中辨清是非曲直,对失信人和守信人予以区分,使越来越多的个人意识到守信的重要性,无论信用惩戒最终能否取得理想的功效,在信用惩戒纳入法律体系之后,人们将

---

① Wilhelm Hofmann, et al. "Moral Punishment in Everyday Life", *Personality and Social Psychology Bulletin*, Vol. 44, No. 12, 2018.

在未来能普遍接受失信不容于现代文明社会这个理念,由此,我们并不怀疑信用惩戒制度对社会的贡献。

再次,信用惩戒本身就是对惩戒权力的限制和规范。要密切关注的一点是,社会公共秩序的不稳定常常成为行政机构扩大信用惩戒的理由。在新冠肺炎疫情背景下,2020年北京市、上海市、江苏省、浙江省、重庆市等地将隐瞒病情、逃避隔离治疗等行为认定为失信,山东省某地方甚至专门出台了《关于在防控新型冠状病毒疫情期间信用激励与惩戒的适用规定》。在北京,不戴口罩成为和随地吐痰并列的一种新的不文明行为,进入游园不文明行为"黑名单"。在我国知识产权法中,知识产权侵权行为同时损害社会公共利益的,将面临行政乃至刑事制裁,这样的规定引发许多行政官员关于社会公共利益"臆想症",而且,存在这种"臆想症"的行政官员不在少数,于是,任何知识产权侵权行为都可以直接或间接和社会公共利益挂钩,也可以和社会公共秩序挂钩,成为信用惩戒针对的单位。在一个文明开放的现代社会,信用并不是唯一的试金石,但我们很少意识到,公民信用权利受到社会公共秩序"臆想症"的威胁,但这种情况普遍存在。这也是我们所忧虑的,虽然很多行为本身并没有一丝一毫和信用有关的影子,但很多社会政策和法令仍假信用之名而行,因此,信用惩戒法治化就是对惩戒权力进行限制的过程。

三、从政府的角度

在知识产权法的语境里,剽窃和盗窃是同义的,剽窃者就是小偷,剽窃行为就是一种失信行为,惩罚失信人和惩罚小偷有相似之处,小偷和失信人给社会公共秩序以及相关人带来的滋扰都是可恶的,都要受到惩罚。为什么要惩罚那些小偷?以下几个因素在起作用,一是惩罚违法者和帮助受害者的重要性;二是在行政之外没有更有效率的手段来惩罚违法者或帮助受害者;三是受害者的主观感受,愤怒或者悲伤的情绪得到共鸣。学者Martin Hinsch在研究惩罚小偷这个社会问题时,得出的结论是,防御和谨慎的共同发展稳定了所有权,在许多情况下,防御的威慑作用可能比预防更强,并且在许多实际情况下,防御资源的目的可能是惩罚而不是驱赶入侵者。[①] 通常,某些资源不可控制,就必须通过对竞争对手的昂贵防御来维持,信用问题当数其一。行政手段的防御和私法上的预防两者共同巩固了社会信用体系,单单依靠某一方面的

---

① Martin Hinsch, "Punish the Thief—Coevolution of Defense and Cautiousness Stabilizes Ownership", *Behavioral Ecology Sociobiology*, Vol. 71, No. 102, 2017.

防守是做不到的。但行政手段对失信行为的防御是一柄双刃剑,一方面,它可以对失信行为进行排除和禁止;但另一方面,信用惩戒的存在也许只是延伸了政府社会管制权的概念而已。对于行政官员来说,为了社会公共秩序,要用行政手段驱赶不法分子、流氓、流浪者等,现在不过是在名单上加上了失信人而已,失信对社会信用秩序的破坏是直接的,对社会公共秩序的破坏是间接的,左右尚有迁就之处。由此,社会公共秩序的类别扩大了,如果政府对失信人进行惩罚,谁又会反对呢? 除了那些失信人本身。因为这些因失信招致恶评的人没有参与社会和平秩序的任何良性建设,但在没有法律授权的情况下,任何人都没有权利或权力将这些失信人驱赶出去,以行政为主导的信用惩戒使社会公共秩序很可能变成其一个极其重要的类别,它可以成为政府介入社会信用关系的理由,也可以成为法律授权政府驱赶失信人的理由,只要是和社会公共秩序沾边的问题,都可以纳为政府的管辖对象,都可以纳入信用惩戒的范畴,至于是不是和信用问题相关就变得不那么重要了,这个概念被跨越了,中间过程被忽略了。

信用问题引发举国关注,它的政治色彩甚至超过它的法律性。一个人因他人违约背盟受到损失,他可以径直走进法院,按照民法典主张他的赔偿金;一个人因他人侵权行为或违法行为受害,也可以依据知识产权法或其他法律进行救济,这样的权利从来没有受到过质疑,我们也几乎可以肯定,法院必然会支持他。但在关于社会信用立法的讨论中,法院的作用几乎被遗忘,秩序被社会信用法制定者们不断加以援引,作为反对失信的依据,在政府各项关于信用社会建设的官方文件里,也从来没有掩饰对信用秩序的重点维护倾向。尽管当今还没有任何一个规范性文件将维护信用秩序的责任授予政府,但对于政府来说,那是必要的应有的权力,因为政要们从每天需要阅读的报纸、电视、网络上看到到处充满了电信诈骗、商业欺诈的新闻,到处都有存在骗局的危险。政府有仰仗社会公共秩序来证明信用惩戒的合理正当的趋向,道路交通安全法规也以此来说服了那些反对者,依靠攻击失信人破坏社会秩序赢得不少好感,2020 年 4 月 1 日生效的《城市轨道交通客运组织与服务管理办法》将车厢内饮食、乞讨、电子设备外放等列为约束性行为,在车站、列车内吸烟,点燃明火更被列为禁止性行为,以交通管理部门的观点,这是出于保护社会公共秩序的需要。但从当事人的角度,很难将那些信用意识空白的人群,如老人或孩子,归入好人或坏人的范畴,也无法归入守信人或失信人的行列,他们往往不存在故意,更无恶意,不是为了经济利益,也没有满足自己便利的需要,这种

"无动机的失信"[①]广泛而真实地存在着。美国学者 Dan Ariely 在提到人为什么在有些事情上更容易说谎时提出，"实际上是我们没有考虑的非理性力量常常决定我们是否遵守道德规范"[②]。

第二节　任何人不得因失信行为获利

"任何人不得从其不法行为中获得利益"是罗马法时代的著名法谚。任何利益都要通过合法合理的方式获得，不法不当行为不能获利。要遏制不法不当行为，就必须剥夺通过不法不当途径获得的利益，从而彻底消除邪恶动机。同理推之，任何人也不应当从失信行为中收获额外利益，知识产权领域信用惩戒施行的客观效果之一就是要剥夺失信人因知识产权侵权等不当行为获得的利益。

一、知识产权侵权行为在整体上具有不诚信的特征

在社会信用法语境中，如果没有诚实信用原则这个尺度，知识产权侵权行为与失信行为之间的不可通约性是明显的。不可通约性指的是当且仅当不可能用某种共同尺度去同时度量两个事物时，两个事物之间所具有的一种关系。[③] 也正是由于诚实信用原则的存在，违约行为和违法行为之间才存在可通约的方面，才可以在信用问题上进行相互比较，携手进入社会信用法的框架之内。英国《1968 年盗窃法》规定，只有不诚实地秘密窃取他人财物的人，才可以被指控为盗窃。那么那些路过玉米地顺手牵羊的人和那些私自掰走玉米棒子但将价值相当的英镑绑在玉米秆上的人是被区分了的，区分的标准就是诚实信用原则。我国 2013 年"孕妇为夫猎艳杀人案"犯罪嫌疑人之所以相比其他故意杀人案的嫌疑人更不可宽恕是因为其存在明显的不诚信行为且利用了他人的善良。本书对诚实信用原则的解释，似乎的确在试图巩固信用惩戒这个词汇的意义，信用惩戒应与信用秩序、失信行为和诚实信用原则这三个因素结合起来。

---

① 吴晶妹：《现代信用学》，北京：中国人民大学出版社，2009 年，第 79 页。

② Dan Ariely, *The Honest Truth About Dishonesty：How We Lie to Everyone—Especially Ourselves*, New York：Harper Press, 2012. p.121.

③ 〔英〕蒂莫西·A.O.恩迪科特：《法律中的模糊性》，程朝阳译，北京：北京大学出版社，2010 年，第 55 页。

在我国,《著作权法》第五十二条和第五十三条罗列了著作权法所反对的行为类别,第五十二条针对的是构成侵权但只需承担民事责任的行为,[①]第五十三条针对的是侵权且侵害社会公共利益的行为,行为人要在民事责任之外,承担行政和刑事责任。第五十二条规定的十一种情形,几乎无一不落入恶意、不诚实、欺瞒、欺诈、假装或伪装等情形之中。其中(一)、(二)、(六)、(八)、(九)、(十)这六种都是未经著作权人许可的欺瞒行为,(三)、(四)、(五)种情形中冒名、歪曲、篡改、剽窃则是明显的欺诈行为,(七)种枉顾著作权法从中渔利,属于非法牟利行为,亦具有"未经权利人许可"的特征。总的来说,它们都超出著作权法允诺的合理使用的限度,而能够在合理的限度内使人民获得满足恰恰在实用主义的拥趸詹姆士的见解里就是善的精义。[②]从这个角度理解,以上十一种情形都是恶意的表现,也是不诚实的表现,常见的版权侵权行为是显见的不诚信行为,可以纳入失信行为的范围。在第五十三条中,列举了

---

① 第五十二条 有下列侵权行为的,应当根据情况,承担停止侵害、消除影响、赔礼道歉、赔偿损失等民事责任:

(一)未经著作权人许可,发表其作品的;

(二)未经合作作者许可,将与他人合作创作的作品当作自己单独创作的作品发表的;

(三)没有参加创作,为谋取个人名利,在他人作品上署名的;

(四)歪曲、篡改他人作品的;

(五)剽窃他人作品的;

(六)未经著作权人许可,以展览、摄制视听作品的方法使用作品,或者以改编、翻译、注释等方式使用作品的,本法另有规定的除外;

(七)使用他人作品,应当支付报酬而未支付的;

(八)未经视听作品、计算机软件、录音录像制品的著作权人、表演者或者录音录像制作者许可,出租其作品或者录音录像制品的原件或者复制件的,本法另有规定的除外;

(九)未经出版者许可,使用其出版的图书、期刊的版式设计的;

(十)未经表演者许可,从现场直播或者公开传送其现场表演,或者录制其表演的;

(十一)其他侵犯著作权以及与著作权有关的权利的行为。

② 〔美〕博登海默:《博登海默法理学》,潘汉典译,北京:法律出版社,2015年,第254页。

八种情形，①第（一）、（三）、（四）、（五）、（六）、（七）种情形具有一个鲜明的共同特征，即"未经权利人许可"，"未经权利人许可"的另一种表达就是欺瞒，不诚实。而第（八）种情形中"制作、出售假冒他人署名的作品的"则是典型的欺诈行为，唯一和诚实信用原则不直接相关的是第（二）条，但"出版他人享有专有出版权的图书的"这个条款事实上是暗藏"未经专有出版权人许可"这一条件的，要么超出专有权人的授权范围，构成违约；要么从未获得专有权人的授权，无论是违约行为，又或者是"未经权利人许可"的擅自出版，都是名副其实的不诚信行为。"未经权利人许可"这一行为本身就是专擅的，存在欺瞒的企图，如果是经过合法许可出版图书，就谈不上著作权法上的侵权行为了，因此，如果在第（二）条中加上"未经权利人许可"，反而就是不必要的赘词了。由此，可以部分得出结论，《著作权法》第五十二条和第五十三条基本上将版权侵权行为归入两大类：第一类是未经权利人许可的欺瞒行为，第二类是不诚实的欺诈行为。

如果仔细比较，就会发现在侵权行为目录这一点上，三大知识产权法有共同之处。《专利法》第八十四条专门针对假冒他人专利的行为作出了指引，在

①　第五十三条　有下列侵权行为的，应当根据情况，承担本法第五十二条规定的民事责任；侵权行为同时损害公共利益的，由主管著作权的部门责令停止侵权行为，予以警告，没收违法所得，没收、无害化销毁处理侵权复制品以及主要用于制作侵权复制品的材料、工具、设备等，违法经营额五万元以上的，可以并处违法经营额一倍以上五倍以下的罚款；没有违法经营额、违法经营额难以计算或者不足五万元的，可以并处二十五万元以下的罚款；构成犯罪的，依法追究刑事责任：

（一）未经著作权人许可，复制、发行、表演、放映、广播、汇编、通过信息网络向公众传播其作品的，本法另有规定的除外；

（二）出版他人享有专有出版权的图书的；

（三）未经表演者许可，复制、发行录有其表演的录音录像制品，或者通过信息网络向公众传播其表演的，本法另有规定的除外；

（四）未经录音录像制作者许可，复制、发行、通过信息网络向公众传播其制作的录音录像制品的，本法另有规定的除外；

（五）未经许可，播放、复制或者通过信息网络向公众传播广播、电视的，本法另有规定的除外；

（六）未经著作权人或者与著作权有关的权利人许可，故意避开或者破坏技术措施的，故意制造、进口或者向他人提供主要用于避开、破坏技术措施的装置或者部件的，或者故意为他人避开或者破坏技术措施提供技术服务的，法律、行政法规另有规定的除外；

（七）未经著作权人或者与著作权有关的权利人许可，故意删除或者改变作品、版式设计、表演、录音录像制品或者广播、电视上的权利管理信息的，知道或者应当知道作品、版式设计、表演、录音录像制品或者广播、电视上的权利管理信息未经许可被删除或者改变，仍然向公众提供的，法律、行政法规另有规定的除外；

（八）制作、出售假冒他人署名的作品的。

假冒专利的四种行为中，①前三种都是未经许可的专擅行为，第四种伪造或变造则是非专业人士都能辨识的欺诈行为。《商标法》提到侵犯注册商标专用权的七种情形，②在《商标法》的这个条款里，前两种情形属于未经许可或专擅的欺瞒行为，第三种"给他人的注册商标专用权造成其他损害的"类似《著作权法》第五十三条里第(二)款"出版他人享有专有出版权的图书的"这种情形，道理同上，无须重复赘述。因此，从知识产权法条款的字面解释就可以看出知识产权侵权行为在整体上具有恶意、不诚实、欺瞒、欺诈、假装或伪装等不诚信特征，这个特征不仅体现在著作权法上，在商标法和专利法上也是毫无例外地存在着。

综上，虽然不能说知识产权法上罗列的所有侵权行为在其本质上都是不诚信行为，但它们基本上都和不诚信直接或间接相关，这个结论是真切的。毕竟，除了法定许可以及合理使用等极少数情形之外，有谁会认为"未经权利人许可"的行为是诚信行为呢？失信本身应该被重申，并非所有的失信行为都是信用惩戒针对的单位，只有那些情节严重且危及信用秩序的失信行为才是惩戒的对象，限定信用惩戒的范围也是信用立法首要的任务。如果著作权法上的侵权行为要成为信用惩戒针对的单位，前提必定是版权侵权行为属于违法、违约行为或与之密切相关的不诚信行为，三者必居其一。本书对知识产权侵权行为和失信行为之间的关联性进行探索，本身就在说明侵权行为并不必然等同于失信行为，也不必然成为信用惩戒的对象，如果侵权行为就是信用惩戒的对象，那么，违反知识产权法的知识产权侵权行为则毫无悬念地理当进入信用惩戒的范围，司法机关在作出认定知识产权侵权成立的判决之后，知识产权管理部门也可以理直气壮地将侵权人纳入失信人名单，形成征信记录，将侵权

---

① 《专利法》指向的假冒专利行为有四种，即：(一)未经许可，在其制造或者销售的产品、产品的包装上标注他人的专利号；(二)未经许可，在广告或者其他宣传材料中使用他人的专利号，使人将所涉及的技术误认为是他人的专利技术；(三)未经许可，在合同中使用他人的专利号，使人将合同涉及的技术误认为是他人的专利技术；(四)伪造或者变造他人的专利证书、专利文件或者专利申请文件。

② 第五十七条 有下列行为之一的，均属侵犯注册商标专用权：
(一)未经商标注册人的许可，在同一种商品上使用与其注册商标相同的商标的；
(二)未经商标注册人的许可，在同一种商品上使用与其注册商标近似的商标，或者在类似商品上使用与其注册商标相同或者近似的商标，容易导致混淆的；
(三)销售侵犯注册商标专用权的商品的；
(四)伪造、擅自制造他人注册商标标识或者销售伪造、擅自制造的注册商标标识的；
(五)未经商标注册人同意，更换其注册商标并将该更换商标的商品又投入市场的；
(六)故意为侵犯他人商标专用权行为提供便利条件，帮助他人实施侵犯商标专用权行为的；
(七)给他人的注册商标专用权造成其他损害的。

人作为信用惩戒的对象,就无需本书作长篇累牍的分析说理了。

二、知识产权侵权行为整体上具有逐利的特征

知识产权侵权行为的基本类型几乎原封不动地来自社会生活,被立法者从社会生活中袭取得来,并针对不同的基本类型,知识产权法可以用不同的规范进行不同的规整。《著作权法》第四十七条和第四十八条是以经验性的类型为基础的,版权侵权行为的类型可以用来详细描述某些形态的法律关系,特别是"未经权利人许可"之下的类型,这可以说是版权侵权的基本类型,这些基本类型有适应变化的能力,可以在一定的时期内长期维持不变。这两个条款在著作权法中的地位可以说明类型化在法学中意义重大,这正是拉伦茨所说的,"必须基于规范性的观点来从事选择及界分。由是,在形成类型及从事类型归属时,均同时有经验性及规范性因素参与其中,此两类因素的结合系此种类型的本质",①拉伦茨所说的"此种类型的本质"即说明同一类型一般具有相同或相似的本质,形形色色知识产权侵权行为的一个共同特征是不诚信,另一个共同特征则在于其逐利的本质。

失信的情形虽然千差万别,但有些因子是相同的,可以在林林总总的失信行为里面找到它们的共同因子。如果存在一种永久和普遍的因子,这就是属于本质上的东西了。在追踪众多失信事件时,发现利益在承诺履行过程中起到的作用不容忽视,可以称之为一个常见的因素,而其他可以称之为非常见因素。失信是基于获得某种利益的情况下,如果因此失去更大的利益,权衡利弊,失信人会重新回到正确的轨道上来,在这个过程里面,利益是关键的决定因素,即"一切以利益为转移"。这正如思想派领袖卡涅阿德斯认为的那样,一切生物,受天然的本能所驱使寻求个人利益。霍布斯也认为,人在先天上是自私的和排他的,每一个人在本质上是和其他任何人处于敌对状态的,利益是权利的唯一尺寸。② 但如果因此将利益这个概念放在研究失信行为的中心,认为利益是决定失信人采取果断行动的唯一或者最关键的标准,又是不符合事实的。2016年广州的《增城日报》报道了江西男子黄某某辗转千里送还14年前医疗欠款的新闻,如此的诚信实例还有很多。格劳秀斯就出言反对"一切以利益为转移"的观点,他认为,人类有天生的社会性,能够在社会上和平地共同生活,他坚信自然法则的存在,即不侵犯他人所有,守约并履行对他人所作的

---

① 〔德〕卡尔·拉伦茨:《法学方法论》,陈爱娥译,北京:商务印书馆,2003年,第340页。
② 〔美〕博登海默:《博登海默法理学》,潘汉典译,北京:法律出版社,2015年,第110页。

承诺,因过错损害他人者应该补偿,对于罪有应得之人加以处罚,这些自然法则里丝毫没有利益的影子。

知识产权侵权行为的类型是以经验性类型为基础的,如果将社会生活中常见的知识产权侵权行为进行分类,无非为两种,一种是逐利型的侵权,另一类是非逐利型的侵权。知识产权侵权所涉的"利益"涵摄的范围要广得多,这里的利益可能不光是物质利益,还有精神利益,也可能是名与利的结合,那些将他人作品冒名发表的侵权人,目标所向有时并非物质利益,而是显赫的名声,又或者某一项资格,比如高等院校评定职称。基于自身利益或为满足自身需要进行的侵权行为都可以纳入逐利型的范畴。而逐利型的侵权行为通常又带有主观故意或恶意的特征,过失侵权或者善意侵权的情形并非没有,但相对前者而言,数量大约可以忽略不计。一个没有多少文化的街头小贩都知道贩卖盗版光碟是非法的,只能偷偷在深夜的小巷叫卖,少有人能够成功以过失或善意为自己的逐利企图辩护。

诚然,相对逐利型侵权,非逐利型侵权要少得多,比如著作权法已经通过合理使用制度将多数的非逐利型的情形认定为合法,无论是基于个人学习研究还是出于欣赏的目的,又或者基于社会公共利益的需要使用作品都是版权人维持垄断性权利的必要让渡,但仍然不能排除某些非逐利型的不法行为存在,比如将他人享有版权的作品放置于网络空间,供他人免费使用,还美其名曰"资源共享",这种侵权行为本身不带有逐利性,行为人也没有逐利的意图,但仍然侵害了版权,并不在合理使用的范围之内。必须指出的是,近年来合理使用的范围也在不断发生变迁,传统上,基于个人欣赏的目的,公民未经许可从网络上复制作品的行为虽然不带有逐利性,但西方已经出现多起宣布用户下载音乐供个人欣赏属于侵犯复制权的案例,如美国 2001 年 A&M 唱片公司起诉 Napster 一案,美国联邦第九巡回上诉法院认定 Napster 基于个人欣赏目的下载音乐的做法属于商业性使用,而不属于合理使用,因为这种行为使自己获得了本来需要购买的作品,不必再去购买版权人授权发行的正版,版权人利益受损,版权市场也受到严重影响。[①] 这意味着不带有逐利性,但对版权人利益有损的行为仍然构成版权侵权,著作权法的趋向不仅持续地打击逐利行为,而且开始对过去属于合理使用范围的非逐利性的行为进行严格地审查。即便如此,著作权法列举的侵权行为的基本类型多为逐利型,著作权法规范也多是对逐利行为的打击,这在情理上可以解释为什么在提到版权侵权现状时,

---

① 王迁:《著作权法》,北京:中国人民大学出版社,2015 年,第 331 页。

立法打击侵权的力度总是被质疑,侵权人因侵权获得的利益多于违法时支付的代价,违法成本低成为版权侵权屡禁不绝的一个重要原因。

综上所述,知识产权侵权行为整体上具有逐利的特征,利益在中间是一个有力的刺激因素。绝大多数的知识产权侵权行为具有逐利性,主观上也有故意或恶意,这种主观上故意或恶意的逐利行为恰恰是信用惩戒针对的单位。人们通过区分善意和恶意,逐利性行为和非逐利性行为,往往将出于善意的行为和非逐利性行为摒除在信用惩戒之外。当然,除利益之外,人们在作出侵权决定时,可能受到来自法律、权力、道德、习惯、利益、情感甚至爱欲等因素的影响,至于最终哪些因素占据上风成为突出因素则带有偶然性。但无论如何,正如自然法学派学者认为的那样,人在本质上是理性的生物,他可能犯错,可能会迷糊,但最终会按照理性的规则来安排生活,以理性指导自己的行为,自然法学派将理性看作是一种通行全宇宙的普世力量,也被看作是法律和公道的基础。① 这也是为什么人们愿意坐在一起协商如何限制自己的私欲,对自己的失信行为施加限制的原因。

第三节　社会正义

为什么要对违背诚实信用原则的知识产权侵权人进行信用惩戒和打击,为什么要对守信人进行救济? 从抽象上,这是一个关乎正义的问题。

一、关于正义

不得不承认,法律对于平等、正义、自由等自然法观念是格外推崇和青睐的,各国的宪法无不将自由、平等、公平等词汇囊括其中,无论是美国1776年的《独立宣言》还是我国1912年被认为还不具备社会物质条件而实施的《中华民国临时约法》,都不吝对平等、自由等自然权利的赞美和追求。以上这些看似悠久的年份还说明不了平等、正义、自由等自然法观念和法学学科之间的亲密状态,因为法哲学以自然法的名义研究法学问题已经有2600余年之久,作为"希腊三贤"之二的柏拉图和亚里士多德都是公元前400年前后的人物,谁能否认他们对于法学理论作出的贡献呢? 法学这个学科所致力的,在细节上

---

① 〔美〕博登海默:《博登海默法理学》,潘汉典译,北京:法律出版社,2015年,第91页。

就是"以逐步进行的工作来实现'更多的正义'"①,在法学学科的周围有法社会学、法史学和法哲学等,法史学运用的是历史学的方法,法社会学则是社会学的方法,法哲学经常以自然法之名展开。借助自然法上的平等、正义等概念来解释法律已经成为惯例,按照阿图尔·考夫曼的见解,法哲学与法理论学之间并无本质的差异。② 克拉维茨认为法理论学主要是澄清实证法的社会功能,法现今的社会功能是"作为促成特定明确界定的目标之手段",所以他被看作是将法理论学搬到离法社会学最近的人。但要说明的是,本书中的正义指向的是法律上的正义,将正义限定在法学学科的背景之下,而不是其他。正义可以做很多分类,比利时法哲学家佩雷尔曼将正义分为六种,③在法律上,"正义意味着平等处理所有事物,只要它们在一定的观点上相同,换言之,只要它们具有同样的特征"④。

凯尔森将正义形容为一种令所有人皆大欢喜的绝对正当的社会秩序,从心理学上,人类对正义的憧憬恰如对幸福的永恒渴望,但这种幸福无法独自获得,只能在社会中寻求得到,因此社会幸福就是正义。⑤ 同时,凯尔森也将法律看作一种强制实施的特殊社会技术,通过对相反行为加以强制,比如剥夺某项利益从而鼓励社会希望的行为发生。众所周知,亚里士多德承认两种正义:一是分配的正义,人民从立法者那里分配获得私权和政治权利,相等的东西授予相等的人们,不相等的东西授予不相等的人们,达到一种相对的、比例的平等;二是救济的正义,在权利分配之后,法律的任务就是守卫、保证和维持这种分配,以防不法攻击。如果一个人以不法或者不道德行为得到了不应得的东西,必须追还。如在著作权法体系里,早已预计到著作权侵权行为的出现,并进行了充分地补救,但手段多为经济制裁,这和信用惩戒明显不同。从这个角度理解,正义在著作权法上的实现,一是体现在立法者将相应的信用权利分配给版权人和其他社会主体,守信的主体是一类规则,不守信的主体又是另外一类规则,从而达到相对和比例的平等;二是将这些规则分配给版权人和其他社会主体之后,法律守卫这种分配规则,对违背诚实信用原则的失信人进行惩戒,恢复守信人的利益,一个失信人因不诚信获得的利益应当被追回。

---

① 〔德〕卡尔·拉伦茨:《法学方法论》,陈爱娥译,北京:商务印书馆,2003年,第77页。

② 〔德〕卡尔·拉伦茨:《法学方法论》,陈爱娥译,北京:商务印书馆,2003年,第74页。

③ 佩雷尔曼所指六种正义即"一律平等对待每个人;依其劳动对待每个人;依其工作成就对待每个人;依其需要对待每个人;依其阶级对待每个人;依法律所定对待每个人"

④ 〔德〕卡尔·拉伦茨:《法学方法论》,陈爱娥译,北京:商务印书馆,2003年,第51页。

⑤ 〔奥〕凯尔森:《纯粹法理论》,张书友译,北京:中国法制出版社,2008年,第46页。

二、诚实信用原则是正义观念的一个体现

李双元和温世扬两位教授主编的《比较民法学》将诚实信用原则的内涵概括为三项：第一，诚实信用原则作为对民事主体的基本要求，要求诚实不欺、恪守承诺、不负对方的信赖；第二，诚实信用原则旨在实现当事人双方与社会三者之间利益的平衡；第三，诚实信用原则是含混模糊的社会公平正义观念在私法领域的体现。① 无论在民主还是专制国家，诚实信用都被视为一种美德，违反诚实信用都是一种被唾弃的行为。在1910年之前的中国，版权侵权行为主要被视为一种不道德行为，但1910年之后，它不仅是一种不道德行为，更被视作一种冒犯法律的行为，因为1910年《大清著作权律》出世了。我们承认版权侵权行为是可耻的，但现实中又有那么多的漏洞，有几个盗版书商是顾及诚实信用的道德品质而不去盗版印刷的呢？因此，诚实信用原则对于著作权法的意义，也和它对于民法的意义一样，必须通过立法的形式将它呈现出来。正义要求同样事情做同样的处理，版权侵权行为千差万别，错综复杂，尤其是现在，网络侵权行为更是花样百出，诚实信用原则就是为版权侵权画下的一条精确划一的界限，无论侵权人在能力智慧、道德品性、客观处境上存在多大差异，信用上不能有差别，在处理两个信用情况相同的版权侵权事件时要以同样的办法处置，这是诚实信用原则在著作权法中的意义。

第四节　经济竞争

一、失信危害社会经济

失信现象频发，任其发展的结果是契约开始减少，预期的利益不能有效实现，商业活动受到伤害，失信行为越来越不能为现代社会经济制度所容。传统上，资本主义国家的法律很少干预经济活动，在自由资本主义阶段更是如此，管得少的政府就是最好的政府。契约自由有其合理之处，但代价仍然巨大，经济自由和契约自由的结果是垄断的产生、物价的上涨和失业的增加，进入垄断资本主义后，国家开始介入经济生活，许多之前由私人契约裁决的经济事项开始受到行政权力或法律的支配，包括信用问题。1976年诺贝尔经济学奖得主

---

① 李双元、温世扬主编：《比较民法学》，武汉：武汉大学出版社，2016年，第42页。

米尔顿·弗里德曼就认为，"自由经济社会并不意味着天马行空、放任自流，政府应在有限的范围内发挥作用，保证经济有条不紊地运转"，并提出政府有四项义不容辞的责任，"维护法律和秩序，保证私人契约的履行"以及"保护那些不能对自己负责的社会成员"均属其中。① 美国具有代表性的信用法案《公平信用报告法》《平等信用机会法》《信用卡发放法》和《公平信用和贷记卡公开法》等均诞生于 20 世纪七八十年代的垄断资本主义时期，信用惩戒也正是从经济领域萌发并一路高歌挺进到其他社会领域的。

在我国，合同自由的前提是不违反现行法律、国家政策以及社会公序良俗，法院和政府一直在为平衡各方利益而不懈探索，在社会公共利益面前，那些求助于契约自由或合同自由的失信人注定要失败。国家、政府已经和守信人站在一起，他们之间具有共同一致的利益，在所有影响社会发展的要素中，国家、政府最为担心的是经济，所以最先在经济领域建立起防范失信的制衡体制。信用惩戒制度在我国的发展命运多舛，知识产权领域信用惩戒更是初生之物，但仍不能否认它是经济演进的结果。在知识经济时代的当下，知识产权法与市场经济相互成就，我国《刑法》将侵犯知识产权罪置于第三章"破坏社会主义市场经济秩序罪"当中，更是间接说明，侵害知识产权在本质上是一种扰乱市场经济秩序的行为。2019 年 11 月，中共中央办公厅、国务院办公厅印发的《关于强化知识产权保护的意见》指出，完善知识产权制度最重要的内容是加强知识产权保护，这是对经济竞争力的最大激励。信用惩戒对于维护知识产权市场秩序的作用已经为政府所感知，信用被称为市场秩序的枢纽，市场经济也是信用经济，市场经济以交换为基础，只有在信用的基础上，交换才能成功，市场经济与信用秩序之间的正相关明显，世界金融危机和美国次贷危机都是信用危机，信用秩序越好，市场经济发展越好，市场经济越发达，越需要良好的信用秩序和环境。2019 年我国政府频繁提及的一个词语是营商环境，仅仅将营商环境写进政府文件还造就不了理想的信用秩序，在 2019 年《优化营商环境条例》中，第五十三条声明要建立以信用为基础的新型监管机制，其目的如第一条所言，"为了持续优化营商环境，不断解放和发展社会生产力，加快建设现代化经济体系，推动高质量发展"，这直接表明，信用惩戒制度是推进构建知识产权保护体系不可或缺的组成部分，也是营造良好创新环境、营商环境和促进经济发展的重要力量。

---

① 刘维奇：《米尔顿·弗里德曼：现代货币主义理论创始人》，北京：人民邮电出版社，2009 年，第 94 页。

二、失信危害契约自由

在社会生活里，失信现象带来的广泛滋扰已经让全体人民感到厌恶，失信人招致广泛的恶评，失信行为因此成为信用惩戒的标的。很多时候，失信人会用契约自由来为自身辩护。尤其在自由资本主义阶段，契约自由的意义常常意味着，只要一方愿意，他可以随心所欲地放弃契约的履行，无论契约本身多么重要，无论违约是否给对方带来多大的损失，又或者给自己带来多么不良的后果，而且，契约自由已经不是一个象征资本主义特色的东西，它何尝不是所有现代国家市场活动的基石呢？这就难怪失信人在抵御信用惩戒时要举起契约自由的大旗。

失信到底是践行了契约自由还是践踏了契约自由呢？格奥尔格·西梅尔教授在他那本被誉为可以与亚当·斯密《国富论》和马克思《资本论》比肩的名著《货币哲学》里说，"有越多的价值被转换成这种客观的形式，就会有越大的空间提供给每个灵魂，就像神殿中一样"①，许多内容不断客观化，包括契约自由和诚实信用原则。在这里，以契约自由对信用惩戒提出异议，的确是一个可以蒙骗大众的理由，由此类推，信用惩戒这样的法律都可以称作是限制契约自由的幌子，而不是旨在试图重构社会信用体系。私法上的契约自由是从市场经济活动过程中提炼出来的一个法律上的实用概念，守信和失信都是一种反复发作的现象，但无论是守信或失信，私法都要求人们以诚实信用的态度去实现权利或履行义务，在诚实信用的前提下，即便当事人不能够履行应尽的义务，也不会被认为是冒犯法律，比如那些确实窘迫的企业债务人不能履行债务，可以申请企业破产。同理，如果没有诚实信用的前提，即便是守信的行为，也会被法律所否定，比如当事人履行了明知内容不合法的合同义务。在契约自由这一点上，社会信用立法不应该有一丝含糊，而应当旗帜鲜明地指出，契约自由的前提和基础是遵守诚实信用原则，没有不受限制的自由，契约自由里潜伏着可怕的恶行，因此必须受到管制，否则，不受限制的个人契约自由最终将危及整体上的社会契约自由。国家的任务是根据契约自由、诚实信用原则与信用惩戒之间的联系，来决定可以授权哪一个机构将什么样的失信人确定为信用惩戒的对象，必须将那些对契约自由无害的失信行为分离出来，否则就会出现来自契约自由精神的挑战，法律也有义务确保契约自由不被用于不诚

---

① 〔德〕格奥尔格·西梅尔：《货币哲学》，于沛沛、林毅、张琪译，南昌：江西教育出版社，2014年，第269页。

实信用的场合，又或者不道德的场合，引发守信的多数人对正义的质疑，至少在诚实信用原则的框架下，契约自由将不再是一个纯粹的法律或经济概念，这是本书在阐释知识产权领域信用惩戒的理论基础时重申契约自由这个概念的意义所在。

一方面，失信妨碍契约自由，其程度或小或大。信用惩戒实质上就是那些因为他人失信而丧失可期待利益的人群的斗争，在这种斗争里，守信人推动政府立法，将信用惩戒作为他们的主要武器，这类惩戒手段最先由很多行业优先创建出来，如金融行业对借贷失信人的信用惩戒，但这种惩戒被政府借用来作为社会控制的手段，例如交通管理部门在惩治交通违法行为时也会参照来做。现如今，法律成为守信人对失信人主张权利的一种凭借，法律是守信人为维护契约自由和交易安全而使用的一种武器，促进自由的倾向也必定孕育于信用惩戒法制的观念之中，如果不承认契约自由和交易安全的价值，信用惩戒法制就不能被认可和实现。但同时，完全的、绝对的契约自由是不可能的，个人对信用的处分必须有所限制，这是一个确凿的事实。毫无疑问，国家要保障个体的自由范围，私有财产和契约自由是现代资本主义国家不能分割的部分，作为社会主义国家的中国要保障合同自由，但个人失信同样为国家所不容，黑格尔就说，个体必须把作为国家一分子之事视为他最高的特权，并且应该以他自己的自由意志虔诚地报效国家，国家及其公民应追求共同的一个文化理想，[①]这个共同理想就是诚信社会。

另一方面，守信和失信是两种相互竞争的利益。按照传统私法理论，契约的产生可以归结于人类理性，守信是理性的选择，失信是反理性的结果，违背了契约的本来目的。在对契约自由尤为珍视的资本主义国家，契约自由和所有权绝对、过错责任原则一起作为三大原则构成了西方民法的基石。而在我国，契约自由的另一种表达是合同自由，两者异字同义，当事人有自主设立、变更和解除合同的自由。官方干预市场经济的严重危害早已被充分意识到，但仍然基于社会的公共福祉选择来对失信行为进行严厉地惩罚，以契约自由或合同自由来为失信辩护已经独木难支，即便在自由资本主义阶段，契约自由也从来不是绝对的，它不是不受任何限制的概念，虽然林肯说，对于"自由"一词，世上尚无一个令人满意的定义，但是"自由就是个确定无疑地存在于某处的东西，那么，唯一的问题就是找到一些恰当的词句来描述它"[②]。

---

① 〔美〕博登海默：《博登海默法理学》，潘汉典译，北京：法律出版社，2015年，第214页。
② 〔意〕布鲁诺·莱奥尼：《自由与法律》，秋风译，长春：吉林人民出版社，2004年，第31页。

第六章　知识产权领域信用惩戒
的适用现状与问题

西方国家一般是从两个路径对知识产权领域失信行为进行惩戒，一是法律路径；二是道德、舆论、市场、宗教等社会性路径，也即非法律路径。这和我国主要以行政和司法这两股力量为主导自上而下推动知识产权领域信用体系建设的路径迥然不同，也一定程度上决定了我国知识产权领域信用惩戒机制的适用和运行有自己的独特风貌。

第一节　知识产权领域信用惩戒的制度发展脉络

在我国知识产权领域信用惩戒制度发展史上，2014 年是一个特殊的年份。以这一年为界，2014 年之前可以称为单一惩戒时代，2014 年之后则可以称为联合惩戒时代。

一、单一惩戒时代

应当说，知识产权法自诞生之日起，就在和假冒伪劣、仿造、剽窃、篡改、欺诈等一系列不诚信行为作斗争，如果不对失信行为进行惩戒打击，知识产权法就是在回避难题，绕过真相，放弃它自身的进步价值。世界上没有任何一部专利法不主张对假冒专利行为进行严厉地惩罚，也没有任何一部商标法会放过假冒商标行为，只不过不是以信用惩戒的名义。但正如前文所述，无论是刑法上的假冒专利罪还是对知识产权侵权行为施以的惩罚性赔偿，都属于广义的信用惩戒，即对失信人实行人身自由惩戒或财产惩戒，从这个角度讲，信用惩戒是和知识产权法相伴而生的事物。

2008 年，作为指导知识产权事业发展的纲领性文件《国家知识产权战略纲要》出台，彼时针对知识产权领域中介服务行业内泛滥的不诚信行为，提出要在知识产权中介服务行业"建立诚信信息管理、信用评价和失信惩戒等诚信管理制度"，客观地说，《国家知识产权战略纲要》第一次旗帜鲜明地拉开了我国知识产权领域信用惩戒的帷幕。

以专利领域为例,1984 年版《专利法》对假冒专利行为设有民事、行政和司法三种救济手段,行政机关可以做出责令停止侵权和赔偿损失这两种行政性惩戒。2000 年版《专利法》对假冒专利的行政性惩戒变成"由管理专利工作的部门责令改正并予公告,没收违法所得,可以并处违法所得三倍以下的罚款,没有违法所得的,可以处五万元以下的罚款"。[①] 1985 年发布的《专利代理暂行规定》(已废止)第十三条对剽窃委托人发明创造的专利代理人作出的惩戒是取消专利代理人资格。1991 年版《专利代理条例》对申请审批时隐瞒真实情况、弄虚作假的专利代理机构的惩戒是警告,情节严重的,给予撤销机构处罚。对泄露或者剽窃委托人发明创造内容的专利代理人的惩戒则分为两种,情节轻微的,给予批评教育;情节严重的,可以解除聘任关系,并收回《专利代理人工作证》,直至吊销《专利代理人资格证书》。2003 年版《专利代理惩戒规则》对申请设立时隐瞒真实情况、弄虚作假的专利代理机构可以做出警告、通报批评、停止承接新代理业务 3 至 6 个月和撤销专利代理机构四种惩戒措施,对不诚信专利代理人可以作出警告、通报批评、收回专利代理人执业证书和吊销专利代理人资格这四种惩戒措施。但从信用惩戒的形式来看,它们主要是惩戒机关针对失信人失信行为作出的手段相对单一的信用惩戒。在这个阶段,信用惩戒制度最耀眼的进步是最高人民法院 2010 年发布的《关于限制被执行人高消费的若干规定》和 2013 年发布的《关于公布失信被执行人名单信息的若干规定》,失信被执行人名单制度横空出世,而信用惩戒正是失信被执行人名单制度的主要价值所在。从《关于限制被执行人高消费的若干规定》和《关于公布失信被执行人名单信息的若干规定》的发布开始,涉知识产权纠纷当事人一旦被定义为失信被执行人,就会受到来自司法机关的信用惩戒,包括公布失信被执行人名单、限制高消费、信贷受限和限制出行等。司法机关开始主动地接管社会信用问题,而不是像过去一样被动,司法机关和其他社会机构合作施行联合惩戒更是显示出司法机关的能动性,至少是司法机关开始主动参与到信用社会建设中去了。

二、联合惩戒时代

2014 年是一个重要的年份。在这一年,《社会信用体系建设规划纲要(2014—2020 年)》(简称《纲要》)发布,《纲要》在提出社会信用体系建设的总

目标之后,对应社会各个领域提出若干分目标,针对知识产权领域提出了具体目标,[1]特别重要的是,这是联合惩戒这一概念第一次明确和知识产权领域紧密联系在一起。《纲要》刷新了人们对信用惩戒的认识,自 2014 年起,联合惩戒成为知识产权领域信用体系建设最重要的一个概念。

2015 年,国务院部委第一部关于"黑名单"管理的部门规章《严重违法失信企业名单管理暂行办法》经国家工商行政管理总局发布,明确工商部门将与其他政府部门共享严重违法失信企业不良信息,实施联合惩戒。[2] 2016 年 1 月,文化部发布《文化市场黑名单管理办法(试行)》,通过官方网站、报纸、广播、电视等方式,文化市场黑名单在全国范围内公开,其第十九条规定,黑名单在有关部门之间共享,进行联合惩戒,对列入黑名单的文化产品和经营主体重点监管,限制其表彰奖励、政策试点、政府采购、政策性资金及项目扶持等资格。2016 年,作为对《社会信用体系建设规划纲要(2014—2020 年)》的回应,国家知识产权局发布《关于开展知识产权系统社会信用体系建设工作若干事项的通知》(国知发管〔2016〕3 号),明确了知识产权领域信用建设的基本目标,[3]同年,国务院出台《关于建立完善守信联合激励和失信联合惩戒制度加快推进社会诚信建设的指导意见》,将四类严重失信行为纳入联合惩戒的范围,因为严重破坏市场公平竞争秩序和社会正常秩序,"制售假冒伪劣产品和故意侵犯知识产权"行为第一次从国家层面被明确纳入联合惩戒的范围,信用惩戒机制的总体框架落定。

2017 年 5 月,工商总局颁布《关于深入实施商标品牌战略推进中国品牌建设的意见》(工商标字〔2017〕81 号),提出要对商标加强信用监管,商标失信行为要接受协同监管与联合惩戒。2018 年 6 月,文化和旅游部颁布《全国文化市场黑名单管理办法》,明确了列入全国文化市场黑名单的文化市场主体及法定代表人、主要负责人将受到的惩戒措施,包括加大监管力度、从严审查、限制资格和联合惩戒等。2018 年 11 月,国家知识产权局等近 40 个机构联合签

---

① 具体表述为:"建立健全知识产权诚信管理制度,出台知识产权保护信用评价办法。重点打击侵犯知识产权和制售假冒伪劣商品行为,将知识产权侵权行为信息纳入失信记录,强化对盗版侵权等知识产权侵权失信行为的联合惩戒,提升全社会的知识产权保护意识。开展知识产权服务机构信用建设,探索建立各类知识产权服务标准化体系和诚信评价制度。"

② 具体表述为:"严重违法失信企业名单的信息记录在该企业的公示信息中,并通过企业信用信息公示系统统一公示。工商部门应当将严重违法失信企业名单信息与其他政府部门互联共享,实施联合惩戒。"

③ 参见国家知识产权局《关于开展知识产权系统社会信用体系建设工作若干事项的通知》第一部分。

署《关于对知识产权(专利)领域严重失信主体开展联合惩戒的合作备忘录》,该备忘录自诞生之日起就备受瞩目,但如果认为这是我国知识产权领域正式开启联合惩戒那就大错特错了,准确来说,是一系列政府指导性意见开启了我国知识产权领域联合惩戒的道路。相比政府指导性意见,备忘录走得更远,将知识产权领域联合惩戒的范围扩大到"制售假冒伪劣产品和故意侵犯知识产权"之外,将重复专利侵权行为、不依法执行行为、专利代理严重违法行为、专利代理人资格证书挂靠行为、非正常申请专利行为以及提供虚假文件行为这六类失信行为列为联合惩戒的对象。尤为重要的是,国家知识产权局为知识产权领域信用惩戒制度搭建起基础性的框架,并允许地方政府深入拓展该框架。于是,2019年9月,国家知识产权示范城市——广州市发布39个部门联合签署的《关于对知识产权领域严重失信主体及其有关人员开展联合惩戒的合作备忘录》,将知识产权领域严重失信行为扩展到七种,在备忘录规定的六种严重失信行为之外,增加了"经生效裁判确认为侵犯知识产权罪的行为"。而且,特别的是,广州市检察院也作为合作单位参与进来,和广州市中级人民法院一起成为联合惩戒的实施机构,这意味着司法机关开始真正全面地介入知识产权领域信用秩序的管理中来。质言之,国家知识产权局主导下形成的框架还不是最终的框架,该框架经过地方的创新性推广还在不断地变化,它的最终框架尚未形成。同在2019年,国家知识产权局颁布《专利领域严重失信联合惩戒对象名单管理办法(试行)》,作为备忘录的实施细则,对专利领域严重失信联合惩戒对象实施行为认定、列入名单、联合惩戒、移出名单以及信用修复等措施进行了相对详尽地规定。国家知识产权局这个名单管理办法和备忘录一样,为各地方知识产权行政管理部门制定地方性知识产权领域信用惩戒机制奠定了一个基础性框架,各地方仍然可以在这个框架基础上因地制宜,开拓创新。同时,在专利代理方面,2019年3月1日起施行的《专利代理条例》对不诚信专利代理机构及从业人员的惩戒扩展到责令限期改正、警告以及罚款;情节严重或逾期未整改的,可以责令在6个月至12个月内停止承办新的专利代理业务,直至吊销专利代理师资格证,信用惩戒手段更加精细化了。

但要说明的是,知识产权领域信用惩戒制度的发展并不是孤立的,与此相伴而行的是社会信用法的勃兴。虽然至今为止我国尚没有一部国家层面的社会信用法,但全国多个省市已经因地制宜出台了《社会信用条例》,如上海、河北、河南、贵州等。2017年,全国第一部社会信用体系综合性法规——《上海市社会信用条例》颁行,还有多个省市正处在筹划当中,如江苏、北京等地。同时,全国范围内多个地方开始建立公共信用信息中心,作为配套制度,信用信息数据库将法人和自然人的良好信息和失信信息做成台账，"白名单"和"黑名单"的生成为社会各个领域包括知识产权领域展开信用惩戒奠定了基础。

综上，虽然吴晶妹教授将 2014 年视作我国有计划地全面推进社会信用体系建设的元年，但知识产权领域对失信行为的惩戒并非今日之事，也非始于2008 年《国家知识产权战略纲要》发布之时，在这个年份之前，社会各个领域针对失信行为的信用惩戒事实上普遍地存在着，只是以单一惩戒，而不是以联合惩戒的面貌出现。无论是刑法上假冒商标罪的定性还是民法上对涉知识产权合同欺诈行为的惩罚，都无从否认它们本质上是一种针对失信行为的惩戒，只是这种惩戒制度在当时尚未明确构成知识产权领域内专门的制度类型，信用惩戒以专门制度名义进入知识产权领域还是 21 世纪的事情。至今为止，在部分公众眼中，信用惩戒和联合惩戒之间可以画等号，但在联合惩戒出现之前，国务院指导性意见中提到的行政性、市场性、行业性和社会性约束和惩戒一直都在知识产权领域长久地存在着，这是不容辩驳的事实。

第二节　知识产权领域信用惩戒的法律和政策依据

一、知识产权领域信用惩戒的法律依据

任何制度在正当性上都可以追溯至基础性规范，信用惩戒的创制也不例外。如对闯红灯者进行信用惩戒，列入个人征信记录，银行等金融机构因其不良征信拒绝发放贷款，这一系列行为何以合法，乃是出自《道路交通管理条例》和《征信业管理条例》。《道路交通管理条例》之所以有效，是因为符合《中华人民共和国道路交通安全法》及其实施条例;《征信业管理条例》之所以有效，则因为符合《中华人民共和国立法法》。如果还要继续追问《中华人民共和国道路交通安全法》以及《中华人民共和国立法法》的效力根据，则需诉诸宪法，宪法依程序将立法权分配给权力机关。信用惩戒的正当性应当建立在有效的基础规范之上，基于有效基础规范的信用惩戒才是合法正当的，社会信用法是信用惩戒的基础规范之一，在没有专门的社会信用法时，多个法律规范互相衔接，共同承担起信用惩戒的基础规范任务。

（一）社会信用立法及相关法律法规

1. 社会信用立法

我国信用立法起步较晚，这是一个事实。相比而言，美国很早通过《诚实

信贷法》《平等信用机会法》《公平信用报告法》《信用控制法》等一系列社会信用法律法规,社会信用管理体系已经稳步建立,社会信用管理体系几近覆盖所有社会领域,包括知识产权领域。在我国,除了2013年《征信业管理条例》和2014年《企业信息公示暂行条例》,国家层面上社会信用立法尚属空白。但各地方在信用立法上的探索相对较早,上海在2000年起五年内陆续颁布《上海市个人信用联合征信试点办法》《上海市个人信用征信管理试行办法》以及《上海市企业信用征信管理试行办法》;2001年,深圳也颁布《深圳市个人信用征信及信用评级管理办法》;2002年,北京颁布《北京市行政机关归集和公布企业信用信息管理办法》。《社会信用体系建设规划纲要(2014—2020年)》提出,到2020年,社会信用基础性法律法规和标准体系要基本建立,2020年已经过去,这个基本目标仍然显得很遥远。2018年3月,全国人大代表郑杰提议制定《中华人民共和国社会信用法》获得热烈响应,但其实从2005年"苏丹红"事件再到2008年"三聚氰胺"奶粉事件,诚信社会建设以及信用立法一直是历届人大代表关注的热点。截至2020年底,出台了专门的地方性信用法规的省(包括直辖市、自治区)有陕西、湖北、上海、河北、浙江、河南、山东、天津8个,这些地方性信用立法被认为是在为国家信用立法"试水"。《厦门经济特区社会信用条例》2019年6月起施行,《南京市社会信用条例》2020年正式施行,江苏、广东、北京等地也正在推动信用立法工作。2018年,信用立法纳入十三届全国人大常委会立法规划,但因立法条件尚不完全成熟被搁置,时隔一年之后,2019年重新进入全国人大常委会立法规划,国家层面社会信用立法计日而待。

在我国,虽然没有一部国家层面的社会信用法,但各地已因地制宜建立起相关领域的信用管理机制,如《江苏省道路运输从业人员信用管理办法》《吉林省建筑市场信用管理暂行办法》《广州市建筑市场信用管理办法》等。许多行业领域也建立起了专属的信用管理机制,比如《中华人民共和国海关企业信用管理办法》《中国证券业协会诚信管理办法》《纳税信用管理办法》《企业统计信用管理办法》《快递业信用管理暂行办法》《出入境检验检疫信用管理办法》等。比较典型的是,2017年民航局发布的《民航行业信用管理办法(试行)》将本领域内失信行为分为一般失信行为和严重失信行为,对因一般失信行为被记入信用记录的失信人酌情从严管理,对因严重失信行为被记入信用记录的相对人,则重点督查,重点关注,依照《民航行政机关行政处罚裁量权规范办法》从重处罚,并和其他部门共享失信信息,进行联合惩戒。随着时代的发展,信用管理办法的内容还在不断升级,比如在新冠肺炎疫情背景下,2020年民航局拟将不如实填报健康状况的入境者纳入失信旅客"黑名单"。实际上,知识产权领域和以上这些领域之间纵横交错,知识产权领域失信行为也间接受到其他领域信用管理制度的约束。

颁行社会信用条例的省份为数不多,可是失信人并不是按照这些区域来分布的,商人跨省洽谈商务很正常,知识产权侵权跨国也属常见,在一国境内,至少不应在此地有一部《社会信用条例》,而在彼地有另一部,有的地方有,有的地方没有,而事实上确实如此。信用社会的建立,首先需要具有公信力的立法,在一国境内,同样事情同样处置。如果同一失信行为在上海受信用惩戒,而在安徽省却能逍遥法外,则难有说服人的合理理由。也正因为国家层面信用立法的缺失,当前支撑全局的主要是能起方向指引作用的行政指导性文件。我国幅员辽阔,各地尚没有达成关于社会信用立法的共识,虽然在不同程度上都存在适用信用惩戒的情形,但是具有约束力的法律尚未形成。推动立法统一,终结行业割据和地区割据,结束举国之内不同地方信用惩戒标准不统一的情形,这是刻不容缓的事情。

2. 相关法律法规

信用惩戒入法逐步成为一个新的趋向。近年来新修的多部规范性法律文件都明确规定了信用条款,2019 年《个人所得税法》规定将纳税人、扣缴义务人的纳税信息纳入信用信息系统,实施联合惩戒。随后国家发改委、国家税务总局联合印发《关于加强个人所得税纳税信用建设的通知》,违反诚实信用原则,存在偷税、骗税、骗抵、冒用他人身份信息、恶意举报、虚假申诉等失信行为的当事人将成为税务部门的重点关注对象,将被施以行政性约束及惩戒措施,且将严重失信人依法公开公示,接入全国信用信息共享平台共享失信信息。2019 年新修订的《疫苗管理法》明确规定,将疫苗上市许可持有人和其他人员信用记录纳入全国信用信息共享平台,对严重失信人实施联合惩戒。2019 年出台的《科研诚信案件调查处理规则(试行)》由科技部、中央宣传部、最高人民法院、最高人民检察院、国家卫生健康委等 20 个国家机构共同发布,在对科研失信行为进行具体界定基础上,明确了各方人员的职责分工,并提出明确的惩戒措施。2020 年 1 月 1 日起施行的《外商投资法》规定,要建立外商投资信用信息报告制度,①将外商违法违规行为纳入信用信息系统。② 同在 2020 年 1 月 1 日起施行的《优化营商环境条例》也提出要对企业采取统一社会信用代码进行登记管理,加强信用监管。③

　　自 2019 年始,信用惩戒入法是一个明显的特征,但并非说明 2019 年之前的法律法规规章中并无信用惩戒规则的踪影,相反,当前信用惩戒的法律依据主要来自 2019 年之前的法律性文件,而且主要来自金融领域。以《关于对知识产权(专利)领域严重失信主体开展联合惩戒的合作备忘录》为例,专利领域展开联合惩戒的主要法律依据来自 70 余部立法性文件,当中一半以上隶属于金融领域,如《全国银行间债券市场金融债券发行管理办法》、《中华人民共和国商业银行法》、《流动资金贷款管理暂行办法》(银监会令〔2010〕1 号)、《固定资产贷款管理暂行办法》(银监会令〔2009〕2 号)、《个人贷款管理暂行办法》(银监会令〔2010〕2 号)、《公司债券发行与交易管理办法》(证监会令第 113 号)、《上市公司收购管理办法》、《非上市公众公司监督管理办法》(证监会令第 96 号)、《中华人民共和国外资银行管理条例》、《中华人民共和国证券投资基金法》、《中华人民共和国证券法》、《期货交易管理条例》等。如《中华人民共和国外资银行管理条例》第九条明确规定,拟设外商独资银行、中外合资银行的股东或者拟设分行、代表处的外国银行应当信誉良好,无重大违法违规记录,同样的规定也出现在《中华人民共和国证券法》中。《银行业金融机构董事(理事)和高级管理人员任职资格管理办法》对从业人员本身的诚信品格提出极高的要求,具有故意或重大过失犯罪记录的、有违反社会公德的不良行为等情形的人员都将被排除在外。正如《中华人民共和国企业国有资产法》第二十三条规定董事、监事、高级管理人员应当有良好的品行,一旦出现相反情形,应予以免职,《保险公司董事、监事和高级管理人员任职资格管理规定》更是直接规定

---

　　① 《中华人民共和国外商投资法》第三十四条规定:"国家建立外商投资信息报告制度。外国投资者或者外商投资企业应当通过企业登记系统以及企业信用信息公示系统向商务主管部门报送投资信息。"

　　② 《中华人民共和国外商投资法》第三十八条规定:"对外国投资者、外商投资企业违反法律、法规的行为,由有关部门依法查处,并按照国家有关规定纳入信用信息系统。"

　　③ 《优化营商环境条例》第十九条规定:"国家持续深化商事制度改革,统一企业登记业务规范,统一数据标准和平台服务接口,采用统一社会信用代码进行登记管理。"第五十三条规定:"政府及其有关部门应当按照国家关于加快构建以信用为基础的新型监管机制的要求,创新和完善信用监管,强化信用监管的支撑保障,加强信用监管的组织实施,不断提升信用监管效能。"

董事、监事和高级管理人员应当具有诚实信用的品行。①

除了金融领域，信用条款零星分布在其他领域多个法律性文件之中。2002 年《政府采购法》第二十二条要求供应商具有良好的商业信誉，有依法缴纳税收以及社会保障资金的良好记录，并且参加政府采购活动前三年内没有违法纪录。同样地，《公务员法》也要求公务员具有良好的品行，当然包括诚信品格。《认证认可条例》（国务院令第 390 号，国务院令第 666 号修改）第六条将诚信原则作为一项原则，认为"认证认可活动应当遵循客观独立、公开公正、诚实信用的原则"。2015 年《食品安全法》（主席令第 21 号）规定，要建立进出口食品的进口商、出口商和出口食品生产企业的信用记录，并依法对全社会公示，且对有不良记录的单位加强监管。② 信用惩戒正在慢慢形成它自身的清晰轮廓。

以上印证了信用惩戒规则最先发端于经济领域，相比知识产权领域，它在经济领域已经到了相对成熟的阶段。信用惩戒在某一个领域的逐渐成熟需要一个相对较长的时期，但显然，它在知识产权领域尚处于初级阶段。

（二）知识产权法律、法规、规章

《专利法》对假冒专利行为的惩治手段主要包括人身自由惩戒、财产惩戒以及加强行政监管等行政性惩戒。《专利代理管理办法》要求专利代理机构的合伙人或股东品行良好，并实行"黑名单"制度，不诚信专利代理机构将被列入严重违法专利代理机构名单。在《专利收费减缴办法》中，对提供虚假情况或虚假证明材料的专利申请人的处罚措施是在五年内取消收费减缴的资格，这种取消资格的手段是最为常见的信用惩戒手段之一。《关于规范专利申请行为的若干规定》对于非正常申请专利的行为，如雷同、明显抄袭、明显变造等的惩戒措施是"在国家知识产权局政府网站以及《中国知识产权报》上予以通报，并纳入全国信用信息共享平台"，并且五年内不予政府资助或奖励，这种公开失信信息和限制待遇的手段就是信用惩戒的最明显样式了。以上知识产权法律、法规、规章从不同侧面对失信行为做出了限制，这是知识产权领域展开信用惩戒的原始基础，以专利为例，具体如表 6-1 所示。

---

① 《保险公司董事、监事和高级管理人员任职资格管理规定》第七条规定："保险机构董事、监事和高级管理人员应当具有诚实信用的品行、良好的合规经营意识和履行职务必需的经营管理能力。"

② 《中华人民共和国食品安全法》第一百条规定："国家出入境检验检疫部门应当对进出口食品的进口商、出口商和出口食品生产企业实施信用管理，建立信用记录，并依法向社会公布。对有不良记录的进口商、出口商和出口食品生产企业，应当加强对其进出口食品的检验检疫。"

表 6-1　专利法律法规规章中的信用条款

法律法规名称	信用相关规定
《中华人民共和国专利法》(2008)	第六十三条　假冒专利的,除依法承担民事责任外,由管理专利工作的部门责令改正并予公告,没收违法所得,可以并处违法所得四倍以下的罚款;没有违法所得的,可以处二十万元以下的罚款;构成犯罪的,依法追究刑事责任。 第六十四条　管理专利工作的部门根据已经取得的证据,对涉嫌假冒专利行为进行查处时,可以询问有关当事人,调查与涉嫌违法行为有关的情况;对当事人涉嫌违法行为的场所实施现场检查;查阅、复制与涉嫌违法行为有关的合同、发票、账簿以及其他有关资料;检查与涉嫌违法行为有关的产品,对有证据证明是假冒专利的产品,可以查封或者扣押。 管理专利工作的部门依法行使前款规定的职权时,当事人应当予以协助、配合,不得拒绝、阻挠。 第六十五条　侵犯专利权的赔偿数额按照权利人因被侵权所受到的实际损失确定;实际损失难以确定的,可以按照侵权人因侵权所获得的利益确定。权利人的损失或者侵权人获得的利益难以确定的,参照该专利许可使用费的倍数合理确定。赔偿数额还应当包括权利人为制止侵权行为所支付的合理开支。 权利人的损失、侵权人获得的利益和专利许可使用费均难以确定的,人民法院可以根据专利权的类型、侵权行为的性质和情节等因素,确定给予一万元以上一百万元以下的赔偿。 第六十六条　专利权人或者利害关系人有证据证明他人正在实施或者即将实施侵犯专利权的行为,如不及时制止将会使其合法权益受到难以弥补的损害的,可以在起诉前向人民法院申请采取责令停止有关行为的措施。 第七十二条　侵夺发明人或者设计人的非职务发明创造专利申请权和本法规定的其他权益的,由所在单位或者上级主管机关给予行政处分。

续表

法律法规名称	信用相关规定
《中华人民共和国专利法实施细则》（2010）	第八十四条　下列行为属于专利法第六十三条规定的假冒专利的行为： （一）在未被授予专利权的产品或者其包装上标注专利标识，专利权被宣告无效后或者终止后继续在产品或者其包装上标注专利标识，或者未经许可在产品或者产品包装上标注他人的专利号； （二）销售第（一）项所述产品； （三）在产品说明书等材料中将未被授予专利权的技术或者设计称为专利技术或者专利设计，将专利申请称为专利，或者未经许可使用他人的专利号，使公众将所涉及的技术或者设计误认为是专利技术或者专利设计； （四）伪造或者变造专利证书、专利文件或者专利申请文件； （五）其他使公众混淆，将未被授予专利权的技术或者设计误认为是专利技术或者专利设计的行为。 专利权终止前依法在专利产品、依照专利方法直接获得的产品或者其包装上标注专利标识，在专利权终止后许诺销售、销售该产品的，不属于假冒专利行为。 销售不知道是假冒专利的产品，并且能够证明该产品合法来源的，由管理专利工作的部门责令停止销售，但免除罚款的处罚。

法律法规名称	信用相关规定
《专利收费减缴办法》(2016)	专利申请人或者专利权人在专利收费减缴请求时提供虚假情况或者虚假证明材料的,国家知识产权局应当在查实后撤销减缴专利收费决定,通知专利申请人或者专利权人在指定期限内补缴已经减缴的收费,并取消其自本年度起五年内收费减缴资格,期满未补缴或者补缴额不足的,按缴费不足依法作出相应处理。
《专利优先审查管理办法》(2017)	第十二条　对于优先审查的专利申请,有下列情形之一的,国家知识产权局可以停止优先审查程序,按普通程序处理,并及时通知优先审查请求人: (一)优先审查请求获得同意后,申请人根据专利法实施细则第五十一条第一、二款对申请文件提出修改; (二)申请人答复期限超过本办法第十一条规定的期限; (三)申请人提交虚假材料; (四)在审查过程中发现为非正常专利申请。 第十三条　对于优先审查的专利复审或者无效宣告案件,有下列情形之一的,专利复审委员会可以停止优先审查程序,按普通程序处理,并及时通知优先审查请求人: (一)复审请求人延期答复; (二)优先审查请求获得同意后,无效宣告请求人补充证据和理由; (三)优先审查请求获得同意后,专利权人以删除以外的方式修改权利要求书; (四)专利复审或者无效宣告程序被中止; (五)案件审理依赖于其他案件的审查结论; (六)疑难案件,并经专利复审委员会主任批准。

续表

法律法规名称	信用相关规定
《关于规范专利申请行为的若干规定》（2017）	第三条　本规定所称非正常申请专利的行为是指： （一）同一单位或者个人提交多件内容明显相同的专利申请； （二）同一单位或者个人提交多件明显抄袭现有技术或者现有设计的专利申请； （三）同一单位或者个人提交多件不同材料、组分、配比、部件等简单替换或者拼凑的专利申请； （四）同一单位或者个人提交多件实验数据或者技术效果明显编造的专利申请； （五）同一单位或者个人提交多件利用计算机技术等随机生成产品形状、图案或者色彩的专利申请； （六）帮助他人提交或者专利代理机构代理提交本条第一项至第五项所述类型的专利申请。 第四条　对非正常申请专利的行为，除依据专利法及其实施细则的规定对提交的专利申请进行处理之外，可以视情节采取下列处理措施： （一）不予减缴专利费用；已经减缴的，要求补缴已经减缴的费用；情节严重的，自本年度起五年内不予减缴专利费用； （二）在国家知识产权局政府网站以及《中国知识产权报》上予以通报，并纳入全国信用信息共享平台； （三）在国家知识产权局的专利申请数量统计中扣除非正常申请专利的数量； （四）各级知识产权局不予资助或者奖励；已经资助或者奖励的，全部或者部分追还；情节严重的，自本年度起五年内不予资助或者奖励； （五）中华全国专利代理人协会对从事非正常申请专利行为的专利代理机构以及专利代理人采取行业自律措施，必要时专利代理惩戒委员会根据《专利代理惩戒规则（暂行）》的规定给予相应惩戒； （六）通过非正常申请专利的行为骗取资助和奖励，情节严重构成犯罪的，依法移送有关机关追究刑事责任。

法律法规名称	信用相关规定
《专利代理管理办法》(2019)	第十三条 有下列情形之一的,不得作为专利代理机构的合伙人、股东: (一)不具有完全民事行为能力; (二)因故意犯罪受过刑事处罚; (三)不能专职在专利代理机构工作; (四)所在专利代理机构解散或者被撤销、吊销执业许可证,未妥善处理各种尚未办结的专利代理业务。 专利代理机构以欺骗、贿赂等不正当手段取得执业许可证,被依法撤销、吊销的,其合伙人、股东、法定代表人自处罚决定作出之日起三年内不得在专利代理机构新任合伙人或者股东、法定代表人。 第三十八条 专利代理机构有下列情形之一的,按照国家有关规定列入严重违法失信名单: (一)被列入经营异常名录满三年仍未履行相关义务; (二)受到责令停止承接新的专利代理业务、吊销专利代理机构执业许可证的专利代理行政处罚。
《专利领域严重失信联合惩戒对象名单管理办法(试行)》(2019)	第十六条 国家知识产权局应当自收到列入决定之日起5个工作日内将严重失信主体信息报送全国信用信息共享平台,并通过"信用中国"网站、国家企业信用信息公示系统、国家知识产权局政府网站、国家知识产权局"互联网＋监管"系统等向社会公示。 第十七条 国家知识产权局通过全国信用信息共享平台向签署《关于对知识产权(专利)领域严重失信主体开展联合惩戒的合作备忘录》的其他部门提供严重失信主体信息,联合其他部门依照有关法律、法规、规章及规范性文件的规定,对严重失信主体采取一种或多种惩戒措施。联合惩戒期限一般为3年,自公示之日起计算。

(三)其他规范性法律文件

严格来说,信用惩戒的适用要解决好两个方面的关系,对内要解决惩戒机关自身实施信用惩戒的流程问题,使信用惩戒具有可操作性,对外要解决信用惩戒的依据、对被惩戒人的救济以及对信用惩戒的监督等问题。2015 年《严重违法失信企业名单管理暂行办法》、2018 年《全国文化市场黑名单管理办法》以及 2019 年《专利领域严重失信联合惩戒对象名单管理办法（试行）》对知识产权领域信用惩戒对象在实施行为认定、列入名单、联合惩戒、移出名单以及信用修复等方面进行了详细规定，它们从性质上都是处理对内关系的规范，而对外关系的规范则散见于各项法律法规规章之中。

特别是在司法领域，早在 2010 年，最高人民法院《关于限制被执行人高消费的若干规定》就对失信被执行人高消费行为进行了限制，2015 年，经修改后的《关于限制被执行人高消费及有关消费的若干规定》又对失信被执行人高消费及非生活和工作必需的消费行为进行限制。最高人民法院 2013 年发布的《关于公布失信被执行人名单信息的若干规定》一开始就开宗明义，将六种情形列为信用惩戒的标的。[①] 最高人民法院这两个规定的作用有两个，一是敦促被执行人自觉履行生效裁判文书确定的义务，维护司法公信力；二是推进社会信用体系建设。新修订的《民事诉讼法》也明确规定对于失信被执行人可以采取限制出境、公开失信信息等惩戒措施。[②]

二、知识产权领域信用惩戒的政策依据

在宏观上，国务院《社会信用体系建设规划纲要（2014—2020 年）》（国发〔2014〕21 号）、《关于深化体制机制改革加快实施创新驱动发展战略的若干意见》（中发〔2015〕8 号）、《关于新形势下加快知识产权强国建设的若干意见》（国发〔2015〕71 号）、《关于完善产权保护制度依法保护产权的意见》（中发〔2016〕28 号）、《关于建立完善守信联合激励和失信联合惩戒制度加快推进社会诚信建设的指导意见》（国发〔2016〕33 号）等政府指导性意见都为知识产权领域施行信用惩戒提供了政策支持，起到了宏观调控的作用。目前，我国知识产权领域信用惩戒的宏观政策依据主要如表 6-2 所示。

---

① 参见《关于公布失信被执行人名单信息的若干规定》（2013）第一条的规定。
② 《民事诉讼法》第二百六十二条规定："被执行人不履行法律文书确定的义务的，人民法院可以对其采取或者通知有关单位协助采取限制出境，在征信系统记录、通过媒体公布不履行义务信息以及法律规定的其他措施。"

表 6-2　涉知识产权领域信用惩戒的相关政策文件

文件名称	信用相关规定
《关于建立和完善执行联动机制若干问题的意见》（2010）	第三条　新闻宣传部门应当加强对人民法院执行工作的宣传,教育引导社会各界树立诚信意识,形成自觉履行生效法律文书确定的义务、依法协助人民法院执行的良好风尚;把握正确的舆论导向,增强市场主体的风险意识。配合人民法院建立被执行人公示制度,及时将人民法院委托公布的被执行人名单以及其他干扰、阻碍执行的行为予以曝光。
《关于在行政管理事项中使用信用记录和信用报告的若干意见》（2013）	二　切实发挥在行政管理事项中使用信用记录和信用报告的作用 　　各级政府、各相关部门应将相关市场主体所提供的信用记录或信用报告作为其实施行政管理的重要参考。对守信者,应探索实行优先办理、简化程序、"绿色通道"和重点支持等激励政策;对失信者,应结合失信类别和程度,严格落实失信惩戒制度。 　　对食品药品安全、环境保护、产品质量、医疗卫生、工程建设、教育科研、电子商务、股权投资、融资担保等关系到人民群众切身利益、经济健康发展和社会和谐稳定的重点领域,各级政府、各相关部门应率先推进在行政管理事项中使用相关市场主体的信用记录和信用报告。 三　探索完善在行政管理事项中使用信用记录和信用报告的制度规范 　　各级政府、各相关部门应结合地方和部门实际,在政府采购、招标投标、行政审批、市场准入、资质审核等行政管理事项中依法要求相关市场主体提供由第三方信用服务机构出具的信用记录或信用报告。 　　各级政府、各相关部门应根据履职需要,研究明确信用记录或信用报告的主要内容和运用规范。 五　不断健全社会守信激励和失信惩戒的联动机制 　　各级政府、各相关部门要树立大局意识,把在行政管理事项中使用信用记录和信用报告工作纳入重要工作日程。要加强协同配合,推动形成信用记录和信用报告跨部门、跨区域应用的联动机制。要通过信用记录和信用报告在行政管理事项中的联合应用,逐步建立健全全社会守信激励和失信惩戒联动机制。

续表

文件名称	信用相关规定
《社会信用体系建设规划纲要（2014—2020 年）》（2014）	二、推进重点领域诚信建设 （三）全面推进社会诚信建设 　　知识产权领域信用建设。建立健全知识产权诚信管理制度，出台知识产权保护信用评价办法。重点打击侵犯知识产权和制售假冒伪劣商品行为，将知识产权侵权行为信息纳入失信记录，强化对盗版侵权等知识产权侵权失信行为的联合惩戒，提升全社会的知识产权保护意识。开展知识产权服务机构信用建设，探索建立各类知识产权服务标准化体系和诚信评价制度。
《关于新形势下加快知识产权强国建设的若干意见》（2015）	（五）改善知识产权服务业及社会组织管理。完善执业信息披露制度，及时公开知识产权代理机构和从业人员信用评价等相关信息。 　　（十）建立健全知识产权保护预警防范机制。将故意侵犯知识产权行为情况纳入企业和个人信用记录。
《关于完善产权保护制度依法保护产权的意见》（2016）	九、加大知识产权保护力度　　加大知识产权侵权行为惩治力度，提高知识产权侵权法定赔偿上限，探索建立对专利权、著作权等知识产权侵权惩罚性赔偿制度，对情节严重的恶意侵权行为实施惩罚性赔偿，并由侵权人承担权利人为制止侵权行为所支付的合理开支，提高知识产权侵权成本。建立收集假冒产品来源地信息工作机制，将故意侵犯知识产权行为情况纳入企业和个人信用记录，进一步推进侵犯知识产权行政处罚案件信息公开。
《关于建立完善守信联合激励和失信联合惩戒制度加快推进社会诚信建设的指导意见》（2016）	（十一）加强对失信行为的市场性约束和惩戒。对严重失信主体，有关部门和机构应以统一社会信用代码为索引，及时公开披露相关信息，便于市场识别失信行为，防范信用风险。督促有关企业和个人履行法定义务，对有履行能力但拒不履行的严重失信主体实施限制出境和限制购买不动产、乘坐飞机、乘坐高等级列车和席次、旅游度假、入住星级以上宾馆及其他高消费行为等措施。支持征信机构采集严重失信行为信息，纳入信用记录和信用报告。引导商业银行、证券期货经营机构、保险公司等金融机构按照风险定价原则，对严重失信主体提高贷款利率和财产保险费率，或者限制向其提供贷款、保荐、承销、保险等服务。

文件名称	信用相关规定
《关于加快推进失信被执行人信用监督、警示和惩戒机制建设的意见》（2016）	二、加强联合惩戒 （四）准入资格限制 　　2.从事药品、食品等行业限制。对失信被执行人从事药品、食品安全行业从严审批；限制失信被执行人从事危险化学品生产经营储存、烟花爆竹生产经营、矿山生产和安全评价、认证、检测、检验等行业；限制失信被执行人担任上述行业单位主要负责人及董事、监事、高级管理人员，已担任相关职务的，按规定程序要求予以变更。 （七）限制高消费及有关消费 　　1.乘坐火车、飞机限制。限制失信被执行人及失信被执行人的法定代表人、主要负责人、实际控制人、影响债务履行的直接责任人员乘坐列车软卧、G字头动车组列车全部座位、其他动车组列车一等以上座位、民航飞机等非生活和工作必需的消费行为。 　　2.住宿宾馆饭店限制。限制失信被执行人及失信被执行人的法定代表人、主要负责人、实际控制人、影响债务履行的直接责任人员住宿星级以上宾馆饭店、国家一级以上酒店及其他高消费住宿场所；限制其在夜总会、高尔夫球场等高消费场所消费。 　　3.高消费旅游限制。限制失信被执行人及失信被执行人的法定代表人、主要负责人、实际控制人、影响债务履行的直接责任人员参加旅行社组织的团队出境旅游，以及享受旅行社提供的与出境旅游相关的其他服务；对失信被执行人在获得旅游等级评定的度假区内或旅游企业内消费实行限额控制。 　　4.子女就读高收费学校限制。限制失信被执行人及失信被执行人的法定代表人、主要负责人、实际控制人、影响债务履行的直接责任人员以其财产支付子女入学就读高收费私立学校。 　　5.购买具有现金价值保险限制。限制失信被执行人及失信被执行人的法定代表人、主要负责人、实际控制人、影响债务履行的直接责任人员支付高额保费购买具有现金价值的保险产品。 　　6.新建、扩建、高档装修房屋等限制。限制失信被执行人及失信被执行人的法定代表人、主要负责人、实际控制人、影响债务履行的直接责任人员新建、扩建、高档装修房屋，购买非经营必需车辆等非生活和工作必需的消费行为。

续表

文件名称	信用相关规定
《"十三五"国家知识产权保护和运用规划》(2016)	推进知识产权领域信用体系建设。推进侵权纠纷案件信息公示工作,严格执行公示标准。将故意侵权行为纳入社会信用评价体系,明确专利侵权等信用信息的采集规则和使用方式,向征信机构公开相关信息。积极推动建立知识产权领域信用联合惩戒机制。
《关于强化知识产权保护的意见》(2019)	二、强化制度约束,确立知识产权严保护政策导向 (三)强化案件执行措施。建立健全知识产权纠纷调解协议司法确认机制。建立完善市场主体诚信档案"黑名单"制度,实施市场主体信用分类监管,建立重复侵权、故意侵权企业名录社会公布制度,健全失信联合惩戒机制。逐步建立全领域知识产权保护案例指导机制和重大案件公开审理机制。加强对案件异地执行的督促检查,推动形成统一公平的法治环境。
《2020年深入实施国家知识产权战略加快建设知识产权强国推进计划》(2020)	45.构建以信用为基础的文化和旅游市场监管机制,深入开展网络表演、网络音乐、网络动漫市场知识产权执法行动。(文化和旅游部负责)

在微观上,《关于开展知识产权快速协同保护工作的通知》(国知发管字〔2016〕92 号)、《关于加强和规范守信联合激励和失信联合惩戒对象名单管理工作的指导意见》、《关于对失信主体加强信用监管的通知》(发改办财金〔2018〕893 号)以及《全国深化"放管服"改革优化营商环境电视电话会议重点任务分工方案》(国办发〔2019〕39 号)等从微观上提供了十分细致的实施方案。如 2017 年 10 月发布的国家发展改革委、人民银行《关于加强和规范守信联合激励和失信联合惩戒对象名单管理工作的指导意见》对惩戒对象名单的认定标准、认定程序、信息的共享和发布等都有相对细致的规定,尤其明确提出将备忘录作为启动联合惩戒的一种机制,[①]备忘录未来将作为一种特殊形

---

① 该指导意见第五部分提出,"各级国家机关、法律法规授权具有管理公共事务职能的组织采取签署守信联合激励和失信联合惩戒合作备忘录等形式,在遵守相关法律法规的情况下,明确对相关领域红黑名单主体的奖惩措施和实施方式,建立发起、响应、反馈的联动机制"。

式和联合惩戒紧密联系在一起。2019年8月,《全国深化"放管服"改革优化营商环境电视电话会议重点任务分工方案》对如何推进知识产权领域信用体系建设给出了详细的指引,如制定知识产权(专利)领域严重失信联合惩戒对象名单管理办法,加强对商标抢注和恶意注册、非正常专利申请等行为的信用监管,研究制定规范商标注册申请行为的有关规定等。也正是为了贯彻落实以上文件要求,2018年11月,国家发展改革委、国家知识产权局等38个部门联合签署《关于对知识产权(专利)领域严重失信主体开展联合惩戒的合作备忘录》,紧随其后,2019年10月,《专利领域严重失信联合惩戒对象名单管理办法(试行)》正式颁行,至此,专利领域初步搭建起信用惩戒体系的框架。

综上,政府指导性意见的宏观调控和微观指导是知识产权领域信用惩戒施行的重要保障,它们为信用惩戒进入三大知识产权法奠定了前期的基础。虽然以上一系列政府指导性文件都属于行政文件,不能直接作为知识产权领域适用信用惩戒的直接依据,但它们是社会各领域信用建设的重要推手,和其他立法性文件一起共同承担起维护知识产权领域信用秩序的重任。

第三节　知识产权领域信用惩戒适用的现实考察

矛盾分析法要求我们在分析和解决问题时要理智地抓住重点,扣住关键,集合主要力量去处理和解决主要矛盾和矛盾的主要方面。虽然不断出现新的知识产权形式,但对知识产权领域信用惩戒适用的现实考察仍然以专利、商标、版权三大重点领域为主。信用惩戒的方式也很多,但以行政为主导和以司法为主导的信用惩戒是两种最典型方式,从这两种主要方式上近乎可以一窥信用惩戒的全貌。

一、三大知识产权领域发展不均衡

当前,知识产权领域信用惩戒制度在三大领域内的发展并不均衡,即专利、商标和版权领域信用惩戒制度的发展并不同步。

在专利领域,早在2003年,国家知识产权局发布的《专利代理惩戒规则(试行)》就规定可以对专利代理机构和专利代理人的不诚信行为施行警告、通报批评、限制资质或权限等惩戒，①并对国家知识产权局专利代理惩戒委员会的成员组成、工作程序等都进行了细致的规定。毫无疑问，信用惩戒早已在专利领域存在，只是当时的信用惩戒还只是单一惩戒，范围局限于国家知识产权行政管理部门内部，还没有和其他机构连接起来进行联合惩戒。从这个角度上，可以看出，我们现在备受推崇的信用惩戒其实更多指向的是联合惩戒。

在国务院《社会信用体系建设规划纲要（2014—2020年）》《关于建立完善守信联合激励和失信联合惩戒制度加快推进社会诚信建设的指导意见》等政府指导性意见的指引下，2018年《关于对知识产权（专利）领域严重失信主体开展联合惩戒的合作备忘录》以及2019年《专利领域严重失信联合惩戒对象名单管理办法（试行）》相继出台，共同筑起专利领域信用惩戒的篱笆，搭建起专利领域信用惩戒的基本框架。在这个框架下，全国各地积极响应，如深圳和广州，在其基础上又有很多因地制宜的新举措新手段出现。2019年1月，作为首批知识产权示范城市和首批知识产权强市的广州发布《广州市建立完善守信联合激励和失信联合惩戒机制实施方案》，2019年10月，广州市39个相关机构联名签署《关于对知识产权领域严重失信主体及其有关人员开展联合惩戒的合作备忘录》，形成知识产权诚信体系"广州标准"。从以上种种可以看出，《关于对知识产权（专利）领域严重失信主体开展联合惩戒的合作备忘录》与《专利领域严重失信联合惩戒对象名单管理办法（试行）》一起为全国范围内专利领域信用惩戒制度的铺开奠定了总体框架，从中央到地方，我国专利领域内的信用惩戒制度逐步搭建起来，但是，相同的情况并未同步发生在商标和版权领域。

在商标领域，恶意注册他人知名商标、不实际使用却蓄意大量囤积商标、为当事人或者商标代理机构提交伪证等现象积习已久。2015年11月，国家发展改革委和工商行政管理总局等多个部门联合发布《失信企业协同监管和联合惩戒合作备忘录》，对具有侵犯消费者合法权益、制假售假、未履行信息公示义务等违法行为的失信人实施协同监管和联合惩戒。2015年12月，国家工商行政管理总局发布《严重违法失信企业名单管理暂行办法》，这是国务院部委第一部关于"黑名单"管理的部门规章要求，工商行政管理部门通过企业信用信息公示系统统一向社会公示严重违法失信企业名单的信息记录，与其

---

① 《专利代理惩戒规则（试行）》第四条规定："对专利代理机构的惩戒分为：（一）警告；（二）通报批评；（三）停止承接新代理业务3至6个月；（四）撤销专利代理机构。"第五条规定："对专利代理人的惩戒分为：（一）警告；（二）通报批评；（三）收回专利代理人执业证书；（四）吊销专利代理人资格。"

他政府部门互联共享信息,实施联合惩戒。① 自此可知,虽然国家工商行政管理总局主导的这一系列举措并不专门针对商标领域,但制假售假等商标侵权行为同样是信用惩戒的对象,只是不像专利领域那样建立起专门的信用惩戒体系。根据 2016 年国务院《关于建立完善守信联合激励和失信联合惩戒制度加快推进社会诚信建设的指导意见》,对严重侵犯知识产权的行为即可采取联合惩戒,当然包括侵犯商标权的行为。2017 年 5 月,工商总局发布《关于深入实施商标品牌战略推进中国品牌建设的意见》,在第三部分"切实加强注册商标行政保护"中,提出要形成对商标失信行为的协同监管和联合惩戒;②在第四部分"全面构建品牌培育服务体系"中,提出要"建立健全商标代理机构信用档案,完善执业信息披露制度,加强信用监管"。2019 年新修订的《商标法》第七条规定"申请注册和使用商标,应当遵循诚实信用原则",事实也是,诚实信用原则最先是从商标法入手明确进入知识产权法体系的。2019 年 12 月 1 日起施行的《规范商标申请注册行为若干规定》第三条对不诚信的商标申请注册行为进行了列举,还在第十四条中规定,行政处罚信息应通过国家企业信用信息系统向社会公示,同时在第十八条中赋权给商标代理行业组织,鼓励行业组织对失信会员施以惩戒,并及时对社会公开。到目前为止,凡此种种,专门针对商标领域信用惩戒的实施细则还在酝酿当中,但已经呼之欲出。2018 年出台的《关于对知识产权(专利)领域严重失信主体开展联合惩戒的合作备忘录》虽然针对的是专利领域,但其为商标领域信用惩戒体系的创生提供了一个很好的模板,出台专门性商标领域联合惩戒规则也是一个完全可以预见的趋向。否则,立法者很难解释,为什么同是知识产权,专利领域有自己专门的信用惩戒规则,而版权和商标领域却没有。

在版权领域,"黑名单"制度早已存在,联合惩戒则最先由官方专项行动发起。国家版权局、公安部、工信部等部门联合启动的"剑网行动"始于 2005 年,至今为止,国家版权局联合有关部门开展打击网络侵权盗版专项治理活动已经有近 16 年的历史,着力打击网络侵权盗版,制定网站黑名单并向社会不定期发布,对进入黑名单的网站进行资格限制和技术监控,这就是联合惩戒。2016 年 1 月,文化部发布《文化市场黑名单管理办法(试行)》,文化市场黑名

---

① 《严重违法失信企业名单管理暂行办法》第十四条规定:"工商行政管理部门应当将列入严重违法失信企业名单的信息记录在该企业的公示信息中,并通过企业信用信息公示系统统一公示。工商行政管理部门应当将严重违法失信企业名单信息与其他政府部门互联共享,实施联合惩戒。"

② 具体表述为:"加强商标信用监管,将因商标侵权假冒、违法商标代理行为受到行政处罚等信息纳入国家企业信用信息公示系统,形成对商标失信行为的协同监管和联合惩戒。"

单向社会公开,在有关部门之间共享,并实行联合惩戒。虽然像商标领域一样,并没有现实生成一套专门针对版权领域的信用惩戒规则,但在实践中,在地方,以2015年9月印发的《浙江省新闻出版广播影视(版权)领域失信"黑名单"制度建设工作方案》为例,一方面要求版权主管部门在日常监管中应用失信黑名单信息,将纳入失信黑名单的机构和从业人员作为重点监管对象,在政府采购、市场准入、招标投标、评先选优、资质审核等事项中对纳入失信黑名单的机构和从业人员予以重点关注,区别对待;另一方面要求建立失信联合惩戒机制,要以行政性惩戒带动市场性惩戒、行业性惩戒和社会性惩戒,积极鼓励行业协会、市场主体、舆论媒体在市场交易、行业自律、社会监督等方面发挥对失信主体的惩戒作用。并且,2017年12月,安徽省发布《安徽省新闻出版广播影视(版权)行业失信市场主体联合惩戒暂行办法》,规定了对版权行业内经营主体失信行为的认定、惩戒及其管理规则。可见,地方已经在进行版权领域信用惩戒制度的探索。2018年6月,《全国文化市场黑名单管理办法》颁行,2018年12月,发展改革委、人民银行、文化和旅游部、中央宣传部、市场监管总局等17家单位联合签署《关于对文化市场领域严重违法失信市场主体及有关人员开展联合惩戒的合作备忘录》,文化和旅游部现实执掌版权领域的执法权,而2018年机构改革后,国家新闻出版署(国家版权局)在中央宣传部加挂牌子,由中央宣传部承担相关职责,国家知识产权局则由国家市场监督管理总局管理,文化和旅游部、中央宣传部、市场监管总局、国家知识产权局这几个知识产权最高行政管理机构的结盟至少说明三大重点知识产权领域开始合作并朝同一个方向迈进。

综上,在当前,专利领域率先建立起专门的失信联合惩戒机制,商标和版权领域虽然还没有形成专门针对本领域的成熟的失信联合惩戒方案,但实践中都在积极地探索,专门针对两大领域的信用联合惩戒机制的形成指日可待,未来三大领域在监管上如何下成全国一盘棋还需要继续摸索。

二、以行政为主导的信用惩戒居于主要地位

当今的格局可以这样来形容:因为防范失信的需要,就在道德伦理式微、信用法律技术尚未发展成熟之际,先大范围内造就了以权力(行政和司法)为主导的信用惩戒模式,这已经成为一个事实。

信用社会建设以政府主导、社会联动为原则,2016年,中共中央办公厅、国务院办公厅联合发布《关于加快推进失信被执行人信用监督、警示和惩戒机制建设的意见》,明确政府主导和社会联动原则是四大原则之一。事实也是,

在所有信用惩戒措施中,相比以司法为主导和以社会为主导的信用惩戒,以行政为主导的信用惩戒在体量上占据绝对优势。以专利领域为例,《关于对知识产权(专利)领域严重失信主体开展联合惩戒的合作备忘录》中公布的惩戒措施,无论是知识产权行政管理部门的 5 项惩戒措施还是 33 项跨部门联合惩戒措施,在性质上几乎都是行政性惩戒。

首先,知识产权领域信用惩戒制度的推动主要依靠政府的力量。目前,以专利领域为例,其政策依据分三层,最高层有国务院印发的《社会信用体系建设规划纲要(2014—2020 年)》《关于建立完善守信联合激励和失信联合惩戒制度加快推进社会诚信建设的指导意见》等行政指导性意见;中间层有《关于对知识产权(专利)领域严重失信主体开展联合惩戒的合作备忘录》《专利领域严重失信联合惩戒对象名单管理办法(试行)》等;最底层是各地方制定的文件,如广州市《关于对知识产权领域严重失信主体及其有关人员开展联合惩戒的合作备忘录》以及深圳市《关于对知识产权(专利)领域严重失信主体开展联合惩戒的合作备忘录》(同一个省级区域内比邻的两大城市,关于信用惩戒的规定却有很大不同)。质言之,我国知识产权领域信用惩戒的政策依据主要是国务院及国家知识产权局颁布的行政指导性文件,甚至包括工作通知等,在这个总框架下面,各地方因地制宜制定了各自所需的信用惩戒规范。知识产权领域信用惩戒制度主要依靠政府力量从上而下来推动,这是公认的事实。

其次,越来越多的行政机构加入到信用惩戒队伍。以《关于对知识产权(专利)领域严重失信主体开展联合惩戒的合作备忘录》为例,被赋予联合惩戒权限的部门近 40 个,包括国家发展改革委、财政部、人力资源社会保障部、国资委、中国人民银行、银保监会、证监会、市场监管总局、中央组织部、民政部、药监局、税务总局、应急部、中央宣传部、海关总署、科技部、广电总局、工业和信息化部、最高法院、交通运输部、民航局、铁路总公司、文化和旅游部、中央文明办、国务院扶贫办、全国总工会、中央编办、中央网信办等,数量之多,分布之广,实属罕见。而 2016 年发布的《关于对失信被执行人实施联合惩戒的合作备忘录》则是由国家发改委和最高人民法院牵头,联合签署部门高达 44 个。2018 年最高人民法院工作报告指出,已经"联合国家发改委等 60 多个单位构建信用惩戒网络,形成多部门、多行业、多手段共同发力的信用惩戒体系",这60 多个单位多为行政机构和被授权的具有管理公共事务职能的组织。

三、以司法为主导的信用惩戒意义重大但局限性明显

诚如最高人民法院所言,信用惩戒是失信被执行人名单制度的主要价值

所在,在我国,以司法为主导的信用惩戒的功能主要是通过失信被执行人名单制度实现的。在司法语境中,信用惩戒的适用主要就体现在失信被执行人名单制度的运行过程中。

(一)失信被执行人名单制度的适用

2013年,最高人民法院公布《关于公布失信被执行人名单信息的若干规定》,并在2017年进行了更为细致的修改。也是在这两份法律性文件里,司法机关开始消除模糊的措辞,逐步形成自己对信用惩戒的定义。相对于过去,法院开始用信用惩戒取代了对失信行为的纯粹道德谴责,法律专业人士以审判结果为依据全权处理失信问题,无可指责地,失信问题变成一个由法律专业人士解决的问题,即我们通常所说的法律问题。

首先,失信被执行人名单制度使以司法为主导的信用惩戒初具雏形。在过去,信用惩戒是一个在人们头脑中的模糊概念,主要认为要对失信行为进行惩罚,但对什么样的失信行为进行什么样的惩罚,没有人说得清。官方文件中虽然多次提到信用惩戒,但对信用惩戒的定义要么回避,要么定义相当宽泛。法律在信用惩戒这一点上,从来没有进行任何精准界定,许多按照《关于公布失信被执行人名单信息的若干规定》能算作失信的案件都由合同纠纷、侵权纠纷引起,裹挟着信用问题,这些问题有重叠交叉的地方,但司法机关并不认为需要另作处理,因为涉及合同的失信问题,在民法典问世之前,合同法和民法通则也可以处理,涉及侵权的失信行为,侵权行为法可以处理,从来没有在这些现存法律规制之外为失信行为设置新的标准。但显然,《关于公布失信被执行人名单信息的若干规定》开始将失信的法律标准和其他标准区别开来,其他标准可以统称为道德标准或者社会标准。道德标准或者社会标准通常告诉人们应该有怎样的信用举止,如果不那么做,会招致什么样的后果。但法律的标准是在告诉人们,法律可以容忍的失信行为的程度是什么样的,如果违反就会受到什么样的制裁。

从外部来看,失信被执行人名单制度避免了一种状况,即在司法判决不能得到切实履行时,司法出现停顿,无法启动新的措施。从这个制度开始,司法机关开始关注信用问题的本质,而不是信用纠纷的处理过程。从表面看,法院只是将严重危害社会秩序的失信行为的概念更加精确化了,但在事实上,司法机关将存在于公众普遍意识中的一般失信行为和严重失信行为的标准进行了明确,因为就实施过程而言,真正重要的是分辨哪些是信用惩戒针对的失信行为,哪些又不是,由此产生了在范围和精确程度上不同于普通公众的专业性的法律概念。

其次，失信被执行人名单制度明确了诉讼当事人双方在信用问题上的权利、责任以及义务。立法机关和司法机关是不同的，而在信用惩戒问题上，司法机关充当了部分立法者的角色，只不过它将自己管辖的范围限定在那些进入法院的失信案件上面。当然，一般情况下，它也无法突破这个范围。构成信用惩戒的大量准则和详细的具体规定以及例外状况都是为了给失信人和那些潜在的失信人提供分析信用问题且理智做出抉择的参考，比如《关于公布失信被执行人名单信息的若干规定》(2017)明确指出，被纳入失信被执行人名单的相关主体可以对纳入名单或公布的失信信息本身提出异议。① 虽然说法律通常受到传统的极大影响，过去银行等金融机构在对失信借款人实施信用惩戒所取得的成效无疑也为司法机关的信用惩戒提供了灵感，但以司法为主导的信用惩戒并不是根据过去的惯例做出的，而是一种结合了传统信用观念和司法裁判执行惯例的司法行为，人为地产生了以司法为主导的信用惩戒这个范畴，将不诚实信用履行司法裁判的当事人纳入信用惩戒，从而推动司法裁判的执行，进而推动诚信社会建设。

再次，失信被执行人名单制度使司法机关开始对社会公众进行直接的信用行为管理。过去，司法机关是被动的，主要通过司法裁决间接影响社会公众的行为；现在，我们强调司法的能动性，司法机关在极大范围内通过自主创新法律来管理人们的行为，信用惩戒制度也可以通过法庭来实现，法院开始为社会信用立法服务，信用惩戒立法也被视作解决社会内部矛盾的手段。当然，司法机关对人们信用行为的干预只适用于社会信用生活的一部分，即涉及诉讼的那部分，至于诉讼之外的信用行为则不在以司法为主导的信用惩戒范围之内，这样一来，同样的知识产权侵权纠纷，有没有走进法院区别很大，那些没有走进法院的知识产权纠纷当事人绝不可能受到来自司法的信用惩戒，而那些进入诉讼程序成为信用惩戒对象的知识产权纠纷当事人就可能尝到以司法为主导的信用惩戒的滋味。《关于公布失信被执行人名单信息的若干规定》会让人们明白在失信问题上诉讼和不诉讼完全是两码事，这样一来，法院在知识产权方面的诉讼量可能有一定幅度的上升，这是可以预见的趋势。

失信被执行人名单制度的局限性也是明显的。第一，它无疑是有威慑力的，但要说它具备极大的威慑力则与事实不符。拒不执行判决裁定罪在前，信

---

① 《关于公布失信被执行人名单信息的若干规定》(2017)第十一条："被纳入失信被执行人名单的公民、法人或其他组织认为有下列情形之一的，可以向执行法院申请纠正：(一)不应将其纳入失信被执行人名单的；(二)记载和公布的失信信息不准确的；(三)失信信息应予删除的。"

用惩戒在后，如果拒不执行判决裁定罪都无法敦促当事人继续履行，信用惩戒的威慑作用就更为有限了。第二，它无疑是有成效的，尽管我们无从知晓到底有多少人是因为畏惧信用惩戒而选择了继续履行法院裁判，又有多少失信人是因为信用惩戒制度而选择了安分守己，以司法为主导的信用惩戒直接作用的范围是那些尚未构成拒不执行判决裁定罪的失信人，对于那些无惧拒不执行判决裁定罪的失信人，信用惩戒制度并未取得显著成效。第三，失信被执行人名单制度直接作用的范围是有限的。要注意的一点是，进入司法程序的知识产权诉讼只是知识产权纷争当中一个很小的部分，失信被执行人名单制度直接作用的范围本身是狭小的，所网罗进来的失信人数量是有限的，信用惩戒这只强有力的手，似乎只在那些并不十分强悍的失信人中间才能起到作用，对于那些十分强悍顽固的失信人是无能为力的。正如彼得·德恩里科教授所言，"法律是为少数人或与之相关的人服务的，但是，多数人却不反抗"。[①] 信用惩戒在真正意义上与多数守信的人们全然不相干，甚至那些毫无信用可言的失信人也可能对失信被执行人名单制度一无所知，就像一个从商多年的商人很可能对《商法》或《公司法》一无所知一样。当然，失信被执行人名单制度的意义是非凡的，即便失信比率小幅下降，都让人无比欣慰。

综合而言，国家将越来越多领域的行为纳入管理的范围，比如去网吧上网的年龄、往外扔垃圾的时间，2019 年 10 月印发的《城市轨道交通客运组织与服务管理办法》开始将地铁内进食、使用电子设备外放等行为纳入管制的范围。失信被执行人名单制度的运行，在一定层面上相当于司法被逐渐植入了社会强制管制体系，意味着法院接管了加强社会信用管理的工作，司法已经不仅仅旨在解决知识产权诉讼当事人纠纷，还被用来惩治知识产权领域严重失信的人群，开始成为现代信用社会建设的直接工具。

（二）以司法为主导的信用惩戒的施行实效

事实上，没有人能提供坚实的证据证明，失信人恢复执行是因为失信被执行人名单制度，也没有人能证明，只要信用惩戒介入，失信人就会退回守信的界限之内，失信被执行人名单制度背后的假设不过是，它相比现在司法机关的止步不前更有效率。依卡尔·拉伦茨的见解，和意义有关的问题，通过对实验过程的观察、测量或计算都不能给出答案，[②]法学学科处理的不是一些可以量化的问题，所以在他眼里，法学在学术上就不可能透过整理研究客体，应对其

---

① 〔美〕彼得·德恩里科、邓子滨：《法的门前》，北京：北京大学出版社，2012 年，第 9 页。
② 〔德〕卡尔·拉伦茨：《法学方法论》，陈爱娥译，北京：商务印书馆，2003 年，第 79 页。

进行观察和测量,最终使结果变得可以准确计算,它在学术上就不是一个可以依自然科学方式运转的学科。因此,笔者无意拿数据来证明以司法为主导的信用惩戒是有效和有意义的,但是丝毫不妨碍将借助自然学科得来的数据信息当作支撑材料用以辅助我们的结论。

　　2018年最高人民法院工作报告指出,"'一处失信、处处受限'的信用惩戒格局初步形成,有力促进了社会诚信体系建设"。失信被执行人名单制度针对的是拒不执行法院裁判的行为,这个制度尚对信用的主体制度产生不了特别大的影响,甚至有时这种信用惩戒并没有收到十分的实效,但不能否认的是,它使政府和社会公众逐渐认识到这是一种促进信用改革的方向。根据2018年最高人民法院工作报告透露的数据,在2013年至2017年间,全国各级法院受理执行案件数量为2224.6万件,执结案件数量为2100万件,可见,未执行案件所占比例不到6%,超过94%的案件都能通过法院得到执行。报告同时指出,5年间,全国各级法院累计公开失信被执行人信息996.1万人次,限制购买机票1014.8万人次,限制乘坐动车和高铁391.2万人次,221.5万人慑于信用惩戒主动履行义务,以拒不执行判决裁定罪判处罪犯9824人,极大加强了对抗拒执行行为的惩治力度。[①] 从最高人民法院的报告可以粗略得出,因慑于信用惩戒主动履行义务的案件比例为22.2%左右。和本书做理论上的论证不同,很多社会实践已经用实证主义的方法来证明信用惩戒和法律秩序之间的关系。曾经有现任法官对失信被执行人名单制度的局部实施情况进行统计分析,指出某发达地区的基层法院在2014年至2017年这四年间,共计公布失信被执行人名单信息6183条,在信息公布后,已履行义务的被执行人占到869人次,比例约为14%。[②] 当然,这还不能得出结论说失信被执行人继续履行完全出于失信被执行人名单制度的威吓,在很多情况下,截然不同的动机促成了恢复执行这种法律希望的状态,这个动机未必总是对即将临头的信用惩戒的恐惧,不法行为对于寻常百姓没有太大的吸引力,社会惯例和风评使人不敢专擅妄为,道德伦理和宗教教义又时时教导人规行矩步,这些都可能促成了信用的重新遵守。以上数据只是表明我们试图以经验来解释信用制度在法律实践中的运行状态,形形色色的失信现象背后,是不是有一个观念始终存在着,这个观念极力拉扯着人们不至于在失信的道路上走得更远。概言之,导

---

① 详见2018年最高人民法院工作报告。

② 张成双:《"数"说失信被执行人名单——关于"失信被执行人名单"制度实施情况的统计分析》,《中国上海司法智库》2018年第11期。

致失信人重回守信轨道的因素很多,道德、宗教信仰、政策、法律、惯例和伦理等都是当中不可忽略的因子,失信被执行人名单制度无疑是起作用的,只是无法确定它在其中贡献的比例。

第四节　知识产权领域信用惩戒存在的主要问题

一、缺少信用惩戒基础理论的指引

知识产权领域信用惩戒制度的理论基础来自信用惩戒的基础理论,信用惩戒作为一种有别于民事、行政制裁和刑事惩罚的惩戒措施,应有其制度特有的基础理论作为指引。千百年来,现实中存在大量的失信事件和信用纠纷,对失信行为的惩戒从来不是一件新鲜事,却没有因此发展出相应的信用惩戒原则、规则和理论学说。为信用惩戒提供解决难题的理论指引,进而为知识产权领域信用惩戒提供镜鉴,这本身就是一件值得反思的事情。

首先,关于概念的问题。任何一项法律上的基本原则或规则都需要借助语言,建立在一个个概念的基础上。一个落后国家可能衍生出先进的法律体系,比如1910年的《大清著作权律》,其沿用的范畴和概念相对而言就极具现代性,彼时的中国绝大多数人对什么是著作权,什么又是复制权一无所知,但这些概念不是凭空产生的,或者由立法者从西方借鉴来并事先作为自己思想体系的一部分存在着的,而是社会物质生活中本来就存在要对智力成果进行保护、不得随意复制的思想观念,著作权和复制权这些概念起源于社会本土文化中的这些思想观念,这些概念最早被西方提炼出来,写进法律文件中固定下来,成为特殊的知识产权法术语。由此,信用惩戒这个概念应该如何阐述是一个极其重要的问题,狭义的信用惩戒针对的是违约和其他不诚信的情形,而广义的信用惩戒针对的范围已经扩展至违法的情形,违反法定义务、约定义务和社会义务的行为都属于失信行为,都可能成为信用惩戒针对的标的,这样一来,很多看似和信用无关的行为被囊括进来,就不免使人生疑,信用惩戒为什么被称为信用惩戒?它是对失信行为的惩罚,如果一个行为与信用无涉,为何落入信用惩戒的范围呢?这种疑惑至今并没有在公众中消除,"因此当《厦门经济特区促进社会文明若干规定》将随地吐痰、闯红灯、公共场所吸烟纳入重点治理清单,情节严重者可予以信用惩戒时,再一次引发了信用惩戒边界问题的讨论。"但平心而论,信用惩戒的边界问题如同言论的边界问题一样,都不是一个纯粹在理论上就可以廓清的问题,因此,信用惩戒的边界问题也不是一朝一夕就能解决的。

其次,关于信用惩戒的法律责任理论。信用惩戒制度反映了信用社会的理想,对信用设定限制,一个重点就是依据法律对失信人进行问责。照当前的情形,关于信用惩戒的民事责任理论大概可以分为两种。一种是失信人因主观过错给他人、集体或社会造成损害,应当接受相应的惩戒。社会信用法所持过错责任与知识产权法所持无过错责任之间存在抵牾,在知识产权领域,没有主观过错但造成损失的侵权人同样要承担民事责任,但那些无意侵犯知识产权但实际上造成损失的人未必是信用惩戒针对的对象,我国现阶段仅仅将故意知识产权侵权行为纳入信用惩戒的范围。另一种是任何人不得从不法行为中获利。即便他人、集体或社会没有因失信受到明显的损害,也要对失信人的失信行为予以惩戒和打击,更不允许其因失信获得额外的利益,因为这会助长社会不良风气,最终还是会危及社会安宁秩序。显然,关于信用惩戒民事责任理论的正反意见都需要在思想场域中进行多次反复地交锋,汇聚各方意见的洪流,产生具有决定性意义的几派意见,信用惩戒立法的思想理论也将主要来自这几派意见,最终,关于信用惩戒的真理才会水落石出。

二、规范信用惩戒的法律性文件位阶过低

目前,规范知识产权领域信用惩戒的法律性文件的法律位阶主要是部门规章或地方政府规章。国家知识产权局出台的《专利领域严重失信联合惩戒对象名单管理办法(试行)》在性质上属于部门规章,更遑论地方政府规章和一般规范性文件了,如广州市政府出台的《广州市建立完善守信联合激励和失信联合惩戒机制实施方案》。我国知识产权领域信用惩戒的规则结构直接影响了信用惩戒的立法效能。

一方面,信用惩戒对失信人施以的影响绝不亚于一般类型的行政处罚。相比警告、罚款、没收违法所得、没收非法财物、责令停产停业、暂扣或者吊销许可证等行政处罚种类,联合惩戒形成的"一处失信、处处受限"的格局对于失信人的负面钳制丝毫不低于一般行政处罚,严重影响到失信主体的行为方式,从某种程度上说,失信人有时宁愿接受行政处罚,也不愿受到信用惩戒。鉴于失信人受到的严重影响,涵摄信用惩戒的规范性文件的法律位阶绝对不宜过低。

另一方面,有关信用惩戒的规范性文件的法律位阶太低会导致的后果是全国范围内多个地方各为政,根据各自的具体情况,制定自认可行的办法。

省、自治区、直辖市以及设区的市、自治州的人民政府更有权在不违背上位法的情况下,因地制宜,制定自己的方案,如广州市出台的《广州市建立完善守信联合激励和失信联合惩戒机制实施方案》。在国家知识产权局总体指导下,广州市与深圳市均颁行惩戒方案,但内容迥异,广州市惩戒的范围相对更大。在这个问题上,广东省一省之内尚且存在如此分歧,全国范围内自不必多言。知识产权领域信用惩戒适用上的诸多分歧有损法律的统一性,而确保法律上的统一是立法的重要任务。

概言之,知识产权领域信用惩戒规范性文件的法律位阶被提高是更理想的立法选择,有利于为信用惩戒的适用和运作提供全面的引导,亦有利于信用惩戒的法治标准的统一。

三、以行政为主导的信用惩戒亟须规范化

在社会信用这个领域,作为传统道德伦理支撑的旧体制已经实际上解体,但新的机制尚未成熟,混乱一时不可避免。这是一个过渡的中间阶段,人们对很多信用问题都无法达成共识,但正像大卫·休谟说的那样:

一个特定社会存在着某些事务的公共框架、决定或行动程序,即便社会成员对究竟何为框架、决定、程序持有异议,但他们仍能感知对框架、决定和程序的需要,而这就是政治环境。①

在此过渡时期,行政权力以其迅捷和灵敏的特质弥补了目前信用领域的这一真空,而这种以政府官员作上下联系的体制在我们这样一个人口规模庞大的国家,很难在全国达成一致的信用惩戒标准,一切均在摸索当中,一切又在流动之中,地方不断出现新的试点,各项制度在用进废退之间,缺陷重重。关于信用方面的章程有时是因地制宜的结果,有时又借鉴了部分国外的经验,比如"黑名单"制度,因为还没有统一且发达的信息网络作为支援,各地自成一体,全国范围内对知识产权领域失信行为的信用惩戒标准并不统一,失信信息共享和对接产生困难,这就和法律要求在全国范围内同等情况同等处置的情形相差甚远。总体来看,以行政为主导的信用惩戒的适用主要存在如下问题。

首先,无限度扩张。2017年,《厦门经济特区促进社会文明若干规定》这部全国首部促进社会文明的地方性法规就将乱扔垃圾、随地吐痰、闯红灯、公

---

① 转引自〔加〕罗杰·赛勒:《法律制度与法律渊源》,项焱译,武汉:武汉大学出版社,2010年,第27页。

共场所吸烟、开车不避让行人等行为网罗进信用惩戒的范围。[①]《河南省社会信用条例》将逃兵役、传销、合同诈骗、严重破坏网络空间传播秩序、严重扰乱社会公共秩序、妨碍社会治理等行为都纳入信息记录。可见，失信行为清单越来越长，信用惩戒涵摄的内容越来越多。如果以联合惩戒为关键词进行网络搜索，可以发现越来越多的行政机构和部门加入到联合惩戒的队伍中来，这份名单还在迅速地加长。罗培新在《社会信用法：原理·规则·案例》一书中对联合惩戒的非立法性文件做了一个初步统计，2015 年 12 月至 2017 年 8 月这一年半的时间里，各个部门出台联合惩戒的备忘或通知已经多达 22 个，[②]现在这个数字仍然在不断上升。然而，联合惩戒所导致的问题绝不亚于失信行为带来的烦恼。因此，天津市在 2016 年 7 月出台《天津市行政机关联合惩戒暂行办法》，确保各级行政机关依法定职权适用联合惩戒。在失信人这一方，一旦失信事实成立，极少有辩护的理由；在信用惩戒的实施单位这一方，如果没有法律相应的规定，信用惩戒只需提供失信的事实，几乎不需要提供理由，极易造成信用惩戒的滥用。而且，没有人能够解释，为什么铁路、航空、旅游等部门能够对失信行为予以信用惩戒，而其他行政机构不可以？想想以行政为主导的信用惩戒涉及范围之广，内容之重要，就可以理解为什么信用惩戒引起如此大的关注。以行政为主导的信用惩戒的内容将在很大程度上决定着知识产权领域各方主体生活的质量和行为的方式。

其次，合法性问题。法无授权即禁止，这是铁律。知识产权行政管理部门的权威性体现在它具有行政执法权上，行政执法权使人们服从于以行政为主导的信用惩戒。法律法规规章均程度不同地规定了知识产权行政执法官员有什么样的权限，以这样的方式，知识产权领域信用惩戒的权力结构明确确定下来，知识产权行政管理部门也是以此为基础展开运作的。不能否认的是，信用惩戒的合法性根据和权力来源是轴心，任何施以信用惩戒的机构，如工商局，均须事先找到合法性根据，才不至于因信用惩戒的做出招致被惩戒人及其律师的反击。现实当中以行政为主导的信用惩戒合法性问题有两种，第一，没有合法性根据的，其表现是滥权或越权；第二，合法性根据存疑的，行政权尤为错

---

① 《厦门经济特区促进社会文明若干规定》第五十一条规定："属于重点治理清单的不文明行为，有下列情形之一的，按照该行为最高罚款额度的两倍处罚；有关行政执法部门应当告知行为人所在单位或者社区，并依法纳入本市社会信用信息共享平台：（一）一年内被依照本规定行政处罚五次以上且情节严重的；（二）提供虚假材料、隐瞒真实情况，侵害社会管理秩序和社会公共利益的；（三）拒不履行处罚决定的。"

② 罗培新：《社会信用法：原理·规则·案例》，北京：北京大学出版社，2018 年，第 110 页。

综复杂,条分缕析难以达到,法律法规规章之间经常存在冲突,并不是总是处于等高地位。在《关于对知识产权(专利)领域严重失信主体开展联合惩戒的合作备忘录》中,跨部门联合惩戒措施第一条列明"财政部、发改委、各级人民政府"是"限制政府性资金支持"这一惩戒措施的实施单位,将没有参与签署备忘录的"各级人民政府"直接设置为实施单位,这一做法不禁让人疑惑。

在现实中,政府机构改革使信用惩戒的权力问题变得更加复杂。2018年机构改革后,知识产权行政管理部门之间的职责分工仍然很复杂,有的地方采取"三合一"模式,即专利、商标、版权"三合一"综合管理机制,如湖南长沙;有的地方采取"二合一"模式,即专利和商标归入知识产权局,版权则归入地方市委宣传部,版权处是市委宣传部下辖机构,如江苏南京;有的地方"三合一"模式和"二合一"模式并立,如上海。在"二合一"模式下,以版权为例,版权行政管理职能划入地方市委宣传部,版权局属其下辖机构,而版权执法还是沿袭过去的惯例,由文化市场综合执法支队在执掌,但文化市场综合执法支队往往是以文化行政部门的名义在执法。2019年,《文化市场综合执法管理条例》向全社会公开征求意见,等这个条例出台之后,文化市场综合执法支队才有独立的执法权。文化市场综合执法支队在版权执法过程中,除了无权做出行政拘留外,其有权做出其他种类的行政处罚,如罚款、责令停产停业等,并依照惯例会将行政处罚的信息,包括受处罚人的身份信息、违法事实、适用法律法规和处罚情况等定期报送地方发改委的信用办。

再次,行政自由裁量权的问题。当前,知识产权领域关于信用惩戒的法律性文件对失信行为的判断是交由执法者自由裁量的。常见地,故意侵犯知识产权的行为是信用惩戒的对象,但如何判断"故意"在行政上却无确切的标准,因为没有固定划一的标准,极易导致自由裁量权的滥用。与此同时,以行政为主导的信用惩戒将知识产权领域违法违规行为与信用挂钩,而不考虑客观情势以及失信人的主观动机,为个人消遣目的下载电影和以牟利为目的下载电影都可能落入故意侵犯知识产权的范围,成为信用惩戒的对象。既然行政自由裁量存在天然的缺陷,那么能不能由法律将整个行政权力运行系统预先确定下来呢? 这又被认为是一个荒谬的想法,按照辛普森教授的见解,"只要政府存在,就必须有选择和自由裁量的空间",①政府必须有权在具体的实施措施之间做出自由选择,"如果所有事情都可预先由法律确定下来,议会和选举

---

① 〔英〕布赖恩·辛普森:《法学的邀请》,范双飞译,北京:北京大学出版社,2014年,第129页。

也就失去了任何存在的意义"。[①]　为了防止行政权力的滥用，宪法和行政法才详细规定了司法机关对行政机构的监督制度。

最后，行政执法人员本身的问题。2018年机构改革后，在有的地级市，市场监管局和知识产权局同挂一块牌子，并将工商局并入。作为一个享有专利和商标执法权的行政单位，市场监管局（知识产权局）行政官员被赋予信用惩戒的权限之后，开始被要求像专门从事法律职业的法官一样，严格核实知识产权案件情况，准确区分案件的不同类型、情节以及社会危害性，定性精准和证据确凿是基本要求，这对那些从来没有接受过正规知识产权法教育的执法官员来说可能是一项相当大的考验。比如《专利领域严重失信联合惩戒对象名单管理办法（试行）》第六条规定，"重复专利侵权行为和不依法执行行为由省级知识产权管理部门、专利执法部门依职责认定"，事实上，对于很多的商标、专利侵权案件，连专门从事知识产权研究的学者或从事知识产权审判的法官都很难判定，要求行政官员对专利侵权做到证据确凿、定性准确显然过于严苛。不得不承认，涉及知识产权的案件是非常专业的案件，这和交通警察根据监控判断行人和车辆是否违规有所不同，专利侵权甚至涉及专门的科学技术知识，至于相关专利权是否真实有效，经常要由法院在诉讼中由当事人反复举证予以确认，即便是已经被授权的专利，也有在专利复审程序中被推翻的可能。实践中，作为版权执法单位的文化市场综合执法支队在认定版权侵权问题上的困难同样存在，因此，版权鉴定几乎是版权执法过程中必经的程序之一。这一任务加诸行政执法官员身上是否恰当暂且不论，对于政府而言，工作负担加重是必然的，而且，政府的功能依法必须随之进一步精细化，每个部门有每个部门的角色、权限和职责，这使得信用惩戒这种机制的另一个特点出现，即迫切要求行政官员以法律的标准去执行信用惩戒，而不是行政或者其他标准，更不是自由裁量。

四、以司法为主导的信用惩戒局限性明显

回到实践中来，以司法为主导的信用惩戒的局限性体现在失信被执行人名单制度适用的局限性上。

首先，失信被执行人名单制度发生作用的范围十分有限。司法是一种保守的力量，它的被动性十分明显，启动以司法为主导信用惩戒的前提有两个，一是当事人必须走进法院；二是存在2017年《关于公布失信被执行人名单信

---

① 〔英〕布赖恩·辛普森：《法学的邀请》，范双飞译，北京：北京大学出版社，2014年，第129页。

息的若干规定》中列明的六种适用情形之一。诉讼是启动失信被执行人名单制度的前提,虽然因知识产权纷争走进法院的比例难以估算,但 2018 年最高人民法院工作报告指出,5 年间全国法院审结一审刑事案件 548.9 万件,一审商事案件 1643.8 万件,一审民事案件 3139.7 万件,一审行政案件 91.3 万件,一审知识产权案件 68.3 万件,①知识产权案件占案件总数目的 1.5% 都不到,这和我们过去所持侵权人恣睢无忌、知识产权侵权无处不在的认识存在差距,事实也是,因知识产权纠纷最终走进法院的当事人为数并不多。法史学家对于我国国民畏惧诉讼的心理特征早已有了结论,同时知识产权诉讼的成本过于高昂也是很多知识产权纠纷没有通过司法途径予以解决的原因之一。即便知识产权纷争进入司法程序,也只有在《关于公布失信被执行人名单信息的若干规定》规定的六种情形之内,才有可能受到来自司法机关的信用惩戒。这意味着在司法诉讼过程中,只有那些极为恶劣的失信人才可能成为信用惩戒的对象,而那些真正无力履行义务或者主观上属于过失状态的失信人都在信用惩戒制度考虑之外。由此我们可以假设,10 个知识产权纷争事件之中有 50% 的比例会走进法院,即 5 个知识产权纷争会对簿公堂,当中因法院判决案结事了的可能又占去 60% 左右,即 3 个,剩下的 2 个案件属于判决无法执行的范围,要视乎被执行人的行为是否符合《关于公布失信被执行人名单信息的若干规定》中规定的六种适用情形,最后,真正受到司法机关信用惩戒的可能十中无一。

其次,失信被执行人名单制度启动的前提是当事人不诚信履行裁判义务,它的本意是用来解决法院“执行难”的问题,而不是专门针对失信人施行的信用惩戒。知识产权领域以司法为主导的信用惩戒只能适用于知识产权案件中不诚信执行法院裁判的失信人。失信被执行人名单制度作用于因失信触犯法律的那部分人,几乎不是为了对付那些悄然、琐碎的失信事件,而是出于对失信人冲击司法公信力的担忧。

再次,失信被执行人名单制度与拒不执行裁判罪的关系难以调理。在法条上,《关于公布失信被执行人名单信息的若干规定》规定的这六种情形和《刑法》第三百一十三条拒不执行判决、裁定罪的适用要件有交叉重叠之处,根据最高人民法院《关于审理拒不执行判决、裁定刑事案件适用法律若干问题的解释》(法释〔2015〕16 号),拒不执行判决、裁定罪规定的“有能力执行而拒不执

---

① 参见 2018 年 3 月 9 日最高人民法院在第十三届全国人民代表大会第一次会议上的工作报告。

行,情节严重"的情形包括八种情形,①这和《关于公布失信被执行人名单信息的若干规定》规定的六种情形有重叠之处,前者采取各种恶劣手段拒不执行与后者"有履行能力而拒不履行生效法律文书确定义务"在外部表现上如出一辙。在丰盈繁多的司法措施中,拒不执行判决、裁定罪和信用惩戒两者具有的阻吓作用相比较,前者无疑更具杀伤力,那些原本就无惧拒不执行判决、裁定罪的失信人缘何因畏惧信用惩戒而恢复执行呢? 或者我们希望信用惩戒成为压死骆驼的最后一根稻草,在对失信人处以拒不执行判决、裁定罪的同时,对其未来的信用利益予以剥夺,形成加重之势。从这个方向上,信用惩戒可能争取的对象是那些没有达到拒不执行判决、裁定罪构成要件的当事人而已。此种情形就像威廉·申斯通所言,"法律就是这样一张网,触犯法律的人,小的穿洞而过,大的破网而出,只有中等的才会落入网中"。②

　　最后,《关于限制被执行人高消费及有关消费的若干规定》和《关于公布失信被执行人名单信息的若干规定》共同托起的失信被执行人名单制度的最大的缺陷在于没有完成划定信用惩戒边界的任务。清单制度的缺陷必须正视,采取清单的方式,将失信行为开列出来可能导致那些未被列入的失信行为得不到应有的惩治,这种法律真空地带是真实存在的。信用惩戒是有边界的,它的边界应该是清楚的,正如知识产权是一种财产权,其边界亦是清晰的,被惩戒人至少要从失信被执行人名单制度里看到自己受到惩戒的终局结果,因此,失信被执行人名单制度至少要以清楚、精确、严格和完整的术语描述出惩戒的结果,这是信用惩戒制度要达到的目标。由此出发,司法机构知道自己要按什么样的程序做出惩戒,失信人可以判断失信的利弊,进而作出自己的理性选择,社会公众可以知道哪些行为会招致信用惩戒,进而避免将来从事类似的行

---

　　① 《关于审理拒不执行判决、裁定刑事案件适用法律若干问题的解释》第二条规定:"负有执行义务的人有能力执行而实施下列行为之一的,应当认定为全国人民代表大会常务委员会关于刑法第三百一十三条的解释中规定的'其他有能力执行而拒不执行,情节严重的情形':(一)具有拒绝报告或者虚假报告财产情况、违反人民法院限制高消费及有关消费令等拒不执行行为,经采取罚款或者拘留等强制措施后仍拒不执行的;(二)伪造、毁灭有关被执行人履行能力的重要证据,以暴力、威胁、贿买方法阻止他人作证或者指使、贿买、胁迫他人作伪证,妨碍人民法院查明被执行人财产情况,致使判决、裁定无法执行的;(三)拒不交付法律文书指定交付的财物、票证或者拒不迁出房屋、退出土地,致使判决、裁定无法执行的;(四)与他人串通,通过虚假诉讼、虚假仲裁、虚假和解等方式妨害执行,致使判决、裁定无法执行的;(五)以暴力、威胁方法阻碍执行人员进入执行现场或者聚众哄闹、冲击执行现场,致使执行工作无法进行的;(六)对执行人员进行侮辱、围攻、扣押、殴打,致使执行工作无法进行的;(七)毁损、抢夺执行案件材料、执行公务车辆和其他执行器械、执行人员服装以及执行公务证件,致使执行工作无法进行的;(八)拒不执行法院判决、裁定,致使债权人遭受重大损失的。"

　　② 〔英〕布赖恩·辛普森:《法学的邀请》,范双飞译,北京:北京大学出版社,2014年,扉页。

为。严格来说,《关于限制被执行人高消费及有关消费的若干规定》和《关于公布失信被执行人名单信息的若干规定》对司法机关的执行程序给予了比较清晰的指引,而对于失信人、守信人和社会公众给予的指引很少,尤其是失信人,因为无法预测自己的失信行为将会确定地招致什么样的负面后果,也无法预估出失信的成本和收益,最有可能的是采取迟疑观望的态度。例如一个欠债不还被告上法庭的当事人,因拒不履行法院裁判被列入失信被执行人名单,确定要面临的惩戒是限制高消费、限制银行信贷、出行等,至于是否会实际受到其他惩戒则是不确定的,要视乎失信人未来的需要,如果能够预估出失信最终要付出大代价,失信人可能通过向他人借款并支付利息的方式来履行义务,但因为无法作出这种预估,失信人就在等待,一旦将来有实际需要,再通过借款来履行债务也不迟,这种情形类似经济学上的"长期预期的状态"①,因为《关于公布失信被执行人名单信息的若干规定》也规定,一旦履行了义务,失信被执行人名单就会立刻被删除,失信人不用承担因借款支出的利息,这是更符合利益最大化原则的选择。因此,在失信被执行人名单制度中,如果不清晰描述出失信付出的最终代价,失信人一经履行义务就会从失信被执行人名单中抹去的做法导致的结果只有三种,即失信人或拖延履行,或视实际需要再履行,或未来实际不需要就不履行。

---

① 〔英〕约翰·梅纳德·凯恩斯:《货币论》(第二卷),刘志军译,西安:陕西师范大学出版社,2008年,第 86 页。

第七章　知识产权领域信用惩戒的域外经验

卡尔·拉伦茨提到，比较法学取得丰硕成果的原因在于，首先，它针对的是"一般的，会以相同或类似方法出现于全部或大多数法秩序中的法律问题"，并提供答案，接近教义法学；其次，法学虽然原则上限定在某一实证法秩序当中，但坚持批判立场，法学本身借由不停检讨反思自己的法秩序，最后遭遇相反的思想和评价规则发展起来。[①] 在我国如火如荼进行社会信用体系建设之际，比较和借鉴其他国家和地区的信用惩戒立法经验成为迫切的需要。德国法学家 K·茨威格特和 H·克茨说，比较法除了认识的作用之外，还有很多其他的功效，比如消除浅薄的民族偏见，有助于了解其他国家和地区的文化，有助于自身法律体系的完善等，甚至得出结论，如果不仰仗比较法，就制定不出好的法律。[②] 但同时，我们也要记住美国比较法学者格伦顿的忠告，没有两个国家的法律制度是一模一样的，要放弃种族偏见，以生活在法律制度中的法律学者的眼光去看待外国的法律制度，比较法研究的目标是探索某个国家的法律为何会成为今天的模样，而不是去贬低或褒扬任何制度。[③]

第一节　国际知识产权条约对不诚信行为的规制措施

《与贸易有关的知识产权协议》(TRIPS)对于不诚信行为的惩戒体现为四

[①] 〔德〕卡尔·拉伦茨：《法学方法论》，陈爱娥译，北京：商务印书馆，2003 年，第 76 页。

[②] 〔德〕K. 茨威格特、H. 克茨：《比较法总论》，香港：牛津大学出版社，1993 年，第 15 页。

[③] 〔美〕格伦顿、戈登、奥萨魁：《比较法律传统》，米健、贺卫方、高鸿钧译，北京：中国政法大学出版社，1993 年，第 6-8 页。

个方面,第一,禁止以不诚信的方法公开商业秘密,从而防止不当的商业性使用;①第二,对假冒商标、盗版货物施以严厉的海关监管手段,比如海关中止放行,防止侵权物品进入市场,②也可以销毁、处置侵权货物,不得允许侵权货物在未作改变的状态下再出口或者对其适用不同的海关程序;③第三,TRIPS协议规定成员国应将具有一定商业规模的蓄意假冒商标或者盗版案件在性质上列为刑事案件,适用监禁或监禁和罚金并用的刑事处罚;④第四,成员国之间共享涉知识产权类失信信息。TRIPS协议建议成员国之间建立联络点,共享知识产权侵权信息,促进彼此间的信息交流合作。⑤ 由此,对知识产权领域假冒或盗版等失信行为,TRIPS协议采取的措施主要有采取海关措施、列为刑事案件、共享失信信息等。

《保护工业产权巴黎公约》指出,三种行为应当被特别禁止,即混淆行为、

---

① TRIPS协议第三十九条禁止自然人和法人以违反诚实商业行为的方式披露属于具有商业价值的秘密,以防止不正当的商业使用。其第2款指出,自然人和法人应有可能防止其合法控制的信息在未经其同意的情况下以违反诚实商业行为的方式向他人披露,或被他人取得或使用,只要此类信息:(a)属秘密,即作为一个整体或就其各部分的精确排列和组合而言,该信息尚不为通常处理所涉信息范围内的人所普遍知道,或不易被他们获得;(b)因属秘密而具有商业价值,并且在本规定中,"违反诚实商业行为的方式"应至少包括以下做法:违反合同、泄密和违约诱导,并且包括第三方取得未披露的信息,而该第三方知道或因严重疏忽未能知道信息的取得涉及此类做法;(c)由该信息的合法控制人,在此种情况下采取合理的步骤以保持其秘密性质。

② TRIPS协议第五十一条指出,成员国应赋予权利人在有正当理由怀疑假冒商标或盗版货物的进口可能发生的情况下,向行政或司法主管机关提出书面申请,请求海关中止放行此类货物进入自由流通,海关中止放行是一种针对假冒商标和盗版货物的边境措施。该条规定,各成员应在符合以下规定的情况下,采取程序使有正当理由怀疑假冒商标或盗版货物的进口有可能发生的权利持有人能够向行政或司法主管机关提出书面申请,要求海关中止放行此类货物进入自由流通。各成员可针对涉及其他知识产权侵权行为的货物提出此种申请,只要符合本节的要求。各成员还可制定关于海关中止放行自其领土出口的侵权货物的相应程序。

③ TRIPS协议第五十九条"救济部分"指出,"在不损害权利持有人可采取的其他诉讼权并在遵守被告寻求司法机关进行审查权利的前提下,主管机关有权依照第四十六条所列原则责令销毁或处理侵权货物。对于假冒商标货物,主管机关不得允许侵权货物在未作改变的状态下再出口或对其适用不同的海关程序,但例外情况下除外"。

④ TRIPS协议第五节"刑事程序"第六条指出,"各成员应规定至少将适用于具有商业规模的蓄意假冒商标或盗版案件的刑事程序和处罚。可使用的救济应包括足以起到威慑作用的监禁和/或罚金,并应与适用于同等严重性的犯罪所受到的处罚水平一致。在适当的情况下,可使用的救济还应包括扣押、没收和销毁侵权货物和主要用于侵权活动的任何材料和工具。各成员可规定适用于其他知识产权侵权案件的刑事程序和处罚,特别是蓄意并具有商业规模的侵权案件"。

⑤ TRIPS协议第六十九条"国际合作"指出,"各成员同意相互进行合作,以消除侵犯知识产权的国际货物贸易。为此,它们应在其政府内设立联络点并就此做出通知,并准备就侵权货物的贸易交流信息。它们特别应就假冒商标货物和盗版货物的贸易而促进海关之间的信息交流和合作"。

损害竞争对手信用的虚伪说法以及使公众产生误解的表示或说法,[①]而上述行为均为典型的不诚信行为,被《保护工业产权巴黎公约》归入不正当竞争的范围。同时规定,在进口时,可以扣押标有虚伪原产地或者生产者标志的商品。[②]《制止商品来源虚假或欺骗性标记马德里协定》是《保护工业产权巴黎公约》的专门协定之一,其第一条明确规定,成员国可以对带有虚假、欺骗性标记的商品采取扣押、禁止进口或在同等情况下给予受害方国民的诉讼权利以及补救手续,对虚假、欺骗性产地标志没有设置专门性制裁的,应该适用有关商标或者厂商名称方面的法律制裁。《保护原产地名称及其国际注册里斯本协定》旨在防止关于原产地名称方面的假冒与仿冒,标注真实的产品来源地和添加"类""式""样""仿"等字样均不被允许。[③]

《关于知识产权执法程序与措施的指令》在其第三章"由成员国实施惩罚"中规定,在不影响程序和赔偿、其他措施的情况下,"当损害知识产权法时,成员国可以适用相应的其他惩罚",知识产权领域失信行为究竟应予以何种惩罚一直都在不断探讨当中。在欧盟委员会《关于提请欧洲议会、欧盟理事会制定〈保障知识产权实施刑事措施指令〉的提案》中,对具有商业规模的故意侵犯知识产权的失信行为的惩戒措施十分多样化,涉及公布司法判决、罚金、销毁侵权货物、没收侵权所涉物品、关闭实施违法行为的设施、接受司法监督或司法清算、禁止从事商业活动、禁止接受公共资助或补贴、监禁等,[④]其中公布司法判决、禁止从事商业活动或接受公共资助或补贴都是典型的信用惩戒形式。

---

① 《保护工业产权巴黎公约》第十条之二"不正当竞争"第(3)项指出以下三项应特别予以禁止:1.具有采用任何手段对竞争者的营业所、商品或工商业活动产生混淆性质的一切行为;2.在经营商业中,具有损害竞争者的营业所、商品或工商业活动的信用性质的虚伪说法;3.在经营商业中使用会使公众对商品的性质、制造方法、特点、用途或数量易于产生误解的表示或说法。

② 《保护工业产权巴黎公约》第十条"虚伪标记"规定:"对标有虚伪的原产地或生产者标记的商品在进口时予以扣押。(1)前条各款规定应适用于直接或间接使用虚伪的商品原产地、生产者、制造者或商人的标记的情况。(2)凡从事此项商品的生产、制造或销售的生产者、制造者或商人,无论为自然人或法人,其营业所设在被虚伪标为商品原产的地方、该地所在的地区或在虚伪标为原产的国家,或在使用该虚伪原产地标记的国家者,无论如何均应视为利害关系人。"

③ 《保护原产地名称及其国际注册里斯本协定》第三条"保护的内容"指出,"保护旨在防止任何假冒和仿冒,即使标明的系产品真实来源或者使用翻译形式或附加'类''式''样''仿'字样或类似的名称"。

④ 冯军、黄宝忠:《版权保护法制的完善与发展——基于欧盟经验与中国实践的视角》,北京:社会科学文献出版社,2008年,第314页。

第二节 域外知识产权法中的信用惩戒规则

在世界范围内,对知识产权侵权的法律制裁方式无外乎民事制裁、行政制裁和刑事制裁三种,有的国家兼具三种方式,如我国,而有的西方国家只有民事制裁和刑事制裁两种。目前为止,还没有任何一个国家的知识产权法明确提出要对知识产权侵权行为进行信用惩戒,但这并不意味着知识产权法不具有信用惩戒的功能和作用,事实上,有的知识产权法条款本质上就是信用惩戒规则。

采取何种形式的信用惩戒有时和一国的法律体系结构有关,我国对有损社会公共利益的知识产权侵权行为可以采取行政制裁,采取的是行政和司法并举的"双轨制",但知识产权在西方国家眼中是私权,政府少有介入的理由。按照惯例,国外商标、专利以及版权一般是专门的部门进行统一集中管理,但服务和管理是部门的主要职责,司法系统执掌知识产权纠纷的集中处置。每个国家的知识产权管理体制也存在差异,据称,在全世界实行知识产权制度的近200个国家和地区中,只有阿联酋、文莱、沙特、巴基斯坦等不到10个国家将专利和商标分开管理,其他国家实行专利、商标"二合一"或专利、商标、版权"三合一"体制,其中澳大利亚、加拿大等70多个国家实行"三合一"体制,我国目前主要实行的是"二合一"体制,少数地方已经实现"三合一",如上海市浦东新区。

一、版权领域

在世界范围内,版权侵权救济手段丰盈多样,比如扣押侵权物品,法院禁令,损害赔偿,没收违法所得,支付诉讼法和律师费,查封没收侵权工具设备等等,这些属于惯常的手段,但有的国家有自己独特的救济措施,虽然这些措施在字面上看似无涉信用惩戒,却属于信用惩戒规范的范畴,通过防御、打击失信人,达到保护守信人权益和维护信用秩序的目的。

第一,公开判决全文。从惩戒的依据来看,这是一种以司法为主导的信用惩戒,惩戒凭借的力量来自司法机关。从惩戒作用的路径看,公开判决,通过新闻媒体对知识产权侵权等失信行为进行披露,旨在形成一种负面社会舆论,用道德来约束和制裁社会成员的失信行为,借助失信信息的广泛传播对失信人产生威吓作用,让失信人无所遁形。

德国著作权法中规定,在著作权诉讼中胜诉的一方有权要求法院公开判决,由败诉一方承担相关费用,并在判决中规定公开的方式及范围。[①] 公开判决在德国著作权法上的直接功能之一是声张胜诉一方的权利,在胜诉方的请求下启动公开判决的程序,胜诉方可能是知识产权人,也可能是知识产权利用人,因此胜诉方主张的合法权益可能是权利人拥有的知识产权,也可能是知识产权利用人的权益。但公开判决的间接功能之一是公开知识产权侵权人的不当行为,客观上形成了信用惩戒的功效。法院是做出信用惩戒的组织,但由胜诉方扣动信用惩戒的扳机。因为这一信用惩戒规则在德国著作权法上一般是作为一种普通民事救济措施存在的,应由当事人意思自治,德国著作权法明确规定著作权纠纷适用普通民事救济程序。[②] 知识产权侵权适用民事救济途径不是德国的专有做法,在俄罗斯,关于智力活动成果和个性化表现方法的权利(包括著作权)就载于俄罗斯联邦民法典之内。

意大利在其著作权法中规定,依据当事人申请或者法院依据职权,法官有权判令通过报纸等媒体公开判决书主文。[③] 将启动这一程序的特有权利放在胜诉方和法院手中,在当事人一方不熟悉法律,又或者当事人明知自己享有这一权利但不主张的情况下,法院仍有依职权通过媒体公开判决的权力,这意味着胜诉方或法院都有权扣动信用惩戒的扳机,而不是像德国著作权法那样,只有当事人有权启动公开判决的程序。埃及《知识产权保护法》(著作权部分)同样规定法院有权将有罪判决的主文摘要刊载在日报上,[④]埃及知识产权保护法这一条款的要旨有两个。一是向社会公开知识产权侵权行为是法院判决的一种制裁方式,这种方式和其他制裁手段是一样的。二是在媒体上公开有罪

---

① 德国《著作权法》第一百零三条规定:"根据本法提起诉讼的,判决中胜诉一方为表明合法权益,有权要求公布判决,费用由败诉一方承担,在判决中规定公布的方式与范围。判决生效后三个月内没有公布的,公布的权限即归于消灭。法庭无其他规定的,判决在生效后才得公布。"

② 德国《著作权法》第一百零四条规定:"各种法律纠纷(著作权争讼事件)中的主张的要求出自本法调整的法律关系的,适用普通民事救济途径。劳务或雇佣关系的著作权纠纷案件仅以给付议定报酬要求作为标的的,劳动法院和行政法院的法律救济途径不受影响。"

③ 意大利《著作权法》第一百六十六条规定:"应有关当事人的要求或者依职权,法官可以责令将判决书主文在一种或者多种报纸上公布,相关费用由败诉一方承担。"

④ 埃及《知识产权保护法》(著作权部分)第一百八十一条第七款规定:"侵犯本法所规定任何著作权或者邻接权的人身权利或财产权利。侵犯作品、录音制品、广播或者表演的不同犯罪行为,应当处以不同的惩罚。属于重犯的,应处以不低于 3 个月的监禁和 10000 埃及镑以上 50000 埃及镑以下的罚款。在所有案件中,法院可以判决关闭被认定有罪一方当事人用以实施犯罪的企业,期限不超过六个月。本条第二、三款规定犯罪行为系重犯的,必须强制关闭该企业。法院应判决将有罪裁判的主文摘要刊载于一份或多份日报上,费用由被认定有罪的当事人承担。"

裁判的主文的功能有两方面，一方面在于教育作用，可以教育那些潜在的知识产权侵权人规行矩步，不要步其后尘；另一方面在于惩戒作用，公开有罪判决使社会公众对知识产权侵权人产生一种负面的评价，它对知识产权侵权人的信用产生打击作用，信用惩戒本身是一种声誉机制，声誉有损的知识产权侵权人可能因此丧失未来的可期待利益，这实质上就是一种信用惩戒。

第二，限制资格。限制资格是最常见的信用惩戒措施之一，限制失信主体在某一领域或事项上的资格，将守信人和失信人区分开来，让失信人因失信付出代价。比如政府限制失信人的招投标资格是一种行政性惩戒，而律师协会中止有违法记录律师的会员资格就是一种行业惩戒。埃及《知识产权保护法》（著作权部分）规定，在著作权侵权案件中，认定构成犯罪的，法院可以判决关闭犯罪方用来实施犯罪行为的企业，期限不超过 6 个月；若属于重犯，则须强制关闭。[①] 法国《知识产权法典》（法律部分）在其第 L.343-7 条规定，两种情形要加重处罚，一是累犯，二是与受害人签订过协议的，即便初犯，也要加重处罚，这是典型的失信行为。在加重处罚之外，还可以在一定期限内剥夺"商事法院、工商会、行业协会及劳资协会的选举权和被选举权"[②]。法国《知识产权法典》这一条款的要旨之一是对违背诚实信用原则的侵权人须进行加倍惩罚，与受害人签订过协议又背约的即属于不诚信行为，惩罚要加重；要旨之二是可以附加剥夺失信人其他权利或资格，限制资格更像一项辅助措施，起到的是加重惩戒的作用。这一举措和我国 2018 年《关于对知识产权（专利）领域严重失信主体开展联合惩戒的合作备忘录》列明跨部门联合惩戒措施中的第 17 项"依法限制担任国有企业法定代表人、董事、监事"的表述就极为接近了。由此可见，法国知识产权法虽然没有明确规定信用惩戒，但是第 L.343-7 条实际上在发挥信用惩戒的作用，特别之处在于，在法国，限制资格是以司法惩戒的方式出现，而我国现阶段主要以行政性惩戒的方式出现。

第三，权利人恢复名誉请求权。信用惩戒是一类声誉作用机制，在知识产权领域，知识产权侵权人和知识产权人之间的声誉有时是负相关的。日本《著作权法》第一百一十五条有名誉恢复等措施的规定，受害人可以要求侵权人采

---

① 参见埃及《知识产权保护法》（著作权部分）第一百八十一条第七款。

② 法国《知识产权法典》（法律部分）第 L.343-7 条规定："违反第 L.343-4 条的累犯，或同受害人签有或有过协议的初犯加倍处罚。此外，可在不超过五年的时间剥夺罪犯的商事法院、工商会、行业协会及劳资协会的选举权和被选举权。"

取一定措施,恢复或修正其声誉。[①] 韩国著作权法亦有相似的规定,受害人可以请求侵权人恢复其名誉。[②] 其第一百二十八条亦规定,作者死亡后,其现有家属或者遗嘱执行人也可以向基于故意或过失而侵犯作者名誉的人请求恢复名誉。事实上,侵权人修正或恢复作者或者表演者声誉的同时,也是在公开自己的侵权行为,会造成侵权人个人信用的贬损,这和德国、意大利著作权法公开判决的法律条款有异曲同工之妙。

综上可知,版权领域的信用惩戒规则是真实存在的,虽然以上诸国著作权法全文对信用二字只字未提,但在救济措施当中对当事人的信用进行了贬损和打击,实质起到了信用惩戒的作用。

二、商标领域

在三大知识产权法当中,商标法对诚实信用原则最为关切,诚实信用、善意等词汇极受商标法青睐,欺诈、假冒伪劣、虚假陈述等又是商标法尤为反对的字眼,在三大知识产权法之中,商标法本身就是和信用联系最为密切的一部法律。

第一,公开判决全文。埃及《知识产权保护法》(商标、厂商名称、地理标志和外观设计部分)将公布判决分为两种情形,一种是法院根据自由裁量做出,另一种则是当事人一方请求法院做出。其第一百一十七条规定,法院在任何民事或者刑事诉讼中都可以判令将公开判决,费用由败诉方负担,法院在无罪判决的状况下也可以采取这一措施。但在有些情况下,必须强制性公开,比如累犯的情形。[③] 法国《知识产权法典》(法律部分)第 L.716-15 条规定,只要商标侵权得以成立,法院可以判令公布判决。[④] 在涉及地理标志诉讼当中,同样适用这一规则,法国《知识产权法典》(法律部分)L.722-7 条重申了这一点。

---

① 日本《著作权法》第一百一十五条规定:"作者或表演者可以在请求代替损害赔偿或者在请求损害赔偿的同时,请求故意或过失侵害其作者人格权或者表演者人格权的侵权行为人采取适当的措施,以确保作者或者表演者身份,修正或者恢复其名誉或者声望。"

② 韩国《著作权法》第一百二十七条规定:"作者或表演者向因故意或过失而侵害了自己的精神权利的侵权人采取必要措施恢复自己的名誉,并赔偿损失。"

③ 埃及《知识产权保护法》(商标、厂商名称、地理标志和外观设计部分)第一百三十四条规定:"对于屡犯者,法院应命令没收非法的外观设计、侵权产品和用于侵权的工具。判定责任的命令应刊登在一家或多家报纸上,费用由被判承担责任方负担。"

④ 法国《知识产权法典》(法律部分)L.716-15 条规定:"法院可判令任何合理的判决公告措施,尤其是判决的布告,或全文或部分地在报纸上或在由法院指定的在线公共通信服务部门,根据法院确定的方式进行发表。"

德国《商标和其他标志保护法》在其第一百四十四条中规定,要制裁意图利用或损坏地理来源标志的声誉的行为,且指出"如果出于公共利益的需要,应当命令公布该裁决。判决中应当决定公布的范围和性质"。[①] 意大利《商标法》规定,法院可以命令将商标侵权案件的判决全部或部分公开刊登在报纸上。[②] 俄罗斯联邦《商标、服务商标和商品原产地名称法》第四十六条将公布法院判决作为一种民事保护的手段,旨在恢复受害者的声誉。韩国《商标法》在其第六十九条中也规定,如果侵害商誉,法院可以根据商标权人的请求,判令侵权人采取恢复商誉的措施,以代替或者弥补赔偿损失。[③]

第二,共享失信信息。德国《商标和其他标志保护法》规定,法院有权直接要求商标和外观设计管理机构将有关破产案件的相关信息全部登记在册,[④] 如果接受者请求,还应登记在共同体商标注册簿或者申请档案中,法院和商标管理部门之间进行信息共享是对个体进行信用监督的前提。在美国《兰汉姆法》中,多处提及法院与专利商标局之间的协作,由法院启动的强制行动、诉讼或程序应告知专利商标局长,并记录在案。美国《兰汉姆(商标)法》明确表明法院在商标注册上的权力,法院可以根据商标诉讼具体情况,撤销、恢复和修改商标注册。[⑤]

第三,关于不诚信商标注册行为的处置。日本《商标法》罚则部分第七十九条以欺诈罪来惩戒不诚信商标注册行为,指明在商标注册过程中存在欺诈情况的,处有期徒刑或罚金。[⑥] 我国假冒注册商标罪指向的是"未经注册商标所有人许可,在同一种商品上使用与其注册商标相同的商标"这一行为,使用

---

① 《十二国商标法》翻译组:《十二国商标法》,北京:清华大学出版社,2013年,第127页。

② 意大利《商标法》第六十五条规定:"司法机构可以命令,因注册商标侵权而作出的判决须全文或摘要地,或仅正式判决本身,刊登在其所指定的一种或多种报纸上,费用由败诉方承担。"

③ 《十二国商标法》,《十二国商标法》翻译组译,北京:清华大学出版社,2013年,第384页。

④ 德国《商标和其他标志保护法》第一百二十五条h规定:"当破产法院知道一个已申请的或已注册的欧洲共同体商标属于破产财产,应当直接请求内部市场协调局(商标和外观设计),将下列内容登记在共同体商标注册簿中,或者在申请案中,登记在申请档案中。1.在开始诉讼阶段,如果还不包括,限制其出售的禁令;2.共同体商标或共同体商标申请的解除或转移;3.诉讼的驳回;以及4.诉讼的取消,但是在对债务人的控制案中,只有在该控制结束之后,对出售的限制的解除。"

⑤ 美国《兰汉姆法》第一千一百一十九条规定:"在涉及注册商标的诉讼中,法院可以命令撤销整个或部分商标的注册,恢复已撤销的注册以及对注册进行修改,法院将裁定或命令送达专利商标局局长,专利商标局局长应在档案上作相应的记录。"

⑥ 日本《商标法》罚则部分第七十九条规定:"以欺诈行为取得商标注册、防御商标注册、商标权或防御商标注册所生权利之存续期间延展注册、注册异议申请之决定或裁决者,处三年以下有期徒刑或三百万日元以下的罚金。"

他人注册商标的行为并不包括不诚信商标注册行为,而根据我国 2019 年新修《商标法》,不诚信商标注册行为显然属于商标法反对的违反诚实信用原则的不法行为。南非《商标法》第十六章专门针对三类不诚信行为作出规定,即与注册簿有关的欺诈行为、旨在欺骗或影响注册长官或其他官员的虚假陈述行为以及谎称商标已注册行为,它们应被判有罪,并应被处以罚金或者不超过十二个月的监禁。韩国《商标法》第九十八条规定可以对虚假陈述等不良行为予以行政罚款,英国《商标法》宣布注册簿的弄虚作假或者虚假声称某一商标是注册商标的行为属于违法行为,前者处以监禁或罚金,或二者合并,后者判处罚金。相比英国,美国《兰汉姆(商标)法》对虚假或欺骗性注册行为规定的是赔偿损失的民事责任。[①]

第四,对不良商标代理人的处置。英国《商标法》在其第三部分"行政和其他补充规定"中对专利、工业品外观设计和商标总局局长的权限作了极为细致的描述,国务大臣有权制定规则,授权商标总局局长依据英国商标法拒绝不诚信代理人在任何业务活动上的代理,比如某个人已在商标代理人登记簿中取得注册,由于其不良行为,将使其姓名从登记簿中去除,[②]这种资格限制在实质上就是对商标代理人的信用惩戒。

第五,行政性惩戒。墨西哥《工业产权法》规定假冒他人注册商标、迷惑、误导或欺骗公众等不诚信行为构成行政侵权,可以处以罚金、临时或永久关闭以及行政拘留等处罚,[③]行政侵权调查应由主管局依职权进行或应利害关系方的请求进行。[④] 从中可以看出,罚金属于财产性惩戒,而临时或永久关闭则属于限制资格类的行政性惩戒,行政拘留则可以列入人身自由惩戒的范畴。

三、专利领域

相比版权领域和商标领域,专利领域信用惩戒措施更加丰盈多样,概括起来主要有以下几类。

第一,公布判决。法国《知识产权法典》(工业产权部分)规定,在诉讼中,对于伪造专利等不诚信行为,法院可以判令公开判决,即公开伪造专利的失信

---

① 美国《兰汉姆法》第一千一百二十条规定:"虚假或欺骗性注册的民事责任。任何以口头或书面的虚假或欺骗性声明或表述,或其他虚假手段,在专利商标局取得商标注册的人,在受害人提出的民事诉讼中,对其因此遭受的损害承担责任。"

② 参见英国《商标法》第八十八条。

③ 参见墨西哥《工业产权法》第二百一十三条和二百一十四条。

④ 参见墨西哥《工业产权法》第二百一十五条。

人的不良行为。① 德国《专利法》规定,在专利诉讼中,胜诉人在足以证明自己合法权益的情况下,可以请求法院在判决中写明公开判决书。② 俄罗斯联邦《民法典》(专利部分)规定,专利权人可以请求法院在官方公报上公开认定知识产权侵权的判决。③

第二,加重处罚。在法国《知识产权法典》(工业产权部分)第 L521-13 条中,违法行为人屡次进行侵犯专利权及其相关权利的行为,或违法行为人与被侵权方签订过协议,将面临加倍惩罚。墨西哥《工业产权法》第二百一十八条也规定,对累犯的罚金要加倍。④ 一样地,在我国《关于对知识产权(专利)领域严重失信主体开展联合惩戒的合作备忘录》中,重复专利侵权行为属于严重失信行为,对其加大监管力度,依法从重处罚。

第三,限制资格。法国《知识产权法典》(工业产权部分)赋予法院权限,其可以下令完全或部分、临时或永久关闭为伪造行为提供服务的机构,比如专利代理机构。⑤ 第 L521-13 条更规定,违法行为人反复侵权,或背弃契约的情况下,除了加重惩罚,而且,被定罪人还在一定时期(不超过五年)内被剥夺在商业法庭、地方工商商会、行业工会以及劳资调解委员会的选举权和被选举权,限制资格是最常见的信用惩戒措施之一。

第四,对专利代理人的惩戒。以色列是少见的在专利法中对专利代理人设置了专门惩戒的国家,如果一名专利代理人涉及不诚信的刑事犯罪、违反职业道德或以其他不恰当的方式行事,纪律委员会可以作出警告、惩戒、罚金、禁止从事代理工作(不超过五年)、从注册簿除名等惩罚措施。⑥ 并且,纪律委员会应将专利代理人受到的纪律惩罚记载入注册簿,在公报上公布。⑦ 相比之

---

① 法国《知识产权法典》(工业产权部分)第 L521-8 条规定:"如果诉讼中涉及伪造行为,法院可以下令以适当的方式公开判决结果,将判决结果全部或部分刊登或公布在指定报纸或公告部门的在线网站上。"

② 德国《专利法》第一百四十 e 条规定:"如果胜诉方能够证明自己的合法权益,可以向法院请求在判决中规定将判决公布,并由败诉方付费,法院判决应指明公布的范围和形式。赋予胜诉方的这一权利在司法终裁后三个月内有效,超期终止。"

③ 俄罗斯联邦《民法典》(专利部分)第一千四百零七条规定:"专利权人有权要求将法院就非法使用发明、实用新型或工业设计或对其权利的其他侵犯作出的判决公布在负责知识产权事务的联邦政府行政机关的官方公报上。"

④ 根据墨西哥《工业产权法》第二百一十八条规定,如果是二度或后续侵犯,先前处以的罚金应加倍,但数额不超过本法第二百一十四条设定的可适用的最高额的三倍。

⑤ 参见法国《知识产权法典》(工业产权部分)第 L521-10 条。

⑥ 参见以色列《专利法》第一百四十八条。

⑦ 参见以色列《专利法》第一百五十二条。

下，我国对专利代理人不诚信行为的惩戒不是体现在专利法中，《专利代理惩戒规则》和《专利代理条例》规定了对不诚信专利代理人的惩戒细则，多是通过行政性惩戒和行业惩戒进行的。美国《专利法》对专利代理机构不诚信行为作出暂停执业或禁止执业的处罚，专利代理机构有不能胜任，名誉低下，重大过失犯罪或带有任何形式的欺骗、欺诈意图，误导或胁迫行为的，将面临暂停或禁止执业的处罚，而且理由记录要存证。[①]

第五，行政性惩戒。墨西哥《工业产权法》将"使非专利产品看似专利产品等不诚信行为"或者"在工业活动或贸易中进行迷惑、误导或欺骗公众的行为，方式为使公众错误地相信或推定"等不诚信行为宣布为行政侵权，施以罚金、临时关闭或永久关闭以及行政拘留。[②]

第六，向社会公开信息。美国《专利法》规定，关于不适当或带有欺骗性的发明推广行为，专利专员有义务提供和专利密切相关的信用信息给社会公众，如专利商标局所保有的关于发明推广者的举报投诉，任何联邦或州机构都有义务提供涉及发明推广服务的投诉信息给专利专员，并保存相关投诉记录。[③]埃及《知识产权法》（专利部分）规定了专利权终止且由此进入公共领域的六种情形，如专利权人滥用专利权，强制许可仍不足以弥补危害之时，专利权被终止，主管机构应以行政条例规定的方式通过专利公报予以公开。[④]

此外，对专利领域失信行为惩戒的方式很多，还包括对人身自由和财产的惩戒，世界各国专利法对于不诚信行为予以的最严厉惩戒形式是监禁，或者监禁和罚金二者并用。埃及《知识产权法》（专利部分）第三章将六种有悖诚实的商业行为认定为不正当竞争，并对非法披露、获取和使用未公开信息的个人处以罚金，若重犯，将处以监禁。[⑤] 日本《专利法》设置诈欺罪，在其罚则部分，规定任何以诈欺行为获得权利、权利期限延长注册或审判决定的人应被处以徒刑（不超过三年）或罚金（不超过 300 万日元）。韩国《专利法》规定，对由于欺诈或者其他不正当行为取得权利、延长权利期限注册或审判决定的行为，处罚

---

① 参见美国《专利法》第三十二条。
② 参见墨西哥《工业产权法》第二百一十四条。
③ 美国《专利法》第二百九十七条【35 U.S.C. 297】之(d)"投诉记录"规定："(1)发布投诉——专利专员应向公众提供专利商标局所接受的所有涉及发明推广者的投诉以及该发明推广者的答复。专利专员应将投诉通知该发明推广者并在使此投诉为公开所知之前提供其答复的合理机会。(2)请求投诉——专利专员得从任何联邦或州机构请求有关于发明推广服务的投诉，及保存此投诉连同该发明推广者的任何答复依(1)段所维持的记录中。"
④ 参见埃及《知识产权法》（专利部分）第二十六条。
⑤ 参见埃及《知识产权法》（专利部分）第五十八、六十一条。

是罚金(不超过 2000 万韩元)或徒刑(不超过三年)。[①] 英国《专利法》对于登记簿作假等不诚信行为,比如虚假记载,处以罚款或监禁与罚款并用。同时,罚金、罚款、赔偿金、违约金、定金以及没收侵权器具等都是财产惩戒的有力方式,对涉知识产权的违约行为,当事人可以设置违约金和定金条款,关于知识产权侵权行为,法院可以作出赔偿金、罚金裁判,知识产权行政主管部门有权罚款,如英国专利法规定对于"擅自主张专利权""擅自声称已提出专利"或"滥用专利局名义"等不诚信行为可以处以罚款。[②] 可见,公布判决、加重惩罚、限制资格、行政性惩戒、向社会公开信息、财产惩戒和人身自由惩戒等连接在一起结成一张专利领域拦截不诚信行为的大网。

第三节　域外知识产权领域信用惩戒的实践

客观来讲,知识产权侵权居于知识产权领域失信行为之首,任何一个国家都要对知识产权侵权行为进行惩戒,但受制于国家的政治经济结构和信用管理系统的成熟程度,不同国家在实践中采取的模式和路径天差地别。国外知识产权领域信用惩戒类型主要分成政府主导型和民间运作为主型两类,显然,多数西方国家站在后者的队伍之内。

在英美等成熟市场经济体制国家,知识产权领域失信行为与经济、文化领域的失信行为并无二致。知识产权领域内涉合同的失信问题,合同法或民商法可以处理;涉知识产权侵权的失信行为,侵权行为法、知识产权法和其他法律可以处理;涉知识产权犯罪的,刑法可以处置。除此之外的失信行为则主要通过市场运作,并由个人或组织自愿执行,针对知识产权领域失信行为,个体可以向知识产权行政主管部门检举、投诉或向法院提起诉讼。基于知识产权属于一种私权,以此建立起来的信用惩戒模式完全是一种民营化市场运作模式,比如美国信用调查机构主要经私人投资创办,主要由民营调查机构出具信用报告,而没有设立公共信用调查机构,[③]知识产权领域基本的信息数据、诉讼、破产、债务状态或者犯罪记录等信用信息主要由民营信用调查机构掌握,

---

① 参见韩国《专利法》第二百二十九条。

② 参见英国《专利法》第一百零九条。

③ 谭中明等:《社会信用管理体系:理论、模式、体制与机制》,合肥:中国科学技术大学出版社,2005 年,第 142 页。

政府起着适度监管的作用。至于对失信人的惩戒，则主要仰仗各类信用管理机构、经营机构、服务机构在市场最大范围内传播失信信息，被列入黑名单的失信人很难从市场、社会或者政府那里获得利好性事项，比如工商登记注册、信用卡消费、银行信贷等，因为失信，失信人付出高昂的成本，从而不敢失信，市场对失信人产生强大的约束力。由此，陷入诉讼案件的侵权人一旦被法院认定知识产权侵权，或者被知识产权管理部门处罚，相关信息将作为负面信用信息进入个体的信用报告，未来信用惩戒的罚单将不期而至。

当然，民间运作模式只有在完备成熟的信用法律体系以及政府监管体系的大框架下才能展开，要仰仗政府和信用服务行业的支持。首先，要构建与信用管理有关的基本法，包括征信管理方面的法律、信息公开方面的法律以及失信人救济方面的法律等。其次，政府加强监管。美国采取的是民间运作模式，其信用监管机构分为两种，一种是银行等金融机构，另一种是联邦贸易委员会、司法部、储蓄监督局等非金融机构。[①] 2011年始，美国贸易代表办公室发布的"恶名市场"清单威名远播，其实质上就是以外国失信企业为对象展开的信用惩戒。2012年，美国贸易代表办公室发布"恶名市场"名单，我国迅雷网站、狗狗搜索、秀水街、百脑汇电脑商场、拍拍网、深圳市罗湖商业中心、福安市鞋类及配件市场、义乌小商品市场等均上榜。因为迟迟不能解决假货问题，我国淘宝网多次进出该名单。在中美贸易摩擦中屡次提及的"特别301报告"同样出自美国贸易代表办公室，这份针对世界各国盗版软件、盗版光盘等知识产权问题的年度报告，分三级将各个国家分别列为知识产权保护的观察名单、重点观察名单和三百〇六条款监控名单，以此参照，美国政府进而决定是否针对这些国家展开行动，实施贸易制裁或者报复，"恶名市场"清单制度本质上就是信用惩戒。

在实践中，许多药品都有专利加持护身，全球顶级制药巨头艾伯维公司手握为数不少的药品专利，艾伯维、强生、辉瑞等国际制药巨头的信用问题世界瞩目。美国联邦食品药物管理局（FDA）通常在官方网站上会公开召回药品的种类，任何公民都有权向美国联邦食品药物管理局检举或投诉，这些检举或投诉是美国联邦食品药物管理局获悉问题药品负面信息的一个主要渠道，一旦有人因使用药品造成伤害或死亡，制药厂商必须在限定时间内向美国联邦食品药物管理局报告，否则，在赔偿以及罚金以外，制药厂商的运营资格可能

---

① 谭中明等：《社会信用管理体系：理论、模式、体制与机制》，合肥：中国科学技术大学出版社，2005年，第146页。

被剥夺,被要求直接退出市场。[①] 由此,实际上,美国和我国一样有来自行政机构的信用惩戒,但是知识产权领域信用惩戒主要是借助私人力量,而非政府。

概言之,域外知识产权领域的信用惩戒主要包括三类。第一类指市场惩戒,向社会公开知识产权领域失信信息,失信人名誉贬损,得不到与他人进行商业交易的机会,市场也借此警戒其他个体谨慎行事,这是信用惩戒的主要形式。第二类是司法惩戒,司法机关对知识产权案件中当事人各方的失信行为作出评价,司法惩戒必须以进入诉讼为前提。第三类是其他形式的信用惩戒,政府一般是在私人无法达到之处起作用,从而弥补市场惩戒和司法惩戒留下的不足,如美国贸易代表办公室发布的"恶名市场"名单是由政府做出的针对外国失信企业的行政性惩戒。

第四节　中外知识产权领域信用惩戒的差异

西方知识产权领域信用惩戒制度和其他制度一样,是由市场经济内生出来并逐步通过法律固定下来的,信用惩戒制度是和市场信用中介机构共同发展起来的,是一种由市场自发形成而后得到法律认可的社会约束机制。如陈文玲将美国信用体系分为三部分,即完善的法律体系、健全的信用管理体系、市场化运作的各类信用服务公司和对信用产品有巨大需求的市场,[②]毕竟,信用惩戒如果对市场不发生任何力量,此种信用惩戒就不是信用上的惩戒了。在我国,虽然经济领域信用惩戒制度根本上也是市场经济发展的自然产物,但知识产权领域信用惩戒制度却主要是依靠外部力量强制推动的,中外知识产权领域信用惩戒制度的衍生路径存在极大的差异,这也导致中外知识产权领域信用惩戒呈现出截然不同的面貌。

一、信用惩戒模式不同

我国知识产权领域信用惩戒模式是与当前知识产权保护模式高度吻合的。众所周知,我国知识产权保护实行的是司法和行政并行的双轨制,对知识产权进行行政保护是我国的特色。对知识产权采取行政保护的国家并不多,

---

① 高翔:《黑名单管理制度若干问题研究与探索》,《中国工商报》2017 年 8 月 31 日。
② 陈文玲:《美国信用体系的总体构架》,《中国工商管理研究》2004 年第 6 期。

俄罗斯联邦是其中一个,俄罗斯联邦《商标、服务商标和商品原产地名称法》明确规定法律责任形式包括民事、行政与刑事责任。[①] 在此基础上,我国知识产权领域信用惩戒模式也是以司法惩戒和行政惩戒为主导,但在司法惩戒和行政惩戒之外,还存在行业惩戒、市场惩戒等多种信用惩戒形式,实行的是多层次、多轨制信用惩戒模式。

二、知识产权领域信用惩戒的根据不同

西方国家知识产权领域信用秩序主要是通过建立一系列完善的信用法律法规来完成的,基本组成是以知识产权法为主,以信用管理方面的法律法规为辅。比如美国知识产权领域失信行为主要是通过知识产权法和以《公平信用报告法》为核心的一系列规范信用秩序的法律法规进行规制的。有学者概括出美国信用体系有四个特点:一是重视信息公开,提供了信用体系所需的丰富的政务信息资源;二是重视对信用产品的运用,特别是评级结果的运用;三是重视消费者权益保护,信用产品交易秩序规范有序;四是重视信用服务企业的市场化运作。这些特点使其具有强大的加工信用产品的能力。[②]

反观我国,知识产权领域信用惩戒制度分为直接根据和间接根据。直接根据是三大知识产权法以及民法典、刑法等法律法规,辅之以最高人民法院《关于公布失信被执行人名单信息的若干规定》等司法解释以及国家知识产权局《专利领域严重失信联合惩戒对象名单管理办法(试行)》和《专利代理惩戒规则(试行)》等部门规章。间接根据是 2014 年《社会信用体系建设规划纲要(2014—2020 年)》、2016 年国务院《关于建立完善守信联合激励和失信联合惩戒制度加快推进社会诚信建设的指导意见》等行政性指导文件。通过这些直接或间接根据对知识产权领域违反诚实信用原则的行为予以制裁,从而逐步构建起知识产权领域信用惩戒制度体系的框架。

三、实施路径不同

西方国家对知识产权领域失信行为的信用惩戒主要通过市场手段实现,辅之以法律手段,通常依靠完善的法律制度和信用中介机构来规范信用行为,

---

① 俄罗斯联邦《商标、服务商标和商品原产地名称法》第四十六条规定:"如果使用商标与商品原产地名称或者与商标或商品原产地名称相似的标识与本法第四条第二款与第四十条第二款的规定相冲突,则应当根据俄罗斯联邦的法律承担民事、行政与刑事责任。"

② 陈文玲:《美国信用体系的几个特点》,《中国工商管理研究》2004 年第 7 期。

对失信行为的惩戒主要依靠司法和行业、道德、宗教等力量来完成,政府的作用在于监管和提供支持。而我国知识产权领域信用惩戒制度主要是依靠司法和行政力量来推动的,无论是司法机关、行政机关还是其他社会组织,都在政府构建诚信社会的总体布局下,通过法律授权成为联合惩戒的主体。在跨部门联合惩戒这一点上,我国相比西方国家有更大的制度优越性。

四、知识产权法肩负的职能有所不同

有些国家的知识产权法直接肩负起信用惩戒的职能,知识产权领域主要失信行为都能在知识产权法中找到对应的惩戒规则。如以色列专利法不仅对专利侵权行为进行规制,还直接设置了对不诚信专利代理行为的惩戒规则,对于专利代理机构的详尽规定足以对专利代理行业做出有效指引,由此能看出以色列专利法对于不诚信专利代理行为将进行严厉制裁的态度,专利法本身承担起信用惩戒的主要任务。当然,每个国家的知识产权法各具特色,美国在专利法中对专利主管部门的职责予以清晰细致地规定,但对专利代理机构不诚信行为的规制不在专利法框架之内。而且,美国对失信行为实行的惩戒措施是经济处罚和劳动处罚相结合,从轻到重有社区义务型劳动、罚款、家中监禁、电子监控或者也有多种短刑(三个月或五个月都有)。[1]

相比而言,我国分而治之,知识产权领域不同的失信行为由不同的法律进行调整,如专利侵权行为主要由《专利法》进行规制,对专利代理机构的行为规范则是通过部门规章实现的,比如《专利代理惩戒规则(试行)》等,而不是通过《专利法》。而2019年我国新修《商标法》则对不诚信商标代理机构规定了相对详尽的惩戒规则,并辅之以《规范商标申请注册行为若干规定》。

五、信用惩戒的措施不同

基本上,各国对知识产权领域失信行为的惩戒呈现灵活且多样化的特征,由轻而重形成的惩戒形式有警告、声誉惩戒、资格限制、罚金直至监禁,顶格处罚是监禁,又或者监禁和罚金并用,实行人身自由惩戒与财产惩戒相结合。比如在以色列专利法中,一个专利代理人因不诚信犯罪,不仅面临监禁,专利纪律委员会还会对不诚信专利代理人作出包括警告、惩戒、罚金、禁止在一定期限内从事代理工作、从注册簿除名等多种形式的信用惩戒。而我国知识产权领域信用惩戒的形式要根据实际情形进行区分,可以分为以权力为基础的信

---

① 陈文玲:《中美信用制度建设的比较和建议》,《中国工商管理研究》2004年第8期。

用惩戒和非以权力为基础的信用惩戒。以权力为基础的信用惩戒主要以行政权力或司法权力为基础,知识产权领域失信行为既可以由知识产权行政主管部门作出单一惩戒,也可以记入信用信息数据库,联合其他部门进行联合惩戒,如限制股票发行、招标投标、享受税收优惠、申请财政性资金项目等。经司法机关作出的信用惩戒的形式要视乎失信的情节,情节严重的将依据刑法追究刑事责任,面临徒刑和罚金等惩戒,情节相对轻微尚未构成犯罪,拒不履行法院生效裁判的,将被列入失信被执行人名单,失信人面临的是限制出行、高消费以及银行信贷等惩戒形式。非以权力为基础的信用惩戒主要包括道德惩戒、行业惩戒和市场惩戒等,道德惩戒指公开失信信息,使失信人接受负面舆论的谴责和打击;经行业组织作出的信用惩戒通常是警告、通报批评、公开谴责、劝退、除名等;市场惩戒则根据国务院《关于加快推进社会信用体系建设构建以信用为基础的新型监管机制的指导意见》包括限制乘坐飞机、乘坐高等级列车和席次以及获得授信等惩戒形式。

由此可见,知识产权领域内失信行为千差万别,以致知识产权法必须发展出种类繁多的信用惩戒手段,比如取消资格、限制出行等,针对不同程度的失信行为予以不同的惩罚。

第八章　我国知识产权领域信用惩戒制度的完善建议

信用惩戒拉开了信用改革的序幕。弗雷德里克·波洛克教授认为,改革通常有四种方法:一是建立一个特设的权力机关或司法系统来解决问题;二是对旧有的程序进行扩充和发展;三是由立法机关出面来修正法律;四是对整个程序体系进行全面系统地重建,对现存秩序进行重新布局,这是一种极为现代化的方法。① 失信现象年深月久,失信人遍布各个角落,正如黄仁宇先生感叹"中国传统社会无法局部改造"②一样,任何企图通过局部改良实现诚信社会的想法都趋于幼稚。笔者赞同陈文玲所言,"'制度缺失'是社会信用缺失的根本原因",③改变信用沦丧的方法,必须从制度上形成有力的信用惩戒机制,而其中,加快规则和制度构建是关键。

第一节　实体规则层面的完善建议

一、提炼知识产权领域信用惩戒的一般原则

哈特在《法律的概念》中提出了著名的一般法律理论,依据他的理解,法律体系的基础是建立在一条或一套基本认识原则上的,从进入法学院的那一天起,每个部门法的学习都常规性地从基本原则开始,除了法律的一般原则之外,每个部门法都有自己的原则,比如刑法上的罪刑法定原则和罪刑相适应原则,民法上的公序良俗原则和诚实信用原则等,按照德沃金的理解,法律原则就是羞答答躲藏在法律难题背后的正确答案。④ 世界信用组织制定的全世界

---

① 〔英〕弗雷德里克·波洛克:《普通法的精神》,杜苏译,北京:商务印书馆,2015 年,第 68 页。

② 黄仁宇:《万历十五年》,北京:中华书局,2007 年,第 330 页。

③ 陈文玲:《透视中国——中国社会信用体系与文化报告》,北京:中国经济出版社,2016 年,第 21 页。

④ 〔英〕布赖恩·辛普森:《法学的邀请》,范双飞译,北京:北京大学出版社,2014 年,第 168 页。

通用信用标准，即 ICE8000 国际信用标准体系，其施行的主要法律依据是四大原则：诚信原则、自由约定原则、公序良俗原则以及言论自由原则。这四大原则在所有市场经济国家都是通行的基本原则，不会有与任何国家的法律有发生冲突的可能，ICE8000 体系当中的信用惩戒体系是遵照人类通行价值原则和惯例而设计的。已经有学者睿智地提出信用惩戒应遵循五项原则，即严格的法定性、科学的关联性、信息的中立性、披露的时限性以及适用的谦抑性原则，[①]但具体到知识产权领域，信用惩戒应当遵循什么样的原则还是一个需要继续探讨的问题。

（一）信用惩戒法定

霍菲尔德提及，经常有一种倾向，就是将法律概念和非法律概念搅浑在一起且混为一谈，法律术语的模糊和随意难辞其咎。[②] 信用惩戒法定更多的是对信用惩戒划定一个明确或稳定的内涵，今天，我们寻找信用惩戒制度背后的基本原则，潜在动机就证明诚信社会的理想是可以实现的，固然，不能固执地认为只要每一个失信人都得到应有的惩戒，诚信社会就能够实现了，"能够"这个词让人纠结不已。实质上，我们要承认，无论是司法机关还是行政机关经常在信用惩戒上做出错误的行为和决定，我们的信用惩戒制度更不是完美无瑕的，我们大约不会天真地以为在信用惩戒制度的襄助下任何失信人都会销声匿迹，最终呈现出来的是一个人们梦寐以求的完美诚信社会。其实，我们所做的事情无非是想更接近诚信社会的法治理想而已。

1. 信用惩戒法定的思想源泉

关于信用惩戒法定原则的思想源自三个方面。第一，知识产权领域失信行为的类型以及所受信用惩戒的措施类型只能由法律来规定。"法无明文规定不处罚"作为一条铁律，信用惩戒在惩罚力度上并不低于行政处罚，人身自由惩戒和财产惩戒也是广义信用惩戒的一部分，惩戒机关施行信用惩戒的依据必须是成文法，而不能是政策、惯例或者现实需要。第二，信用惩戒法定意在防止信用惩戒适用上的擅断。当前信用惩戒已经覆盖金融、食品、药品、卫生医疗、保险、旅游、文教等多个社会领域，有泛化和不断扩张的趋向，信用惩戒擅断现象明显，如何限制有关机构在信用惩戒上的专断是一个新的难题，在哪些领域可以由哪些机构实施什么样的信用惩戒必须由法律清晰确定下来，否则我们无法解释，为什么铁路、航空等交通运输管理部门可以适用信用惩

---

① 李振宁：《信用惩戒的特性和运行机理》（下），《中国市场监管报》2019 年 9 月 10 日。
② 〔美〕霍菲尔德：《基本法律概念》，张书友编译，北京：中国法制出版社，2009 年，第 13 页。

戒,而公路运输管理部门不可以;为什么专利领域有专门的联合惩戒规则,而版权和商标领域却没有。第三,知识产权领域的失信行为以及所受信用惩戒的类型必须先向社会公示,并非所有失信行为都会纳入信用惩戒的范围,除非法律明文规定,不得处以信用惩戒。信用惩戒的确立,要将守信行为和失信行为进行区分,将应受信用惩戒的失信行为和不受信用惩戒的失信行为进行区分,失信人受到何种信用惩戒,当然取决于失信人所为失信行为的种类和程度,但当失信人在做出失信行为之前,要有成文法让他能够清楚预知行为的后果,这就达到了法律对个体行为起到指引的目的。

2. 信用惩戒法定是正义的要求

赫尔穆特·科因关于正义的理论提示,"应该以法来支配人与人之间的关系,而不是赤裸裸的力量与恣意"。[①] 在科因的见解里,关于正义原则的内容,除了遵循传统交换正义及分配正义的分类,被提及的还有:双务契约及损害赔偿中的等价原则,契约严守,诚信原则,禁止损害他人、社会中的平等原则以及透过事物的本质对前者所作的修正。科因还增加限制权力的思想作为第三种观点,他称之为"保护正义",其原则内容即"所有人对于他人所行使的权力,均必须受到限制",[②]具体上,它要求权力的行使不得逾越事物的本质所必要者,质言之,不得超越社会生活中的权力关系原拟致力之特定目标的要求。在与受权力支配者的关系上,享有权力者亦受诚信原则的拘束,[③]在此基础上的建议如下。

首先,信用惩戒入法,在现行知识产权法中补充信用惩戒规则。信用惩戒的做出必须有明确的法律根据,有确凿事实和理由,"法无明文规定不惩戒"。世界多国知识产权法内都有信用惩戒规则的身影,而我们一般也认为,知识产权领域信用惩戒的做出最可靠的依据应当来自知识产权法。如果仔细比较中外知识产权法的差异,就会发现很多国家已经将信用惩戒方面的规则写进了知识产权法,法院能够依据知识产权法本身直接判令信用惩戒,如通过公开判决公开败诉方的不法行为,限制失信人某方面的资格等,进而达到制裁失信人的目的。这个特征在我国是没有的,而我国行政机关和司法机关之间的联合惩戒又是西方国家所没有的特征。

假如信用惩戒规则在社会信用立法中确立,并在各种诉讼中经常性地被

---

① 〔德〕卡尔·拉伦茨:《法学方法论》,陈爱娥译,北京:商务印书馆,2003年,第59页。
② 〔德〕卡尔·拉伦茨:《法学方法论》,陈爱娥译,北京:商务印书馆,2003年,第59页。
③ 〔德〕卡尔·拉伦茨:《法学方法论》,陈爱娥译,北京:商务印书馆,2003年,第59页。

运用,法院援用信用惩戒规则来惩戒失信人并有效地守卫了信用秩序,这种景象无疑是众人所乐见的。因此,如果信用惩戒落到实处,那应该是司法机关开始正式援引信用惩戒规范来支持判决,信用惩戒体现在司法机关的判决主文上,而不是通过失信被执行人名单来体现。在本书里,法院裁判文书援引信用惩戒规则是一个严肃且重大的法学问题,笔者建议下一次的知识产权法修订时可以对信用惩戒的规则予以一定的考虑,将信用惩戒规则写入知识产权法,这将是法院裁判做出信用惩戒的直接法律依据。与此同时,给予法院能够依职权或者依胜诉方申请做出信用惩戒判决的权力。因为第一,知识产权法是私法,应当赋予当事人提请信用惩戒的权限,一方当事人提起知识产权诉讼时,就可以在诉讼请求当中列明信用惩戒的请求事项。第二,在当事人的行为危及社会公共利益时,在另一方当事人没有提请信用惩戒的情况下,法院可依职权裁判信用惩戒。如此,知识产权法与相关法律性文件就能衔接起来,司法机关也避免了一种窘境,即在信用惩戒制度运作上单单依靠失信被执行人名单制度孤军作战。

其次,提高信用惩戒法律性文件的法律位阶。如果知识产权领域信用惩戒背后凭据的"法"的位阶过低,各地因此各自为政,无法形成信用惩戒的统一标准,就达不到法治国家"同样事情同样处理"的要求。缺乏统一的信用惩戒标准,这也是我国当前信用惩戒机制乱象丛生的主要原因。因此,笔者建议,将设定信用惩戒的规范性文件的位阶提高到至少行政法规的高度。

最后,坚持司法终局。加入WTO之后,知识产权纠纷执行司法终局是我国做出的承诺。知识产权领域信用惩戒是否合法正当还需裁判机关的检验,一般情况下,信用惩戒本身是可诉的,一旦被惩戒人认为自身合法权益因信用惩戒受到了侵害,有权向司法机关提起诉讼,法院依据法律来作出公正的评判。司法是保障社会正义的最后一道防线,应当将评判信用惩戒本身是否合法正当的权力交到法院手中。

（二）任何人不得因失信行为获利

这是"任何人不得从其不法行为中获利"这句名谚的引申。这个原则胜过社会信用立法中的所有文字,一个失信人无论如何都不应该从有违诚信的行为中获得利益,如果失信人从失信行为中收获的利益大于因信用惩戒付出的成本和代价,下一次的失信可能将不可避免。因此,信用惩戒的最低限度就是要剥夺失信人因失信获得的利益,更甚者,要让失信人付出加倍代价。同时,我们不应只抽象地去规定人们不得因失信行为获得额外利益,要用决断性的规范来禁止抑或要求特定的行为（这类行为不在少数）,比如知识产权法应禁止未经许可使用他人的作品，即通过不诚信行为获利，而不是抽象规定人们应当尊重他人知识产权。

但是，并非从失信行为中获利才是信用惩戒施行的条件，没有获利的失信行为也可能是信用惩戒的对象，只是惩戒的力度有所减弱。在所有这些关于"任何人不得因失信行为获利"的谈论背后，是一种信念，即发生在失信人身上的信用惩戒，不应该简单归结于违背了法律法规的规定，而应该具有更深层的意义：将那些成文法没有列入但是事实上违背知识产权法立法目的、社会公序良俗以及社会公共道德的行为纳入信用惩戒的范围，正是正义信念的体现，守信人应该被褒扬，失信人应该受惩戒，受害人的损失应该得到弥补，任何人不得从失信行为中收获额外的利益。生活中的信用关系，也要求履行一种义务，即按照一个有良知、有道德的人的高标准来行为，那么正义就实现了。信用惩戒与正义之间的联系是显见的，强制遵从这些标准就成为法律的义务。当失信现象发生时，除了法律规范之外，还必须考虑法律目的、公序良俗、公共道德和利益因素，守信人或相关主体因失信受害，正义无法伸张之时，信用惩戒为正义的实现提供了制度上的保障。

在此基础上，需要准确把握信用惩戒的力度：一方面，对一般失信行为的惩戒和打击以失信人不获得额外利益为限度；另一方面，对反复多次的失信和严重失信行为，则要加倍或加重处罚，使失信人付出沉重代价，将来不再重复失信。

（三）信用惩戒公开

在知识产权领域信用惩戒方面，公开原则有两层含义。一是信用惩戒本身要公开，经合法的程序和渠道向社会公开。在不涉及国家信息安全、国家秘密、商业秘密和个人隐私的情况下，通过各地区、各部门政府网站、报刊、媒体、宣传栏等渠道依法公开信用惩戒决定，加快推进信用惩戒的决策、施行和结果全过程公开，让信用惩戒在阳光下运行。二是和惩戒攸关的信用信息要公开，失信信息的真实和客观是信用惩戒施行的前提。

在此基础上建议：第一，所有未经公开的信用惩戒措施不得施行，失信人所受到的信用惩戒措施须是白纸黑字写进法律性文件之中的，不经合法公开的信用惩戒手段不得加于失信人；第二，知识产权领域信用惩戒恪守标准化和规范化，制作通行于本领域的信用惩戒文书，载明失信人基本信息、信用惩戒的事由、法律依据、惩戒措施以及救济的渠道等，公开接受社会监督；第三，全国各地尽快设立公共信用信息中心，并在全国范围内同国家知识产权局信息中心数据对接，结束数据信息地方割据的状态，信用信息数据的公开和共享程度部分决定了信用惩戒的实效。

（四）各主体地位一律平等

知识产权领域信用惩戒法定原则的引申意义是在现有知识产权体系上进一步决定知识产权领域内的个体关系，并提供解决内部矛盾冲突的机制，须依照法律制度来处理与知识产权相关的事务。知识产权领域内个体之间应该是一种什么样的关系？在自然法推论上，所有人在本质上都是一样的，在法律面前一律平等，同样事情同样处理，每个人享有同等的自然权利。知识产权法本质上属于私法，在失信这一点上，知识产权人、知识产权侵权人以及与知识产权有关的主体应平等，滥用知识产权、故意侵犯知识产权以及不正当竞争等行为在违背诚实信用原则这一点上是相同的，那么，就没有理由只对知识产权侵权行为进行信用惩戒，知识产权领域信用惩戒制度的影响力不光只体现在侵权人身上，知识产权人和围绕知识产权展开活动的其他主体都应该遵奉信用惩戒的一般规则，虽然知识产权侵权问题是当今知识产权领域谈论最多的问题。

（五）有利于知识产权创新，促进科学技术和文学艺术事业繁荣和发展

在耶林的见解里，目的是所有法律的创造者。霍姆斯大法官的继任者卡多佐大法官也在他的名著《司法过程的性质》中提到，"如果根本不知道路会导向何方，我们就不可能智慧地选择路径。对于自己的职能，法官在心目中一定要总是保持这种目的论的理解"[①]。同时，卡多佐大法官反对萨维尼，认为法律不是一个民族的历史及其生活习惯的结果，"如果要实现期待的目的，不做有意的努力是不行的"[②]。因此，明晰的法律目的以及为之付诸努力是必不可少的。

我们着力拟定的信用惩戒规则，须能促成我们为这个社会所设定的宏大目标得以实现。知识产权信用惩戒制度必须符合知识产权法的立法目的，我国三大知识产权法都在第一条开宗明义规定了其立法目的，我国《著作权法》第一条说明立法宗旨在于"促进社会主义文化和科学事业的发展与繁荣"；《专利法》第一条说明立法宗旨在于"促进科学技术进步和经济社会发展"；《商标法》第一条说明立法宗旨在于"维护商标信誉，以保障消费者和生产、经营者的利益，促进社会主义市场经济的发展"。那么，知识产权领域信用惩戒制度作为知识产权法体系的内在部分，须符合知识产权法整体上的立法目的，不得与

---

① 〔美〕本杰明·N.卡多佐：《司法过程的性质》，苏力译，北京：商务印书馆，2011年，第61页。
② 〔美〕本杰明·N.卡多佐：《司法过程的性质》，苏力译，北京：商务印书馆，2011年，第61页。

之背向而行是理之当然的。

三大知识产权法各有侧重，各项知识产权的创生都有自己的初衷，进入知识产权领域的任何一项制度都应尊重这些目的，不宜与其背道而驰。知识产权法的目的是鼓励创新和创造，如果信用惩戒手段的运用妨碍了这一目的的达到，那么就是值得重新考量的，也是不当的，因为信用惩戒本身违背了原有的立法目的，威胁到了在先的知识产权法。

（六）遵循社会公序良俗与社会公共道德

在并非人人都诚实可信的年代，银行不得不遵循"离柜概不负责"这一公理，这要求每一个和银行有来往的人都有谨慎注意的义务，即便有人真的因银行本身的错误造成了损失，也要责任自负，这一公序良俗牺牲了那些诚信的受害人，却可以防御那些不诚信之人。一旦有人因此和银行之间发生纷争诉至法院，在真相难以辨明的情况下，法院也可以根据公序良俗，类推得出一个公正得当的结论。正因如此，很多国家的知识产权法将公序良俗作为一个参照标准，法国《知识产权法典》（工业产权部分）规定商业利用不符合人类尊严、公共秩序或良好习俗的发明，不能被授予专利。①

社会公共道德是另一个更为主观的标准，伯恩·魏德士教授将道德作为法的条件，"法律秩序发挥作用的前提是，它必须达到被认为具有约束力的道德规范的最低限度，任何法律秩序都是以道德的价值秩序为基础的"②。应该对知识产权领域内什么样的失信行为采取信用惩戒，这个问题不仅仅在于信用惩戒制度本身，还在于对某些失信行为进行严厉的打击为社会公共道德所不允许，比如具有一定商业规模的侵权和为个人欣赏目的的侵权，对后者予以信用惩戒更难为社会公众所接纳。2019年最高人民法院《关于在执行工作中进一步强化善意文明执行理念的意见》中规定，对于被限制消费的个人因本人或近亲属重大疾病就医、近亲属丧葬等紧急情况亟须赴外地，可以向法院申请暂时解除出行限制措施，并向社会公众详细诠释限制被执行人子女就读高收费学校这个规则的本意，这些善意的举动就是出于社会公共道德的考量。2019年我国新修《专利审查指南》对于部分胚胎干细胞研究成果给予适当专利保护，而不是过去的"一刀切"，这一方面符合我国产业科研政策，另一方面也在顾及相关伦理道德的要求。

人类本性上对其本身也可能会做出的失信行为不会采取那么严厉的措

---

① 参见法国《知识产权法典》（工业产权部分）第 L611-17 条。

② 〔德〕伯恩·魏德士：《法理学》，丁晓春、吴越译，北京：法律出版社，2013年，第179页。

施,对目的纯正的知识产权侵权行为也表现得更为宽容,出于个人欣赏目的的知识产权侵权和出于商业营利目的的知识产权侵权从来都是有区分的,首犯和屡教不改也是有分别的,无论理论上还是实践中对后者的惩罚都更为严厉。信用关系中所要求的义务,就是仅仅要求按照当代道德来行为,服从当前这个时期的道德风气,因此,在我国"窃书不算偷"的封建时代,知识产权侵权是和信用无关的一个议题,但其在当代成为信用惩戒针对的单位。尽管"窃书不算偷"与当时的社会道德相符,并且这种思想占据了很长的一段时期,但与当今人们接受的道德规范相比,它已经不能持久了,剽窃乃至学术不端都是法律不能容忍的做法,在社会道德上这些做法也是受谴责的。各国知识产权法都对社会公共道德有所回应,比如我国《商标法》第十条规定"有害于社会主义道德风尚或者有其他不良影响的"不得作为商标使用;巴西《知识产权法》也规定,"与道德习俗标准和被广泛接受的行为标准相违背的"文字图形和组合设计不得注册为商标;[1]英国《商标法》第四部分附则二规定,"与公众政策或为公众接受的道德观念相冲突"的条件下,可以撤销已经注册的商标;芬兰《专利法》规定,"其商业性实施有悖于公共秩序或道德的发明,不得被授予专利";[2]法国《知识产权法典》(工业产权部分)规定"有违公共秩序或道德的设计或款型不受法律保护";[3]瑞典《专利法》则规定,如果发明的实施违反公共秩序或道德规范,对该发明不授予专利权,更是直接规定克隆人的方法及其他为工商业目的使用和改善人类遗传特征等方法违反公共秩序和道德规范;[4]英国《专利法》第一条也阐明商业使用违反公共政策或道德的发明,不应被授予专利。同理推知,作为知识产权法体系的一部分,信用惩戒的施行如果违反社会公共道德,就不具有正当性基础。

二、构建知识产权领域信用惩戒的构成要件

信用惩戒规则将对知识产权领域乃至经济领域、社会管理领域都产生全面且巨大的影响,对知识产权侵权人、知识产权人及其他相关主体产生潜在的影响,并给出特定的法律要求。对于如何通过制定规则给出法律要求,如果我国构建知识产权领域信用惩戒制度面临难以尽数的技术上的难题,那么,在受

---

① 参见巴西《知识产权法》第一百二十四条。
② 参见芬兰《专利法》第 1b 条。
③ 参见法国《知识产权法典》(工业产权部分)第 L511-7 条。
④ 参见瑞典《专利法》第 1C 条。

限的条件内,对构成要件须予以优先考虑。

(一)失信主体要件

谁是惩罚的承受者呢？国家发展改革委办公厅、人民银行办公厅《关于对失信主体加强信用监管的通知》(发改办财金〔2018〕893号)将失信主体界定为"按标准和程序认定并归集至全国信用信息共享平台的各类黑名单、重点关注名单主体"。《上海市社会信用条例》第二条指出,立法适用的对象是具有完全民事行为能力的自然人、法人和非法人组织,失信主体须是具有完全民事行为能力的自然人或组织。未成年人已经被最高人民法院排除在信用惩戒之外,全日制在校生也不会成为信用惩戒的对象,单位作为失信被执行人的,法定代表人或直接负责人不得同时列为失信人。① 失信主体作为信用惩戒的承担者,对于什么样的主体能够独立承担信用责任,必须有更细致明确的说明。

1. 关于未成年人

最高人民法院将未成年人排除在信用惩戒之外,这种操作仍有"一刀切"的嫌疑。建议参考我国2020年出台的《民法典》,依据年龄和智力状况承担信用责任,将18周岁作为承担信用责任的起始年龄,不满18周岁的未成年人不承担信用责任,例外情形是:第一,未成年人受人教唆作出失信行为,应由教唆人承担信用责任;第二,已满16周岁但不满18周岁的未成年人,能够以自己劳动所得为主要生活来源的,应当承担信用责任。根据不同年龄承担相应的信用责任也是西方国家采取的惯常方法,如美国设立少年法庭,根据失信情节的严重程度,可能被施以社区义务劳动、罚款、赔偿、家中监禁、电子监控、缓刑、假释、短刑等处罚,如2001年美国总统布什的女儿杰娜借用他人证件买酒,得克萨斯州的法官宣布杰娜犯有未成年饮酒罪,并被判处为社区服务以及接受非法饮酒教育课程。

2. 关于法人或非法人组织

法人或非法人组织应当承担信用责任,这一点少有异议,但在法定代表

---

① 最高人民法院《关于公布失信被执行人名单信息的若干规定》(2017年)第四条规定,被执行人为未成年人的,人民法院不得将其纳入失信被执行人名单。《最高人民法院关于在执行工作中进一步强化善意文明执行理念的意见》中对失信名单和限制消费措施进行了严格的规范,规定了三种不宜纳入失信名单的情形:一是被执行人虽然存在有履行能力而拒不履行生效法律文书确定义务、无正当理由拒不履行和解协议的情形,但人民法院已经控制其足以清偿债务的财产或者申请执行人申请暂不采取惩戒措施的;二是单位是失信被执行人的,人民法院不得将其法定代表人、主要负责人、影响债务履行的直接责任人员、实际控制人等纳入失信名单;三是全日制在校生因"校园贷"纠纷成为被执行人的,一般不得对其采取纳入失信名单或限制消费措施。

人、实际控制人或主要负责人要不要同时列入失信人名单这一点上分歧巨大。在法律责任上,对法人或非法人组织实行"双罚制"是国际通例,但要厘清的一点是,法律责任和信用责任是有区别的。有学者赞成对失信企业施以"无限责任",并实行市场退出制度,①在信用责任上,法人或非法人组织与其法定代表人、实际控制人或主要负责人是各自独立的个体,前者使用企业信用代码,后者使用自然人信用代码,如《浙江省社会信用条例(草案)》拟定每个人都有专属的信用代码,且终生不变。而一个信用糟糕透顶的企业也不必然有一个不守诚信的老板,一个信用优良的企业也可能有一个诚信品格低劣的实际控制人,但完全将法人或非法人组织与其法定代表人、实际控制人或主要负责人的信用责任分开又是不恰当的,在多数情况下,法人或非法人组织的不诚信行为都和法定代表人、实际控制人或主要负责人直接相关。基于此,建议将不诚信法人或非法人组织列为第一失信人,将其法定代表人、实际控制人或主要负责人列为第二失信人,将直接作出失信行为的责任人和主管人员列为第三失信人,第一、第二和第三失信人受到的信用惩戒范围不同,受到的惩戒措施也不同。如被人民法院列入失信被执行人名单的法人或非法人组织作为第一失信人将承担所有的信用惩戒措施,但作为第二失信人的法定代表人、实际控制人或主要负责人因负有次要的信用责任,可以在第一失信人信用责任基础上有所减轻,限制其个人从政府获得利好待遇,限制其担任国有企业法定代表人、董事或监事,限制取得表彰奖励,撤销已取得的表彰奖励等,至于哪些是第一失信人应当承担的信用责任,哪些又是第二和第三失信人应当承担的信用责任,还需要根据现实情况做进一步的区分。

3. 关于精神病人

完全无刑事责任能力的精神病人不承担刑事责任是国际通例,尚未完全丧失辨认或者控制自己行为能力的精神病人应当负刑事责任,但可以适当从轻或者减轻,间歇性精神病人在精神正常期间犯罪不应当被赦免刑事责任,这些都无可辩驳。同理,精神病人完全不能辨认自己的行为,如果有违法行为,也不予行政处罚,间歇性精神病人在精神正常期间有违法行为的,应当予以行政处罚。信用惩戒是因失信人的违约违法行为或其他不诚信行为引发的不利后果,是一种新型的责任形式,对精神病人不予以信用惩戒,精神病人不承担信用责任,但在精神正常期间,间歇性精神病人做出失信行为应当承担信用惩戒的后果。

---

① 陈文玲:《中美信用制度建设的比较和建议》,《中国工商管理研究》2004 年第 8 期。

4. 关于涉外组织和外籍公民

知识产权领域信用惩戒机制对涉外知识产权事务的影响是一个需要判断的问题。一方面,对于涉外组织,各国在制定知识产权法律和政策时,会根据本国的国情和社会经济发展状况进行总体布局,很多学者都承认,"各国在制定保护知识产权法律时,主要从有利于本国知识产品的生产、传播和使用,从而有利于本国经济的发展来考虑的"[①],这是一些老生常谈的话题,虽然没有切实证据证明信用惩戒制度对涉外知识产权事务产生实质性影响,但信用惩戒确实会影响涉外知识产权事务及外国知识产权人。《优化营商环境条例》提出,对待内资企业、外商投资企业等各类市场主体一视同仁,[②]并施行全境标准划一的市场准入负面清单制度。[③] 2019年《商务信用联合惩戒对象名单管理办法》规定,外企和外籍人员、港澳台居民都是失信主体。[④] 在司法实践中,人民法院在执行过程中发现被执行人是外国人时,应当通知有关机关限制出境。由此可见,在信用惩戒制度面前,涉外组织和外籍公民与境内组织和本国公民是平等的,但在信用惩戒措施上有特殊之处,比如冻结境内资产,限期出境或限制入境,与其本国交换信用信息等。

5. 关于政府

我国知识产权领域信用惩戒机制以政府为主导的格局无法平抑社会公众对于一种特殊情境的忧虑,即当政府作为失信人之时,该如此处置呢?公民和政府之间的信用关系该如何调理呢?政府在信用惩戒制度中的身份特殊,有学者指出,作弊、腐败和隐瞒都是不诚实的根源[⑤],还有学者明确提出,"没有

---

① 吴汉东主编:《知识产权法》,北京:法律出版社,2014年,第390页。

② 《优化营商环境条例》第六条规定:"国家鼓励、支持、引导非公有制经济发展,激发非公有制经济活力和创造力。国家进一步扩大对外开放,积极促进外商投资,平等对待内资企业、外商投资企业等各类市场主体。"

③ 《优化营商环境条例》第二十条规定:"国家持续放宽市场准入,并实行全国统一的市场准入负面清单制度。市场准入负面清单以外的领域,各类市场主体均可以依法平等进入。各地区、各部门不得另行制定市场准入性质的负面清单。"

④ 《商务信用联合惩戒对象名单管理办法》第八条规定:"惩戒名单信息应包括:(一)相关主体的基本信息,包括法人和其他组织名称(或自然人姓名)、统一社会信用代码、全球法人机构识别编码(LEI码)(或居民身份证号码、港澳台居民的社会信用代码、外籍人身份号码)、法定代表人(或单位负责人)姓名及身份证件类型和号码等……"

⑤ Jan-Willem van Prooijen, Paul A. M. van Lange, *Cheating, Corruption, and Concealment*: *The Roots of Dishonesty*, Cambridge: Cambridge University Press, 2016, p. 1.

良好的政府信用,就无法建立良好的社会信用"①。政府既是信用惩戒制度的制定者、执行者和监督维护者,也是社会诚信的示范者,居于社会诚信建设的核心地位,起主导作用。政府既可能是信用惩戒的对象,又可能是信用惩戒实施机构的上级主管单位,既是运动员又是裁判本身有违常理,这类难题尤其考验立法者的智慧,就像要神学家回答"如果上帝是万能的,他能自杀吗?"这个问题一样,不解决这个问题,就无法回应社会公众在这个问题上的质疑。而且,一旦政府成为失信人,就会陷入塔西佗陷阱,政府失去公信力,无论行好事或坏事,都会被认为是在说假话,做坏事,造成的社会负面影响极大。

要清楚说明的有两点。一是政府是信用惩戒的适格对象,《关于对知识产权(专利)领域严重失信主体开展联合惩戒的合作备忘录》在论及联合惩戒的对象时明确提出,法人及其法定代表人、主要负责人、直接责任人员以及实际控制人是联合惩戒的对象。那么,地方各级人民政府作为机关法人,也是信用惩戒的适格对象。事实上也是如此,2017年江西省宜春市中级人民法院将奉新县人民政府列为失信被执行人,按规定冻结、查封、扣押政府账户资金及利息。② 二是政府作为失信人时,其法定代表人、主要负责人是否同时列入失信人名单是另一个重要问题,有学者提出行政奖惩机制本身就意味着政府身兼两种责任,其一是自身监管,监督政府信用;其二是监管市场,监督其他市场主体的信用。③ 也有学者提出,要从政治信用、经济信用、教育信用、医疗卫生信用等四个方面全面加强政府信用建设。④ 信用惩戒制度支配的对象包括政府本身,但如果将其法定代表人或主要负责人同时列为失信人,并进而限制其出行或高消费是否恰当呢? 在这个问题上,首先,国务院《关于加强政务诚信建设的指导意见》(国发〔2016〕76号)指出,各级政府存在政务失信记录的,要对具体失信情况(如对经济社会发展造成的损失状况和社会影响程度)书面说明原因并限期加以整改,依规取消相关政府部门参加各类荣誉评选资格,予以公开通报批评,对造成政务失信行为的主要负责人依法依规追究责任。最高人民法院《关于公布失信被执行人名单信息的若干规定》(2017)第八条规定,政府机关被纳入失信被执行人名单的,应将失信情况通报上级单位、主管部门或

---

① 王革、陈文玲:《政府信用体系建设对策系统研究》,《天津师范大学学报(社会科学版)》2007年第4期。

② 参见江西省宜春市中级人民法院(2017)赣09执8号执行决定书。

③ 李锋:《社会主体信用奖惩机制研究》,北京:中国社会科学出版社,2017年,第31页。

④ 王革、陈文玲:《政府信用体系建设对策系统研究》,《天津师范大学学报(社会科学版)》2007年第4期。

履行出资人职责的机构。行政首长负责制是由各级政府及其所属部门的行政负责人对本级政府及所属部门的工作负全面责任的制度,政府首长独立承担相应责任。对法人进行处罚遵循双重处罚制,除了对法人本身进行处罚外,法定代表人也应承担相应的责任,这是世界各国的通例。其次,信用惩戒也要体现公平正义,政府责任和个人责任要分开,在政府被列为失信人时,将法定代表人、主要负责人等同时列为失信人显失公平,现实中也不利于政府工作的顺利开展。正因如此,最高人民法院《关于在执行工作中进一步强化善意文明执行理念的意见》中规定,单位是失信被执行人的,不得将其法定代表人、主要负责人、影响债务履行的直接责任人员、实际控制人等列入失信名单,但建议其要承担第二失信人的信用责任,惩戒机关将失信情况通报其上级主管机关和主要行政责任人,由其承担相应的政务处分。

(二)主观要件——故意和重大或多次的过失

在经典之作《法律思维导论》的作者卡尔·恩吉施看来,相比相同的情况应作相同处理的形式主义,更应强调相同处理命令的反面,即不同事物应作不同的处理,他所理解的平等自始就是比例性的等价原则,他认为正义的概念须做进一步地填补。信用惩戒制度也是如此,我们的担忧在于两方面,一方面,缺乏分层分级机制导致无法对失信行为做出区分,无法区分程度轻的和重的失信行为,有时也无法区分主观失信和客观失信,最后对失信行为的调理笼统一团,无法达到正义的要求,因此对不同程度和性质的失信行为应作不同的处理。另一方面,在主观失信内部,故意和过失应有区分,在国务院《关于建立完善守信联合激励和失信联合惩戒制度加快推进社会诚信建设的指导意见》中,"制售假冒伪劣产品和故意侵犯知识产权"作为严重失信行为,成为联合惩戒针对的单位,同样地,《河南省社会信用条例》仅将故意侵犯知识产权信息列为失信信息,信用惩戒关注的是主观上的故意或恶意,而将因过失导致的失信排除在外。这样的处理有两点缺陷,一是对比故意或恶意失信,因过失导致的失信有时对信用秩序的危害并不更小,如情节严重的过失失信;二是与知识产权法不一致,在知识产权领域,对无过错原则的贯彻是尤为彻底的,[①]无过错复制、无意识知识产权侵权均要承担法律上的责任,比如法国《知识产权法典》(工业产权部分)规定,任何故意侵犯法律界定的植物新品种证书持有者权利的行为均构成侵权,行为人应承担民事责任,错用或滥用名称也被视为对植物

---

① 李明德:《美国知识产权法》,北京:法律出版社,2014年,第370页。

新品种证书持有者权利的侵犯。① 因此,知识产权领域对无过错原则的坚持是确定的,知识产权领域内信用惩戒规则应当和知识产权法保持连贯性,过失失信不应被排除在信用惩戒之外。

1. 故意

在信用惩戒语境中,失信的意图到底重不重要? 在历史的早期,失信以结果论,并不关注主观状态。违约行为背后的原因可能很多,可能有主观的,也有客观的,但都无碍违约责任的生成。同样地,在失信背后,不诚信表现为恶意、不诚实、欺瞒、欺诈、假装或伪装等,它们都是主观故意的表现,通常和过失无关,这也是我国目前仅仅针对故意侵犯知识产权的行为予以信用惩戒的一个原因。当事人的过失导致客观失信的结果往往不会成为信用惩戒的对象,比如那些因疏忽大意或过于轻信的过失导致不能履行义务的情况,除非主观上存有故意,一个真正的穷人不会是信用惩戒针对的对象。最高人民法院《关于公布失信被执行人名单信息的若干规定》(2017)中规定的六种情形,第(一)、(二)、(三)、(五)、(六)种通常只能在故意的主观状态下造就,而第(四)种情形"违反财产报告制度"的确可能因过失造就,不能排除因疏忽大意或过于轻信的过失违反财产报告制度,但依据《中华人民共和国民事诉讼法》,被执行人有报告财产的义务,拒绝报告或虚假报告的,法院可以对被执行人或相关人员予以罚款或拘留。② 结合民事诉讼法,第(四)种情形应该针对的还是拒绝报告或者虚假报告的情形,对于过失造就违反财产报告制度的还不在信用惩戒的范围。可见,我国信用惩戒的标准是主观化的标准,主要解决的是故意失信的问题。

2. 重大或多次的过失

信用惩戒的做出要持主客观相结合的标准,既要看当事人有无违反诚实信用原则的故意或过失,又要考察客观行为和危害后果,重大或多次的过失失信同样应承担信用责任。

首先,在截然不同的情况下,针对失信行为的不同程度,适用不同程度的信用惩戒,这是适宜的。但故意失信和过失失信之间的区别有时是纤弱且模

---

① 参见法国《知识产权法典》(工业产权部分)L623-25 条。
② 《民事诉讼法》第二百四十八条规定:"被执行人未按执行通知履行法律文书确定的义务,应当报告当前以及收到执行通知之日前一年的财产情况。被执行人拒绝报告或者虚假报告的,人民法院可以根据情节轻重对被执行人或者其法定代理人、有关单位的主要负责人或者直接责任人员予以罚款、拘留。"

糊的,在法律上常常倾向于变成仅仅是语词上的差别。比如不作为的背后,既有可能是主观故意的结果,也有可能是疏忽大意的过失的结果。特别说明的是,针对一般的信用惩戒,失信人的主观状态是一个关键所在,但问题是不能证明失信到底是源于故意还是过失,故意与过失有时是无法判断区分的,那些有关失信事实的陈述,如果含有虚假成分,很难做出准确判断。或许在其他领域在主观上具有履行义务意愿的失信人可能被排除在信用惩戒之外,但是在知识产权领域,遵行的是无过错原则,当事人的主观状态和信用惩戒之间的关联无关宏旨。因此,一个主观上没有知识产权侵权意愿但结果造成侵权的当事人仍然可能成为信用惩戒的对象,只是在信用惩戒适用的程度上有所区分,比如信用惩戒的期限可以缩短。

其次,诚实信用原则更重要地体现在具体行动上。即便刚开始主观上有不诚信的表现,但如果事后采取积极补救措施,仍然被认为是诚信的,一般而言,过失失信不存在违反诚实信用原则的主观故意,但如果造成重大危害后果后,不采取适当的补救措施,即便当事人辩称自己因过失失信,没有违反诚实信用原则的故意,但从行为上推定其行为不具有善意,仍然属于信用惩戒的范围。

再次,相比故意侵权,过失侵权造成的社会危害性并不更低。尤其是重大过失和多次过失,视情节轻重适用不同的处罚是正义的要求,信用惩戒要参考以下要素:失信造成的损失、对社会秩序的危害程度和不良影响以及对守信人造成的影响。如我国《著作权法》第五十三条规定,侵权且损害公共利益的,著作权行政管理部门可以作出除了行政拘留以外的行政处罚;情节严重的,著作权行政管理部门可以没收用于侵权的材料、工具、设备等;构成犯罪的,依法追究刑事责任,这一条并不刻意区分故意或过失。

最后,从国际上看,不同国家对待失信的态度也是不同的。我国目前倾向于针对故意侵犯知识产权的行为予以信用惩戒。韩国专利法要求法院在确定赔偿数额时考虑侵权人或独占许可人是否存在故意或重大过失,而将一般过失排除在外。[①] 同时,累犯要严惩已经成为一项法律上的原则,在世界各国知识产权法中都有体现。如法国《知识产权法典》(工业产权部分)第 L521-13 条规定,如违法行为人屡次侵犯专利权,或和被侵权方签订有协议仍然侵权的,将面临加倍的惩罚。如埃及《知识产权专利法》(专利部分)规定,从事专利侵权行为,会被处以 2 万～10 万埃镑的罚金,但在重犯的情况下,惩罚将更加严

---

① 参见韩国《专利法》第一百二十八条。

厉,适用不超过 2 年的监禁以及 4 万～20 万埃镑的罚金,而累犯也不刻意区分故意或过失。[①]

综上,从知识产权法的角度,要求信用惩戒以主观故意为要件并不完全合理,这和知识产权法正在发展的方向不合拍。比如徐国栋就提到,滥用权利的标准基本上由主观化向客观化发展,以解决主观恶意难以证明的问题。[②] 一个有序的知识产权市场要求有清晰标准的知识产权法、诚信的知识产权主体及参与人以及有效率的知识产权管理体制,正如公证,登记制度因更有效率而延续下来,让其他没有效率的一切方式从知识产权法中逐渐消失。正如弗里德曼教授所说,"一般说来,感情和传统在商法中占很小的位置;保存下来的是合适的且有用的",[③]知识产权法也是如此。如果在面临一起知识产权侵权事件,还要去仔细揣摩侵权人背后的主观动机,这往往是费力且无用的,因为侵权人往往有各种各样的动机,很少能真正辨别哪些动机可以原谅,而哪些又不可原谅,知识产权法通过采取无过错原则大大减少了主观动机的意义,已经减少甚至取消了对主观动机进行判断这种方式的依赖。因此,知识产权领域信用惩戒的主观要件不能仅仅停留在故意上面,跟故意侵犯知识产权一样,那些因重大过失或多次过失导致的失信行为也应该成为信用惩戒的标的。

(三)客观要件——作出知识产权失信行为

小到信口开河,大到违法犯罪,要通过构成要件筛选出相对严重的失信行为,作为信用惩戒的特定单位。显然,信用惩戒的做出以客观上知识产权失信行为的发生为前提,没有知识产权失信行为,就不存在知识产权领域信用惩戒。失信人正是通过知识产权失信行为才真正威胁到知识产权领域信用秩序,没有失信行为,就没有构成信用惩戒的前提。因此可以看到,信用惩戒的施行强烈要求先行生成失信行为目录,形成失信行为类型化,从而将允许实施的失信行为和不允许实施的失信行为分开,将应受信用惩戒的失信行为和不受信用惩戒的失信行为分开。在我国,在知识产权领域,故意知识产权侵权相对较早被列入失信行为目录,但有时故意知识产权侵权的危害并不及其他一些更为恶劣的情形,比如,为个人欣赏的目的从网络下载歌曲的行为和大规模购买盗版书籍的行为相比,后者的恶劣程度并不比前者更低。

(四)结果要件——具有社会危害性

失信行为要受惩戒的原因之一就在于失信行为的社会危害性。如果一种

---

① 参见埃及《知识产权法》(专利部分)第三十二条。
② 徐国栋:《民法基本原则解释》,北京:中国政法大学出版社,2001 年,第 138 页。
③ 〔美〕伯纳德·施瓦茨:《美国法律史》,王军等译,北京:法律出版社,2007 年,第 292 页。

失信行为并未侵犯任何社会、集体或个人利益，就不具有社会危害性，也不会沦为信用惩戒针对的单位。信用惩戒针对的失信行为，是充分展现失信人信用状况、为法律所不容的危害社会的不良行为。

诚然，失信是知识产权市场竞争必须做出容忍的行为，并不必然适用信用惩戒，也并不是所有的知识产权侵权行为都关乎信用秩序。一个百无聊赖的年轻人未经权利人许可在网上下载几首歌曲仅供自己欣赏，逃避付费固然不是一种诚信行为，但要论及对信用秩序的危害，还称不上直接影响，顶多是存在间接影响，这又关系到直接影响和间接影响的概念，信用惩戒应有必要限度，只针对有直接影响的事件，放过那些仅有间接影响的事件。知识产权法就如同一个筛子，小的放过，留住大的，如果大小都不放过，将那些对信用秩序仅有间接影响的事件同样列为非法并进行信用惩戒，知识产权人与利用人之间呈现如此紧张状态，知识产权还有实现共享的可能吗？因此，笔者主张，对一般侵权行为且具有社会危害性的仅作单一的信用惩戒，情节轻微、不具有社会危害性的可以不惩戒，对严重危及信用秩序的知识产权侵权行为才实行联合信用惩戒。正如银行对一般失信人可以做出限制二次借贷的信用惩戒，这种惩戒是单一的，而且可以酌情减轻，但如果将一般失信人名单共享给其他社会机构，公务员招录和党员考核也引以为戒，这就超出了单一惩戒的范围，而进入联合惩戒的范围了，这也是为什么联合惩戒只针对严重失信行为的原因。这就存在一个事实分类的问题，要将知识产权侵权行为分为不危及信用秩序的一般侵权行为和严重危及信用秩序的侵权行为，可见，发现侵权行为的异同成为法律推理的关键一步。

三、廓清知识产权领域信用惩戒的边界

总体上看，西方国家信用惩戒主要应用于信贷、就业、商业交易、获得资格或其他利好事项上，这是通行的信用惩戒标准，来自任何领域，包括知识产权领域的失信行为都会面临通行的信用惩戒，并没有单独为知识产权领域创制独具特色的信用惩戒标准，在这个角度上，我国在知识产权领域信用惩戒制度上的努力可以算作是一种开拓式的创新，未来可以为世界其他国家知识产权领域信用惩戒制度的创生提供一个模板。

至今，我们仍然为信用惩戒应该保持何种宽容程度争论不休，惩戒还是不惩戒，如何避免不必要的过度惩戒，陷入两难困境的人们在做出惩戒还是放之任之这两个选择中做出决断时，往往选择前者。无论是司法惩戒抑或行政性惩戒，国家都会依法制定强制性信用惩戒的标准，即便是依法设立的社会组

织,如律师协会、专利代理人协会等,其制定的信用惩戒标准也要经过官方审查和认可,且这些社会组织通常是由政府牵头设立,多由行业之内品格优异且具有社会责任感的专业人士组成,不至于偏离社会信用体系太远。信用惩戒范围的不确定引起的最大问题来自两个方面,一方面是行政性惩戒的无限度扩张,越来越多的行政机构加入信用惩戒的队伍中来;另一方面在于民间组织和企业,这些非官方机构制定的信用惩戒标准无须经过审查,也无须政府的认可或强力推动,而是直接由社会和市场进行检验,依靠标准自身的公正性、科学性和进步性得到民间的认可。而且,这些民间组织并不推广自己的信用惩戒标准,只是小范围内对关联主体施行惩戒,这和我国司法机关和行政机关聚焦于信用惩戒标准本身的改进和适用范围的划定迥然不同。

适用范围的确立有副作用,过度抽象或过度具体都是应当避免的。知识产权领域内失信行为五花八门,哪些应该进入信用惩戒,哪些应被剔除,应进行合理地讨论。信用惩戒要在知识产权领域作为一种日常行为规范来应用,它的四至范围要相对明确,这个范围分为四类,一是失信行为的范围,二是对象的范围,三是惩戒措施的范围,四是惩戒机关的范围,通过这四个范围基本能够划定信用惩戒的边界。

（一）关于知识产权失信行为的范围

1. 划定知识产权失信行为范围的必要性

在法理上,德沃金旗帜鲜明地反对法律的不确定性,认为"对于任何一个法律争端,几乎总有唯一的正确解答"[①]。社会信用法当中的不确定性还不同于恩迪科特所提到的"法律的不确定性",他所言的"不确定性"指向的是语言的不确定性所导致的法律的不确定性,将语言的不确定性当作法律适用的一个特质。比如严重失信行为才是联合惩戒的对象,那么这当中的"严重"一词在许多法律文件中反复出现,它具有的模糊性是法律表达的一个特征,但大部分情境下,持不确定性理论的学者向确定性做出了让步。

在实践中,失信行为的范围看似远远超出不诚信行为的范围,就像我国很多地方制定了文明行为守则,但在实际的操作中,文明守则对不文明行为的范围远远扩展至最初提出的不文明行为之外,一头几乎到达违法犯罪的边界,另一头又直达个人领域。信用惩戒亦有这样的趋向,信用禁令清单涵摄的内容越来越多,不断加长的失信行为清单本身就是对信用立法的一个讽刺。立法

---

① 〔英〕蒂莫西·A.O.恩迪科特:《法律中的模糊性》,程朝阳译,北京:北京大学出版社,2010年,第82页。

者应该遵守信用,受限制的失信行为是确定、可预知的,不应该处于不断变化之中。我们可以想象得到信用惩戒的后果不确定的各种情形,如被法院列为失信被执行人的当事人出行、信用卡消费以及银行贷款受阻受限都是预知的,如果学校以父母诚信有亏拒收失信人的子女入学怎么办?现行法固然没有赞同,但也没有明确反对。在社会信用法关于信用惩戒的规则里,语义上存在数不清的不确定性,结果导致失信人及其律师也会面临法律上的不确定性,这些不确定性之所以产生,是由于社会经济生活和法律规则的错综复杂所致。社会信用法的立法者应该早就想到要避免使用不精确的语词,将各种信用惩戒的情形一一列举,一网打尽,但事实上很难实现这一目的,我们没有成功地消除关于信用惩戒责任形式上面的不确定性,这个问题伴随本书的始终,也伴随着信用惩戒规则生成的整个过程。

本书的宗旨之一是要指出信用惩戒规则上的模糊区域,假如一项授予信用惩戒权的法律条文规定法院有权对具有失信行为的一方当事人实施信用惩戒,但连法院自己都无法解释信用惩戒的最终形式,或一个公民参与一项不法活动,该行为和信用惩戒之间有多少联系,以至于是否是在信用惩戒的范围之内尚不清楚,谁还能盲目坚持说信用惩戒的边界划定已经十分明确了呢?这种状态就像恩迪科特所言的"不完整性"[1],法律在尝试对信用惩戒的管辖权范围做出回答,但这个任务并没有完成,而保持完整性才能完全实现信用惩戒立法的目的。

2. 应受惩戒的知识产权失信行为和不受惩戒的知识产权失信行为

不是所有知识产权失信行为都在信用惩戒的范围之内,被排除在知识产权领域信用惩戒之外的知识产权失信行为包括几类:第一,事后积极采取补救措施的违约行为;第二,情节轻微、社会危害性较低的违法行为;第三,情节轻微或者没有严重社会危害的失信关联行为和为失信行为提供主要支持的行为;第四,存在不诚信知识产权登记、申请或注册等行为,但事后主动纠正,没有造成社会危害的;第五,存在拒不执行法院生效知识产权裁判文书及行政机关、行业组织等做出的处罚决定或者其他对抗正常执法的行为,但事后主动配合执行的,没有造成较大社会危害的;第六,不诚信知识产权代理行为,但事后主动改正,没有造成社会危害的。上述行为都属于知识产权失信行为,但不被纳入信用惩戒,属于不受惩戒的知识产权失信行为。

---

① 〔英〕蒂莫西·A.O.恩迪科特:《法律中的模糊性》,程朝阳译,北京:北京大学出版社,2010年,第51页。

　　在知识产权领域信用惩戒语境下,应受惩戒的知识产权失信行为可以分为一般失信行为和严重失信行为。一般失信行为包括十类:一是知识产权侵权行为;二是涉知识产权的违约行为;三是滥用知识产权的行为;四是涉知识产权的不正当竞争行为;五是不诚信的知识产权代理行为;六是不诚信的知识产权登记、申请或注册等行为;七是拒不执行法院生效知识产权裁判文书及行政机关、行业组织等作出的处罚决定或者其他对抗正常执法的行为;八是涉知识产权的失信关联行为,即与失信行为存在直接或间接的控制、被控制关系,或者其他有重要影响的行为(如博导的失职失察是与其博士生科研失信攸关的失信关联行为,前者是后者科研成果的直接控制人和实际支配人);九是为知识产权失信行为提供主要支持的行为,如大规模购买盗版书籍;十是情节严重且危及知识产权领域正常秩序的其他不诚信行为。严重失信行为是相对一般失信行为而言的,《专利领域严重失信联合惩戒对象名单管理办法(试行)》对严重失信行为有清晰的列举,包括六类行为,即重复专利侵权行为、不依法执行行为、专利代理严重违法行为、专利代理师资格证书挂靠行为、非正常申请专利行为以及提供虚假文件行为。事实上,知识产权领域严重失信行为绝不仅限于此,有谁能否认情节严重的滥用知识产权的行为本质上就是一种严重失信行为呢? 知识产权领域严重失信行为应当包括以下十种:一是重复多次的知识产权侵权行为;二是情节严重的涉知识产权违约行为;三是情节严重或造成一定危害后果的不诚信的知识产权登记、申请或注册等行为;四是不依法执行涉知识产权生效法律文书行为,情节严重或造成一定社会影响或危害后果的;五是情节严重的不诚信知识产权代理行为;六是严重滥用或多次滥用知识产权行为;七是严重违反诚信的涉知识产权不正当竞争行为;八是对知识产权失信行为有直接或间接控制权且情节严重的失信关联行为;九是向知识产权失信行为提供不合公序良俗或公共道德的支持行为,且情节严重,如明知却向失信人大规模购买假冒伪劣商品;十是情节严重且危及知识产权领域信用秩序的其他不诚信行为。这当中的"严重违反诚信的涉知识产权不正当竞争行为"应作扩大解释,《保护工业产权巴黎公约》第十条规定,"凡在工商业事务中违反诚实的习惯做法的竞争行为构成不正当竞争的行为",李明德教授所著《美国知识产权法》在论及反不正当竞争权与版权、专利权和商标权的关系时指出,反不正当竞争权指的是市场主体制止他人违反诚实经营行为的权利,[①]那么,由反不正当竞争法规范的商业秘密、形象权、商业标记、商业诋毁、

---

① 李明德:《美国知识产权法》,北京:法律出版社,2014年,第28页。

虚假广告等,都可以纳入知识产权领域信用惩戒体系之内。这当中的"情节严重且危及知识产权领域信用秩序的其他不诚信行为"居于一个兜底条款的地位,将那些游离于三大知识产权法之外但与之相关的失信行为囊括进来。推本溯源,边界模糊是信用惩戒制度难以有效开展的一个重要原因,上述范围及其解释能够将知识产权领域信用惩戒的范围部分地划定下来。

（二）关于对象的范围

信用惩戒的对象是失信行为及其与之密切相关行为的主体实施者,也是信用责任的承担者,须是具有完全民事行为能力的自然人或组织,在这个范围之内,必须关注特殊对象。

首先,关于自然人失信主体,指具有完全民事行为能力的自然人。有两类自然人是特殊的。第一类是未成年人。不满十八周岁的未成年人一般不承担信用责任,但失信行为受人教唆所致,则由教唆人承担信用责任。年满十六周岁但不满十八周岁的公民,如果能够以自己的劳动收入作为主要生活来源的,应当独立承担信用责任。第二类是精神病人。精神病人一般不会成为信用惩的对象,但间歇性精神病人在精神正常期间所为可以纳入信用惩戒的范围。

其次,关于法人或非法人组织。实行"三罚制",既要对法人或非法人组织本身进行惩戒,也要对其法定代表人、主要负责人、实际控制人、直接责任人员以及直接行为人进行惩戒,法人或非法人组织作为第一失信人,法定代表人、主要负责人、直接责任人员和实际控制人作为第二失信人,直接作出失信行为的责任人和主管人员列为第三失信人,各自承担相应的信用责任。

（三）关于惩戒措施的范围

哈耶克在《通往奴役之路》中提道,"撇开所有技术细节不论,法治的意思就是指政府在一切行动中都受到事前规定并宣布的规则的约束——这种规则使得一个人有可能十分肯定地预见到当局在某一情况中会怎样使用它的强制权力,并根据对此的了解计划他自己的个人事务"①。质言之,任何一个因失信受到信用惩戒的人都应该从成文法律文件中清楚预知失信的后果并事先得知将来加诸自身的各项信用惩戒措施。

在我国现阶段,在以行政为主导的信用惩戒上,相较之前的信用惩戒文件,《关于对知识产权(专利)领域严重失信主体开展联合惩戒的合作备忘录》以及《专利领域严重失信联合惩戒对象名单管理办法(试行)》最为进步的一

---

① 〔英〕弗里德里希·奥古斯特·冯·哈耶克:《通往奴役之路》,王明毅、冯兴元等译,北京:中国社会科学出版社,1997年,第94页。

点,是将联合惩戒的措施逐一列出,每项惩戒措施各有简要的描述,并对实施单位予以明确,防止部门之间互相推诿或实施单位缠夹不清的情况。比较之下,以司法为主导的信用惩戒很显然没有为失信主体指明信用惩戒的具体措施和后果。我国最高人民法院《关于公布失信被执行人名单信息的若干规定》(2017)第七条和第八条给出的指引是:失信人将作为失信被执行人列入最高人民法院失信被执行人名单库,向社会公布,并向相关部门、行业协会通报,供相关单位依法在政府采购、行政审批等多方面施以信用惩戒。至于最终失信人最终将遭遇什么样的信用惩戒形式,由哪些机关作出何种信用惩戒措施,连作出信用惩戒决定的司法机关都无法确定,当事人更是模糊不清了,这是以司法为主导的信用惩戒最大的疏漏。科尼利厄斯·M.克温教授提醒道,"规则中不得包含'专断或任意滥用自由裁量权'的内容",[①]如果没有准确而完全的诸如哪些机构可以执行哪些惩戒,惩戒的理由以及可能产生的影响等方面的信息,那么知识产权领域各相关主体就根本不可能有效参与到信用惩戒机制中来。因此建议如下。

首先,对《关于公布失信被执行人名单信息的若干规定》(2017)做进一步的修改。除了规定限制银行信贷、高消费和出行等常规惩戒措施及其实施机构之外,还有哪些惩戒措施必须有一个详尽的排列,司法机关应尽其所能详细界定惩戒措施的界限。一方面,涉知识产权相关部门才能确定什么是他们自己的工作领域,可以做什么,何时采取惩戒行动以及采取什么样的行动;另一方面,公民在信任司法机关法律性文件基础上,衡量失信的风险,确定违反规则付出的代价不比收益更小,那么,这个规则才是真正有指引作用的。何况,以司法为主导的信用惩戒规则就是要增加行政部门及知识产权相关主体参与的机会,对于那些扩展信用惩戒信息要求的规则要进一步向公众开放,如此,人们才不至于因受到意料之外的信用惩戒感到惊讶乃至愤愤不平。

其次,不经法律公开的惩戒措施不得施行,不在惩戒机关权限内的措施不得施行。知识产权领域信用惩戒措施来源于《关于对知识产权(专利)领域严重失信主体开展联合惩戒的合作备忘录》中规定的国家知识产权局可以采取的5种惩戒措施和33项跨部门联合惩戒。实质而言,信用惩戒措施是信用惩戒制度的核心部分,关乎信用惩戒的成败,一要有明确的法律依据,二要具体且有可操作性。但是很明显,《关于对知识产权(专利)领域严重失信主体开展

---

① 〔美〕科尼利厄斯·M.克温:《规则制定——政府部门如何制定法规与政策》,刘璟、张辉、丁洁译,上海:复旦大学出版社,2007年,第59页。

联合惩戒的合作备忘录》本身的性质无法承担起作为信用惩戒的依据这个重责,各个惩戒机构还是要到现行法律法规规章中去寻找依据,问题还是回到原点,我国知识产权领域欠缺载有清晰信用惩戒指令的法律法规规章,信用惩戒机关的惩戒措施如何获得合法性还有待立法的进一步深入。

（四）关于惩戒机关的范围

虽然《关于对知识产权（专利）领域严重失信主体开展联合惩戒的合作备忘录》在附表中以长达 50 页的篇幅来说明部门联合惩戒措施及其法律依据,每项惩戒措施都有具体的实施机关,但实际操作起来就会发现瑕疵很多,一方面,备忘录内容和其他法律法规规章之间的有效衔接需要一个过程,惩戒机关作出信用惩戒须有明确的法律依据,但有时法律依据并不充分。如备忘录跨部门联合惩戒措施第二十八项规定,严重失信主体"限制招录（聘）为公务员或事业单位工作人员",惩戒机关是"中央组织部、人力资源社会保障部等有关部门",法律依据是 2019 年新施行的《公务员法》,但新修《公务员法》中对招录人员并未明确规定个人信用方面的要求,①2019 年国家公务员考试公告也未明确限制严重失信人的报名资格,反而是《2019 年国家统一法律职业资格考试公告》第一条报名条件中明确,"因严重失信行为被国家有关单位确定为失信联合惩戒对象并纳入国家信用信息共享平台的",不得报名参加国家统一法律职业资格考试。

首先,惩戒机关须有合法的惩戒权限。虽然联合惩戒备忘录上署名的机构越来越多,但显然,不是每一个机构都有信用惩戒的权限。很多行政机关不理解,为什么航空、铁路等交通运输部门可以施行信用惩戒,而公路交通运输部门不可以？信用惩戒权限的获得,要么基于法律的授权,要么基于有权机关

---

① 《中华人民共和国公务员法》第十三条　公务员应当具备下列条件：

（一）具有中华人民共和国国籍；

（二）年满十八周岁；

（三）拥护中华人民共和国宪法,拥护中国共产党领导和社会主义制度；

（四）具有良好的政治素质和道德品行；

（五）具有正常履行职责的身体条件和心理素质；

（六）具有符合职位要求的文化程度和工作能力；

（七）法律规定的其他条件。

第二十三条　录用担任一级主任科员以下及其他相当职级层次的公务员,采取公开考试、严格考察、平等竞争、择优录取的办法。

民族自治地方依照前款规定录用公务员时,依照法律和有关规定对少数民族报考者予以适当照顾。

的委托,要么基于契约,三者必居其一。

其次,惩戒机关之间权责须明确。同一项惩戒措施涉及多个部门时,容易发生惩戒职责模糊的情形,如备忘录中跨部门联合惩戒措施第 1 项"限制政府性资金支持,对政府性资金申请从严审核,或降低支持力度",实施单位是"财政部、国家发展改革委和各级人民政府",没有参与签署备忘录的"各级人民政府"是如何跻身惩戒实施机关之列本身就是一项相当大的疑问,尤其"各级人民政府"涉及范围过广,适用信用惩戒的自由裁量权过大,这是一直要极力避免的情形。

四、优化对失信主体的救济规范

知识产权领域信用惩戒制度在本质上是惩戒机关依据法律对失信人进行问责,一旦失信事实坐实,少有失信人能够成功为自己辩护,但这绝不意味着可以不赋予失信主体为自己辩护的权利。惩戒机关和被惩戒人之间关于惩戒的异议从来都是存在的,人们一直在努力协调惩戒机关和失信主体之间的矛盾,而最终给出解决矛盾的方式是法治。

（一）救济规范的必要性

在知识产权领域信用惩戒这个问题上,有两方面的关系需要审慎处置:一是对内的关系,如何认定失信行为,如何合法运用失信信息,如何施行信用惩戒,如何调理和其他联合惩戒机关之间的关系等;二是对外的关系,即惩戒机关与失信人以及与失信事件攸关的第三人之间的关系,如何处理被惩戒人对信用惩戒提出的异议,如何应对第三人对失信事件的举报等。当前知识产权领域信用惩戒相关文件,无论是《关于对知识产权(专利)领域严重失信主体开展联合惩戒的合作备忘录》,还是《专利领域严重失信联合惩戒对象名单管理办法(试行)》,实质上都在调理对内关系,旨在规范信用惩戒权力的运行,教会信用惩戒机关如何合法有效地适用信用惩戒,这是当前知识产权领域信用惩戒立法的重心。但对于对外关系的调理,显得尤为不足,显然,信用惩戒并不是内部化的机制。

首先,设置救济规范是出于公正的考虑。从权利的角度,每个人都有维护自身信用的权利,向全社会公开失信信息是信用惩戒的一种,但媒体本身有时也是不诚信的,被惩戒人可能是无辜的。20 世纪 90 年代"李文和间谍案"震惊全世界,多家媒体报道其从事核间谍活动,美国政府撤销所有指控之后,李文和起诉政府向媒体蓄意泄密侵犯其隐私权,《波士顿环球报》指责政府和媒体之间的卑劣联合,"强权机构几乎从不承认他们滥用权利。当政府和俯首帖耳、容易轻信的媒体联手,肆意践踏一个势单力薄的公民的权利时,法治原则正在遭受极大破坏",①这个事件和近来我国首富之子成"老赖"的讯息最先从媒体爆出极为相似。②

其次,设置救济规范是基于惩戒机关自身局限性的考虑。如果仔细分析知识产权领域一系列信用惩戒法律性文件就会发现,在做出一项针对知识产权侵权的信用惩戒决定之前,就必须对知识产权侵权判定的规则有足够的了解,对于有的知识产权案件,其错综复杂的程度,连知识产权法院的法官都难以定夺,这往往超出了一个知识产权行政执法官员的能力范围。如实践中,文化市场综合执法支队在处置版权侵权案件时,申请版权鉴定一般是必经程序,否则难以认定版权归属。为失信人设置辩护权,可以弥补惩戒机关官员能力的局限性,减少失误,保证信用惩戒的功效。

(二)如何救济被惩戒人

设置辩护权是救济失信人的最基本形式,针对不同类型的信用惩戒,失信人在面对以司法为主导的信用惩戒和以行政为主导的信用惩戒时,辩护权应有不同的形式。

首先,允许失信人因客观失信免责。在如何对被惩戒人进行救济的问题上,一个重要议题是是否应该给予失信行为以一定范围的保护。比如是否要区分客观失信和主观失信,但有人会认为通过考察失信背后的主观原因和客观原因是毫无意义的做法,有时客观上不履约就可以推定当事人的诚信并不存在,有时无法判断客观失信背后是否还叠加存在主观上的失信意愿,主观失信和客观失信无法判断真假,这有赖失信人举证为自己的良善动机辩护,证明自身主观上不具有失信的恶念,实际上允许惩戒机关对失信人的诚信进行主观评价,这使惩戒机关对失信人的主观诚信的考察变成一场诚信品格的考验,最终确认下来的规则可能是:失信人要是不想登入被惩戒人名册,就必须证明失信系客观情势所致,非本人过错,且客观上的确存在不能履行的情形,这个过程关乎信用惩戒的正当性,为保证信用惩戒的正当性,必须为被惩戒人保留抗辩的权利。正如欧内斯特·J.温里布所说,"强制力是决定意志的可能力量,如果它不能够对不当行为发生作用,那么其中的原因是存在着抗辩理

---

① 〔美〕安东尼·刘易斯:《言论的边界:美国宪法第一修正案简史》,徐爽译,北京:法律出版社,2016年,第93页。

② 2019年11月,媒体最先爆出首富之子成为"老赖",但事实上其仅被法院列为被执行人,而不是失信被执行人。

由"。① 关于失信人的辩护权利,在需要判断客观失信和主观失信的场合,失信人的证词成为关键,假如法庭掌握的信息不利于形成客观失信,法庭推定失信人主观上具有失信的意图时,失信人是否有为自己辩护的权利呢? 社会信用法不仅应是信用惩戒的依据,被惩戒人也应可以寻求该法的保护,我们寄希望于社会信用法,但在社会信用法中没有发现蛛丝马迹,为被惩戒人辩护的机会渺茫。

其次,允许失信人就惩戒结果进行申诉。失信人的辩护权应该体现为失信人可以就施加于自身的惩戒决定向惩戒机关提出异议,向上级行政机关申请复议或者向法院起诉。

一方面,针对以行政为主导的信用惩戒,透明度原则是世界贸易组织TRIPS 协议为主的国际知识产权法律框架在知识产权保护上确立的六大原则之一,②除非相关信息和资料的公开披露有损于法律施行、公共利益或当事人正当的商业利益,成员国有公布有普遍适用性质的法律法规、贸易协定、司法裁判以及行政决定的义务。同时,TRIPS 协议第四十一条第四款明确规定,无论选择司法或准司法途径,都应该接受司法复审。TRIPS 协议第六十二条第五款规定,任何程序中的行政终局裁决均应由司法或准司法机关进行审议。可见,司法终局是 TRIPS 协议的基本原则,2001 年我国加入世贸组织,为了和国际条约接轨,所有行政终局的知识产权案件都要改成司法终局,当事人如果对知识产权行政机构裁决不服,有权起诉至法院。那么,当事人对与知识产权相关信用惩戒的行政裁决不服能否向法院提起行政诉讼就是一个不能回避的问题。从国内实践来看,事实上,已经出现多起失信惩戒相关行政诉讼案件,如 2017 年"杭州元智玩具有限公司诉杭州高新技术产业开发区(滨江)市场监督管理局案"和 2018 年"宋稳朝诉长沙市开福区安全生产监督管理局案",前者因惩戒措施发生争议,后者因失信"黑名单"发生争议。《全国文化市场黑名单管理办法》第十四条规定,对文化市场主体及其法定代表人或者主要负责人列入全国文化市场黑名单,可以依法申请行政复议或者提起行政诉讼。类似的规定应该在《专利领域严重失信联合惩戒对象名单管理办法(试行)》中体现,而不是笼统规定"专利领域严重失信联合惩戒对象名单管理实行'谁列入、谁负责'","谁列入、谁负责"也是一个典型的行政机关对内的规则,是用来指导行政机关内部工作流程,而不是用来调理对外关系的。

① 〔加〕欧内斯特·J.温里布:《私法的理念》,徐爱国译,北京:北京大学出版社,2007 年,第 114 页。
② 另外五项原则是:国民待遇原则、最惠国待遇原则、独立保护原则、自动保护原则和优先权原则。

质言之,如果失信人受到以行政为主导的信用惩戒,如何申请救济是一个必须和设置惩戒措施同步进行考虑的问题。从我国现行《行政诉讼法》第十三条来看,行政诉讼的除外范围有四项,①此外,我国《行政复议法》规定的行政复议的范围比较广,其中第六条第八款规定,个体或组织认为符合法律规定的条件,向行政机关申请颁发许可证、资质证、执照、资格证等一系列证书,或者向行政机关申请审批、登记等相关事项,行政机关没有依法依规办理的,尤其第十一款,"认为行政机关的其他具体行政行为侵犯其合法权益的",都可以提起行政复议。那么一旦被惩戒人认为惩戒机关做出的信用惩戒措施侵犯其合法权益,理应可以提起行政复议或诉讼。但仍有一些例外情形存在,受到国家方针政策的影响,对失信人的信用惩戒并不必然进入行政诉讼或复议的范围。如2018年江苏省《扬州市信访人信用管理实施办法(试行)》根据国务院《信访条例》《关于建立完善守信联合激励和失信联合惩戒制度加快推进社会诚信建设的指导意见》及《江苏省自然人失信惩戒办法(试行)》对严重失信信访人进行信用惩戒,江苏省内的徐州市、镇江市都有类似规定,江苏省内已经出现因政府将上访人列入失信人名单,限制铁路出行而引发的行政诉讼,但最后被法院驳回起诉。

另一方面,针对以司法为主导的信用惩戒,失信人的辩护权应该体现在失信人可以向执行法院申请纠正或向上级法院申请复核上。在我国,关于知识产权的司法诉讼和判例法国家不同之处在于,后者可以通过一个又一个的知识产权案件来确定知识产权领域信用惩戒的准确含义和边界,而大陆法系国家通常以法律条款直截了当规定信用惩戒的内涵和外延,这看上去更简单。但其实,界定信用惩戒具体内涵的工作还是要建立在相当数量的知识产权诉讼案件基础上,知识产权领域信用惩戒制度的漏洞往往是在司法诉讼中通过诉讼双方的论证才得以显现的,当控辩双方意见相左时,法庭就是让他们根据法律文本或司法解释、权威论断展开辩论并最终由法官裁断。在知识产权侵权案件中,多数论证都不是针对侵权是否实际发生这个事实问题,而是针对是否构成侵权这个法律问题,或者同时针对这两个问题,控辩双方的焦点就在于这个分歧之中,律师在成文法文本、程序规则和证据规则的框架内陈述事实,

① 《行政诉讼法》第十三条规定:"人民法院不受理公民、法人或者其他组织对下列事项提起的诉讼:(一)国防、外交等国家行为;(二)行政法规、规章或者行政机关制定、发布的具有普遍约束力的决定、命令;(三)行政机关对行政机关工作人员的奖惩、任免等决定;(四)法律规定由行政机关最终裁决的行政行为。"

反驳对方的观点,法官的主要精力不是放在那些双方没有存在异议的部分,而主要针对双方之间的关键性分歧进行裁断,并将法律适用到案件事实中去。关于失信的诉讼有各种形式,诉讼数量的重要性是从数不清的诉讼案件中抽象发展出信用惩戒的规则,譬如如何准确表述知识产权领域内失信行为的概念,为什么现阶段仅仅将故意侵犯知识产权纳入信用惩戒的范畴,以及哪些情况下失信人可以对自己的失信行为进行合理抗辩。因此,在以司法为主导的信用惩戒中,赋予失信人一定的抗辩权是司法诉讼过程的内在属性。在实践中,最高人民法院《关于公布失信被执行人名单信息的若干规定》(2017)规定,相关主体对列入失信被执行人名单有异议的可以向法院提出。[①] 这意味着失信人的抗辩只能是向做出信用惩戒的司法机关本身提出,法院既是信用惩戒规则的制定者、实施者又是裁判者,这种既是运动员又是裁判员的做法是否适当尚且不论,将失信人置于信用惩戒实施机关的意志之下,由此产生的可能不是秩序,而是一种不可预知的情状,其实就是简单地要求失信人服从惩戒机关的决定。但毕竟到现在,那些"任何人不得从违法行为中获利"以及"自己不能成为自己案子的法官"等古老法律格言已经深入人心,自现代以来,我们倾向于在失信人和实施机关之间因执行信用惩戒发生分歧之时,有一个第三方机构能够保持中立,从中毫无偏私地进行裁断。

五、责任机制

科尼利厄斯·M.克温教授曾经在《规则制定——政府部门如何制定法规与政策》一书中指出,规则制定的核心要素有三个:信息、参与和责任。[②] 信息指的是告诉公众打算做什么及其行动的权力依据;参与指的是要创造出恰当的公众参与的结构和程序;责任指的是建立更强有力的责任机制,包括权力机关的责任和受规则管理的群体的责任。[③] 至今为止,这都不失为一个有见地的见解。我国知识产权领域信用惩戒制度主要以政府为主导,信用惩戒规则至少应当包括以下三个方面的内容:做出信用惩戒的目的和依据,与失信行为相关的群体如何参与到制度中来以及被惩戒人和惩戒机关各自的责任又是什么,任何一个出自行政机关的信用惩戒文件不能给出以上三个方面的指引都

---

① 《关于公布失信被执行人名单信息的若干规定》(2017)第十一条规定:"被纳入失信被执行人名单的公民、法人或其他组织认为有下列情形之一的,可以向执行法院申请纠正:(一)不应将其纳入失信被执行人名单的;(二)记载和公布的失信信息不准确的;(三)失信信息应予删除的。"

②③ 〔美〕科尼利厄斯·M.克温:《规则制定——政府部门如何制定法规与政策》,刘璟、张辉、丁洁译,上海:复旦大学出版社,2007年,第57-59页。

不足以称之为完备。

（一）设置责任机制的必要性

如果缺乏惩戒机构对其做出的信用惩戒负责的机制，信用惩戒制度的重要性将大打折扣。而且，所有权力均须受到控制，"鉴于现存的权力情势，仅仅划定权力的界限仍有不足，尚需有裁判机关检查划定的界限是否确被遵守"①。质言之，不仅要确定惩戒机关必须履行的义务及其方式，还要具备监督惩戒机关的能力。在知识产权领域设置信用惩戒机制之初，就应该预测到，一旦被惩戒人和惩戒实施机关之间关于信用惩戒发生争议应该有一个妥善的调适方案。一些原因在于人们对于政府管理信用活动保持一定程度的不信任，另一些原因在于促进更全面理性的信用惩戒决策的考虑。由此，责任机制的任务有两个，第一要确定惩戒机关的职责及其履责的方式；第二要确定惩戒机关自由裁量的余地。自由裁量权对任何规则的制定都是很重要的一块领地，在知识产权领域联合惩戒体系内，惩戒的权力被委托给多个实施机关，这些机关如何参考严重失信信息做出适度的惩戒或者干脆不惩戒都是问题。

对信用惩戒最激烈的批评来自它的无限度扩张。2017年《厦门经济特区促进社会文明若干规定》就将具有严重情节的随地吐痰、乱扔垃圾、违规停车等不文明行为信息纳入社会信用信息共享平台，关于谁有信用惩戒的权力，信用惩戒又可以应用于哪些领域，一直缺乏回应性的权威声音。从社会管理的层面，若要信用惩戒制度过程高效运行，必须给予一定的自由裁量权，但公认的一点是，宪法旨在限制国家权力从而保障公民权利，无论行政处罚法抑或行政复议法，本质上都旨在对行政权力进行规范和限制，来自行政机关任何决定和命令都应当有合法合理的根据。行政权力的缺陷必须正视，虽然我们通常相信政府做出信用惩戒是合理的，但事实上并非总是如此，所以亚里士多德才说，正义是法律的目的，"要使事物合于正义（公平），须有毫无偏私的权衡；而法律恰恰是这样一个中道的权衡"②，划定一个确定的行为标准，不以执政者自己的偏好和爱憎而发生变化。科尼利厄斯·M.克温教授在提及规则必须提供什么时说，"无论一开始如何矛盾，规则制定是限制官僚权利和自由裁量权的一个重要工具"③。如果当今知识产权领域信用惩戒制度赋予相关部门

① 〔德〕卡尔·拉伦茨：《法学方法论》，陈爱娥译，北京：商务印书馆，2003年，第59页。

② 〔古希腊〕亚里士多德：《政治学》，北京：商务印书馆，1965年，第169页。

③ 〔美〕科尼利厄斯·M.克温：《规则制定——政府部门如何制定法规与政策》，刘璟、张辉、丁洁译，上海：复旦大学出版社，2007年，第33页。

惩戒的权力,但没有对其做出恰当的界定,局面就是科尼利厄斯·M.克温教授所讲的,"行政官员之所以有权否定或取消福利待遇和许可证,施加强制性要求和制裁,以及强行要求提供各类信息,主要原因在于缺乏足够的标准指导其行为并保护公众免受侵害",[①]制定规则本身就是一种潜在的补救自由裁量权滥用的手法。

（二）如何设置责任机制

我国现行知识产权领域信用惩戒制度并没有明确提及责任机制,但这是一个无法回避的问题。针对以行政为主导的信用惩戒,行政机构的内外部力量都在推动着向司法审查这个方向发展,一方面,行政处罚法和行政复议法均以司法审查为方向,使人们可以通过法院对行政机构作出的决定和命令提出质疑;另一方面,国际知识产权条约明确,知识产权纷争须以司法终局代替行政终局。但针对以司法为主导的信用惩戒,又涉及"谁来监督法院"的问题。

对信用惩戒的权力进行监督和限制是知识产权领域信用惩戒立法的应有之意。第一,公民或组织有权对惩戒机关作出的信用惩戒进行申诉和检举,惩戒机关审查之后,发现确有错误的,应当主动更正。第二,对确有错误的,上级主管机关或有关部门有权责令改正,并对直接责任人及其主管人员给予处分,这可能存在三种情形:①没有法定依据的;②擅自变更信用惩戒措施的种类和幅度的;③违反信用惩戒施行程序的。第三,惩戒机关违法施行或执行信用惩戒措施,给公民人身、财产造成损害,给法人或其他组织造成实际损失的,依法履行赔偿责任,对直接责任人和主管人员给予行政处分,构成犯罪的,应当依法追究刑事责任。第四,惩戒机关工作人员玩忽职守,徇私舞弊,对应当予以惩戒的失信行为不采取措施,不作为,危害公民或组织的合法权益或社会公共利益和秩序的,对直接责任人和主管人员予以处分,构成犯罪的,移送司法机关处理。

六、知识产权领域信用惩戒的例外

（一）设置豁免机制的意义

德国有一句法谚,"没有赦免的法律是不公正的"。耶林说赦免是"法律的安全阀"。古斯塔夫·拉德布鲁赫说,"它(赦免)不仅是一种和善的法律形式,而且是从完全与法律无关的领域中映射进法律领域的,并使冷漠昏暗的法律

---

① 〔美〕科尼利厄斯·M.克温:《规则制定——政府部门如何制定法规与政策》,刘璟、张辉、丁洁译,上海:复旦大学出版社,2007年,第33页。

世界真正得以可见的耀眼光芒"①。必须牢记,永远没有绝对的事情,法律须与赦免并存。并非知识产权领域内所有的失信事件都遵循信用惩戒规则所概括的每一项法律要求,大量僵化的规则疲于应付花样百出的失信事件。所有的规则都存在例外,免责和例外要被同时写入法律性文件之中,旨在说明哪些情况下信用惩戒条款的部分或全部要求可能被搁置。

通常要以程序性规则和阐释性规则对其进行说明,当有证据表明不符合信用惩戒规定的核心要求时,要有计划地免除信用惩戒。比如,我们要丢掉守信人永远是被害者的这种执念,2019年5月,最高人民法院发文认定以借贷为常业的民间借贷合同无效,这意味着职业放贷人反复性、经常性向社会不特定对象提供资金以赚取高额利息的行为属于从事非法金融业务活动,放贷人和借款人之间的民间借贷合同因违反强制性规定而无效。那么,我们也就无法将双方达成的最初协议作为守信或失信的证据,即便是守信一方,也可能是违反正义的一方,要成为惩罚的对象,契约是保护不了职业放贷人的。因此,不得不说,过去的信用惩戒使用了含义宽泛的概念,其宽泛的程度是抛开正义的标准,可能将任意的违约行为都囊括进来,进而使违约者成为信用惩戒的对象,这是正义所不能容忍的。如果对失信行为采取通常的理解,那些职业放贷人将成为信用惩戒制度的受益者,那些囊中羞涩的借款人也会成为敲诈勒索和不当惩罚的对象,信用惩戒将为职业放贷人肆无忌惮的讨债欺诈打开大门。因此,符合正义的标准是信用惩戒的解释基调,对信用惩戒对象的理解不能作通常意义上的理解,信用惩戒越来越多地与正义的标准、国家抑制失信的立法意图以及主观上的过错等联系在一起,它们都是要酌情考虑的因子。2019年最高人民法院的认定对于信用惩戒这一概念类别无疑算是一次严峻的考验,即不诚信履约行为并非确定无误地归属于信用惩戒的范围。

(二)例外情形

要概括信用惩戒的例外情形是一件非常不易的事情,要具备非凡的预知能力,对将来可能出现的情形做充分的预估,且每种情形要求有一定程度的解释。概括来说,例外情形有以下六种。第一,不可抗力,失信因不可抗力所致。第二,紧急避险。在特殊情况下,为了避免更大的损失,失信人别无选择,客观上作出了失信行为,客观情势所迫导致了失信的发生。第三,施以信用惩戒将有违社会公共道德或公序良俗。失信行为虽然客观存在,但施以信用惩戒,客观上将产生有违社会道德伦理或者公序良俗的效果,如2013年最高人民法院

---

① 〔德〕古斯塔夫·拉德布鲁赫:《法哲学》,王朴译,北京:法律出版社,2013年,第201页。

颁布《关于公布失信被执行人名单信息的若干规定》之时还没有意识到例外情形，但在 2019 年《关于在执行工作中进一步强化善意文明执行理念的意见》中，人民法院在对被执行人采取限制消费措施后，有几种解除限制消费措施的特殊情况，比如被限制消费的个人因本人或近亲属重大疾病就医、近亲属丧葬等紧急情况亟需赴外地的情形。第四，施以信用惩戒将助长不法行为。如对失信人施行信用惩戒间接支持了职业放贷人非法放贷。第五，施以信用惩戒显失公平。如 2020 年 5 月，最高人民法院印发《关于依法妥善办理涉新冠肺炎疫情执行案件若干问题的指导意见》，对纳入发展改革、工业和信息化部门确定的全国性或地方性疫情防控重点保障企业名单的企业，原则上不采取失信惩戒和限制消费措施；对受疫情影响暂时经营困难的中小微企业，依法审慎采取惩戒措施，给予宽限期。第六，施以信用惩戒将会产生不良社会影响。医生曝光病人的病历，律师公开委托人的黑暗历史，这些都是违反诚信的行为，如果对类似行为施以信用惩戒，医生或律师将不会站在法庭证人席上，这些行业内的禁忌行为能不能成为信用惩戒的对象同样需要法律的指导。

第二节　程序规则层面的完善建议

詹姆斯·奥雷利曾说，程序方面的成功使人们更容易接受实质性立法。古斯塔夫·拉德布鲁赫也提到，"程序法应当为目的服务，以帮助实体法的实现，但是它是无条件有效的，即使它并不帮助法律实现这一目的，甚至还可能对其加以阻碍"[1]。和刑罚、行政处罚一样，所有的信用惩戒都必须缘法而行，没有法定根据或不遵守法定程序的信用惩戒一律无效，惩戒机关须依照法律规定的程序实施信用惩戒。设定明确具体的惩戒程序是知识产权领域信用惩戒立法任务之一。

一、争端解决机制要与国际接轨

知识产权领域信用惩戒制度作为知识产权制度的内在组成部分，须遵循知识产权纠纷司法终局原则。2001 年加入 WTO 之后，我国陆续加入多个国际知识产权条约，如《伯尔尼公约》《世界版权公约》《保护工业产权巴黎公约》《商标国际注册马德里协定》《建立世界知识产权组织公约》以及《与贸易有关

---

① 〔德〕古斯塔夫·拉德布鲁赫：《法哲学》，王朴译，北京：法律出版社，2013 年，第 205 页。

的知识产权协议》等,其中《与贸易有关的知识产权协议》是涉及面最广、保护力度最大的国际公约,其确认知识产权保护的基本原则是最惠国待遇原则、透明度原则、争端解决原则、对行政终局决定的司法审查和复审原则以及承认知识产权为私权的原则。据此,所有行政终局的知识产权案件都要改成司法终局,司法终局原则已经成为知识产权领域争端解决机制的基本原则之一,为了和其保持一致,在知识产权领域内作出的信用惩戒原则上应由司法机关进行司法审查。

ICE8000 国际信用标准体系作为世界信用组织制定的全世界通用的信用标准,提供了富有智慧的信用争端解决机制,协商解决、仲裁或诉讼都是争端解决机制之一,同时鼓励设置信用监督条款,以合同形式约定正式表扬、正式建议、内部投诉这三项义务,或者在这三项义务以外设置公开投诉、公开曝光、追究失信责任或者约定仲裁条款等。

但从另一个角度,基于知识产权法的私法属性,法院有必要保持静默与克制,在不侵害社会公共利益的情况下,信用纠纷可以听凭当事人意思自治,由当事人协商或借助社会其他力量解决。如中国第一个村级和第一个乡镇级版权管理机构隶属于江苏省南通市,它们以民间团体的身份调解版权侵权纠纷,①国家版权局将其作为"南通经验"向世界推广。②

二、调整信用惩戒的证据规则

当前,知识产权领域信用惩戒制度的证据规则接近空白。依照《专利领域严重失信联合惩戒对象名单管理办法(试行)》,只要认定失信主体存在严重失信行为,惩戒机关就可以依法作出信用惩戒。这反映了信用领域一个潜藏的事实,即一旦失信事实成立,失信人几乎不能找到借口为自己开脱。信用惩戒机关只需对失信行为进行认定,不需要调查或检查,不需要收集证据,不对失信人进行询问,也不需要失信人协助调查,即信用惩戒的证据来自惩戒机关的单方证明,那么,在此基础上作出的信用惩戒是否真实可靠是一项相当大的疑

---

① 根据笔者 2020 年调研数据,全国第一个村级版权管理机构,即南通市通州区志浩市场版权管理办公室 2018 年受理版权投诉案件 133 件,调解结案 84 件,移交法院 49 件;2019 年受理版权投诉案件 131 件,调解结案 82 件,确认不构成侵权 7 件,撤诉 13 件,移交法院 28 件,尚在处理中 1 件。

② 志浩市场版权管理办公室和三星镇版权管理办公室作为我国民间性质的最基层版权保护机构,引起世界知识产权组织的关注,2010 年联合国组织在南通家纺城调研的基础上编写了《加强版权保护对中国南通家纺产业发展的影响》一书,中英文对照向全球发布,志浩市场版权管理办公室作为全球首例版权保护优秀示范点进入国际视野。

问。专利领域具有特殊性,一项专利的命运起起伏伏,即便是已经被专利局明确宣告的专利,也可能因其他原因被宣告无效,专利侵权更不是肉眼可辨的,很多时候要经过层层诉讼才最终得出专利侵权的结论,如果不询问当事人,不追踪专利的诉讼状况,不查清是否存在不可抗力等可豁免情形,试问惩戒机关如何能够单方作出失信的结论呢? 因此建议调整信用惩戒的证据规则,惩戒机关作出惩戒决定之前,须经过三个环节:第一,告知被惩戒人事实和理由,准许被惩戒人提出异议,并附加相关证据;第二,对被惩戒人提出的异议进行调查和检查;第三,将核实结果通知被惩戒人。

三、联合惩戒决定书面化

从情理上看,联合惩戒施加于失信人身上的负面影响绝不低于一般行政处罚,失信人有时宁愿接受警告和罚款,也不情愿接受"一处失信、处处受限"的联合惩戒,联合惩戒已经成为信用社会每个公民必须审慎对待的一个基本事项。如果连行政处罚都算不上的公安机关的训诫书都有一个成文的固定格式,那么,联合惩戒仅以口头形式面世就显得不合情理了。

从法理上看,失信人对被列入"黑名单"或者被施以信用惩戒措施可以依法提起行政诉讼,那么,书面形式的联合惩戒决定几乎是诉讼必备的材料之一,也是诉讼的重要凭据之一。因此建议,惩戒机关制作信用惩戒决定书时,应载明以下事项:一是被惩戒人的基本信息,如姓名或名称、地址等;二是失信事实和证据;三是联合惩戒的种类和法律依据;四是联合惩戒的期限和修复方式;五是不服联合惩戒决定的救济渠道和期限;六是作出联合惩戒决定的机关名称和日期,并加盖公章。从具体操作上,根据《专利领域严重失信联合惩戒对象名单管理办法(试行)》,作出列入联合惩戒对象名单决定的机构可以在作出列入决定时制作电子形式联合惩戒决定书,也可以应当事人请求,制作纸质联合惩戒决定书。由此,单一的信用惩戒决定无需书面化,但严重影响被惩戒人权益的联合惩戒决定须书面化,书面化包括电子形式和纸质形式。联合惩戒聚集越来越多关注的目光,联合惩戒本身的标准化和规范化是信用社会发展的现实需要。

四、发挥期限的指引作用

期限的意义不可小觑,期限的作用应从多个方面来体现。一是限定惩戒机关对失信行为追责的期限,应被限制在一定的时期内。信用惩戒的作用在于以前失为戒,以示警诫,不在于惩罚和报复,建议将信用惩戒的追责期限定为二年,且从失信行为发生之日起计算,失信行为呈持续状态的,从终结之日起计算。如果失信行为二年内没有被发现,不再予以信用惩戒,可以免去失信人可能终生受到失信事件侵扰的苦恼。二是限定失信人提出抗辩的期限,惩戒机关作出信用惩戒且失信人收到信用惩戒决定之后,失信人应在一定期限内提出抗辩,抗辩的提出仅在一定期限内有效。三是限定守信人及社会其他人员向惩戒机关投诉和举报的期限,守信人因失信受到侵害,应从知道或应当知道失信行为之日起一定期限内举报或检举。如果在较长时期内因失信受害的一方也没有向有关部门投诉或举报,甚至一度已经和失信人尽释前嫌,和平共处,如果再行启动信用惩戒,不利于社会和平稳定。四是信用惩戒持续的期限,这也是失信主体最为关注的部分,信用惩戒持续时间的长短直接关乎失信主体的利益。时间太短,起不到应有的威慑作用;时间太长,可能适得其反,失信主体因"一处失信、处处受限",进而"破罐子破摔",重复失信。我们的重点是在如何合理设置信用惩戒的期限上面。

首先,惩戒期限不宜过短。目前,我国以行政为主导的信用惩戒设置的惩戒期限一般为 3 年,以司法为主导的信用惩戒设置的期限具有弹性,一般为 2 年,情节严重的,可以延长 1～3 年。对比美国,不良信用记录被保持 9～10 年,在此期间,失信人很难获得银行信贷、工商注册、信用卡办理、房屋租赁等社会服务。如美国《公平信用报告法》规定破产记录保存年限为 10 年,偷漏税以及刑事诉讼记录的保存年限为 9 年。期限过短的弊端在于失信人会采取观望姿态,无助于失信人采取行动。

其次,期限应体现差别。这也在侧面提示应当根据失信行为的差别设置不同等次的信用惩戒期限,对严重失信行为应设置更长的惩戒期限,针对不同的失信行为要进行适量的期限调整,且在特殊情况下,失信行为呈持续状态的,失信人不改正失信行为则不能修复信用。[①]信用惩戒期限的存在要体现两个差别。第一,失信程度的差别。一般失信和严重失信有差别,正如有期徒刑的长短与犯罪嫌疑人的罪过相适应一样,对一个人或一个机构失信还是对社会整体失信有差别,侵害个体利益还是社会公共利益有差别,人类行为的复杂程度不可想象,对一个人或一个机构的失信绝不致社会信用秩序的整体崩塌,而不限制单个的失信就无法维系社会整体的信用秩序,对社会整体的失信则会危及信用秩序,更加应当予以防范。第二,信用惩戒效果的差别。信用惩

---

① 以城市规划建设领域为例,违法建设主体的失信行为一直呈持续状态,不纠正违法失信行为,不拆除违章建筑则不能修复信用。

戒是用来警戒和教育失信人的,这无可辩驳,正如刑罚的目的一样。对正在服刑的犯罪分子,表现良好有减刑的奖励,但绝无就地释放的可能。相比而言,芝麻信用的做法是有借鉴意义的,征信机构保留失信信息的时限为五年,过期删除,失信人恢复执行不会完全消除不良信息,但守信行为的增加和失信行为的减少会对信用评估产生正面影响。特别是,对于有杰出社会贡献的公民,可以缩短信用惩戒的期限,减轻惩戒,比如见义勇为,将这些情节作为从轻或减轻惩戒的理由。信用惩戒制度设置时间期限和刑法上的量刑有共同之处,"量刑实际上是一种社会估价运算形式,法院在量刑时应当注意平衡轻重。罪犯的罪行是负运算的主要因素,而罪犯有价值的社会行为是正运算的主要因素"。[①] 与之相对应,对于客观失信两次以上并造成他人和社会损害的失信人,借鉴刑法上关于累犯和犯罪间隔时间的规定,对于有累犯记录的失信人可以酌情延长信用惩戒的时间期限。在侵害人数众多的知识产权案件中,对失信人也须加重惩戒,比如失信人一个,被害人多个,如 2011 年韩寒等作家诉百度侵犯著作权案,为了避免被害人和法院、失信人就同一类问题耗费大量时间精力,设置加重惩戒,部分免除了大量本来要涌进法院的知识产权纠纷。

　　关于期限的意义远不止如此。社会信用法也承认,信用信息部分属于个人隐私信息,不经合法渠道不得公开,并且对公开的时间期限予以限制。虽然信用惩戒有时间期限的限制,但在网络时代,期限的意义其实并不如想象般大。一个人一旦成为失信被执行人,就会即刻成为公众关注的对象,尤其是一个名人,有可能短时期内摆脱不了这种状态。在 2019 年年末将近的时候,我国首富之子被爆成"老赖",虽然媒体后来澄清不是失信被执行人,但负面消息还是天下尽知。在当今的互联网时代,人们只要轻轻动一下鼠标,某些人的过去就会一览无余地呈现出来,那些信息永久地保存在网络里,无法被覆盖,这些沉睡的信用信息将来也可能因为好事者的挑动再次被公开。心理学家说,预知将来的最好方法就是知道过去,谁能确保过去的不良信用信息不重复多次影响失信人呢? 人的错误和不堪往事都在网络和媒体的曝光下一一放大,比如一个有不良征信记录的公民在信用惩戒的期限期满之后重新向银行申请贷款,在那些可以自由裁量的事项里,银行是否能够真的不计前嫌,将失信人当作一个从未有过信用污点的公民对待,还是会参考之前的征信记录,保持警惕呢? 后者估计是一个更能理解的做法。

---

① 杨志斌:《中英量刑问题比较研究》,北京:知识产权出版社,2009 年,第 118 页。

五、优化信用修复的程序

有些人的境遇因为信用惩戒而改变,却不能成功恢复之前的良好名誉,这不是一个文明民主法治国家乐见的结果。信用惩戒意在使失信人在三个选项面前做出抉择,要么如实履行自己的义务,要么在对簿公堂时准备好足够的赔偿金,要么接受未来的信用惩戒。所有的问题都表明,信用与其说是一个社会公共问题,还不如说它是一个法律问题,虽然有学者提出信用修复本身就是对信用利益的保护,应当设立公民个人信用权,①伯纳德·施瓦茨也曾言,"法律目标的实现途径是,承认一定的利益,确定法律确认这些利益的限度,在确定的限度内尽力保护得到承认的利益",②但法律还没有创生出类似信用权那样的权利。

在实践中,我国《信用标准化工作指南(GB/T 23792—2009)》提到信用标准的制定问题,信用修复属于信用基础标准,是适合各类或某类信用活动的通用标准,即无论是司法惩戒还是行政惩戒,都需要制定信用修复的标准,不仅要遵循通用标准,还需要有自身专用的标准。在学界,林钧跃教授曾经就信用修复的标准做过详尽的探讨,提出"程序修复"和"自主自新修复",前者包括注释性、异议性修复方式,后者指的是删除性的修复方式。③ 一般而言,我国信用惩戒遵循的是恢复执行即修复,即"自主自新修复"的做法。最高人民法院《关于公布失信被执行人名单信息的若干规定》(2017)设置了恢复执行即修复信用的程序,④恢复执行即修复信用的做法直接催生了失信被执行人视实际需要进行信用修复的投机心理,因此饱受争议。《专利领域严重失信联合惩戒对象名单管理办法(试行)》填补了这种疏漏,其第二十一条规定,信用修复的条件有两个,即失信人主动纠正和消除不良社会影响且列入名单满1年。但这种定期修复做法阻却了那些列入名单不满1年的失信人但想恢复执行的失信人,既然恢复执行也不能修复信用,那就等待1年期满再恢复执行更为有利。

在具体操作上,不宜采用恢复执行即修复的做法,也不宜采取定期修复的做法,宜采用恢复执行则缩减期限的做法。在我国当前的信用惩戒规则里,被惩戒人被施以信用惩戒之后,恢复执行就可以修复信用,失信人的名字就可以

---

① 参见尚国萍:《个人信用的民法调整研究》,中南财经政法大学,2018年博士学位论文。

② 〔美〕伯纳德·施瓦茨:《美国法律史》,王军等译,北京:法律出版社,2007年,第22页。

③ 林钧跃:《信用修复的标准化浅析》,《中国信用》2019年第8期。

④ 《关于公布失信被执行人名单信息的若干规定》(2017)第十条规定,被执行人已履行生效法律文书确定的义务或人民法院已执行完毕的,法院应当在三个工作日内删除失信信息。

在失信人名单上被抹去,这种做法尤为不当,这个规则直接催生了失信人视实际需要才履行义务的投机心理。比如一个恶意拖欠债务的当事人被列入失信被执行人名单,因暂时对银行贷款、出行、高消费或者公务员招考均无迫切的需求,因此拒不履行义务。他当然可以通过借款来还钱避免进入黑名单,但是要承担相应的利息,既然履行义务就可以立马消除黑名单,惩戒期限也多不过三年,那么最有利于失信人的做法是等到有需要时视情况去履行义务,这样避免承担借款产生的利息负担。从博弈论的角度,这样的处置对失信人是最为有利的,在成本和收益对比上看,他的损失为零,视实际情况履行义务比立刻履行义务更为可取,是更理性的选择。因此,制度设计上不宜设置履行义务即消除黑名单的规则。

综上,恢复执行可以缩短信用惩戒的期限,但绝无就地解除的可能。首先,信用修复应坚持"早执行,早修复"原则。建议分几种情形:第一,在列入名单第 1 年恢复执行的,缩短余下期限的 1/2;第二,在列入名单第 2 年恢复执行的,缩短余下期限的 1/4;以此类推。最后,设置不予修复的情形,对于一定期限内反复多次失信、情节恶劣或造成严重后果的失信行为不予信用修复。

六、关于第三人的程序

按照克温教授的见解,规则制定有三大核心要素,即信息、参与和责任。制定信用惩戒规则的机构须为受影响相关主体提供参与的机会,如美国《2004年全民公正法》[①]规定受害者在法院审判量刑时有权合理听证,受害者可以在审判量刑现场发言,政府将为法院和辩护律师提供受害者的信件和邮件复印件,这些邮件和复印件将成为公共记录,法院将此上传到法院网站上。[②] 当然,在制定规则的过程中,制定机构也会对社会环境作出评估,听取社会各方面的正反意见,所有影响规则内容的人或团体可能参与到规则的制定过程中来,在第三人群体中,守信人无疑是其中与失信事件最为相关的那一部分人。

（一）设置投诉或举报程序

ICE8000 国际信用标准体系提供的信用争端解决机制富有借鉴意义,合同双方可以在合同中约定,一方失信后,守诚信的另一方当事人可以在国际信用监督网进行公开的投诉,或者公开法院、仲裁机构或其他机构的合法生效文

---

① 参见《美国法典》第 18 编第 3771 节。

② 柴松霞、张路:《庞氏骗局的法律分析——基于信用博弈的视角》,北京:法律出版社,2013 年,第 374-375 页。

书,将失信人的失信行为进行曝光,通过公开投诉和曝光督促失信人回归守信的轨道。如果被投诉人或被曝光人对投诉本身有异议,认为是错误或虚假投诉,甚至是恶意投诉时,再对这些错误、虚假或恶意投诉进行过滤和处理。因此,一个建议是,任何一个将要签订合同的双方当事人都要对未来可能出现的失信行为保持警醒,在合同中约定类似 ICE8000 国际信用标准体系中的 cs 条款,即合同要谨遵诚实信用原则,如果一方失信,守信一方有权利在权威信用网站公开投诉,并根据法院、仲裁机构或其他管理机构的生效文书对失信人的失信行为进行曝光,这是守信人进行自我救济的一个有效方式。

当失信人的失信行为危及守信人的利益,因失信受害的守信人是否有权利向惩戒机关提出施加信用惩戒的请求是另一个问题。更具体一些,比如因知识产权侵权受害的知识产权人或第三人能否提请对失信人进行信用惩戒。在这个问题上,必须看到,我国知识产权行政执法部门如市场监管局的职能展开经常以两种有相当长历史的方法,一种方法是根据举报人(包括职业打假人)的举报线索,按图索骥,查处知识产权违法案件;另一种是主动对知识产权市场进行监管,展开专项行动打击知识产权违法罪犯活动,如 2019 年国家版权局、国家互联网信息办公室、工业和信息化部、公安部四部门联合启动打击网络侵权盗版"剑网 2019"专项行动。质言之,任何人都有针对知识产权违法罪犯活动进行举报、检举和揭发的权利,包括知识产权人和相关第三人。一旦知识产权行政执法部门查证属实,就应当依照知识产权领域信用惩戒相关规定作出信用惩戒的决定。如果知识产权行政执法部门存在懈怠、不作为甚至包庇等徇私舞弊行为,任何公民或组织都可以向知识产权行政执法部门本身或上级行政机关反映情况,这在宪法上属于公民基本权利的范畴。我国宪法规定,公民对任何国家机关及其工作人员的违法失职行为都有申诉、控告或检举的权利。[①] 因此,即便专利领域两个最重要的信用惩戒文件《关于对知识产权(专利)领域严重失信主体开展联合惩戒的合作备忘录》以及《专利领域严重失信联合惩戒对象名单管理办法(试行)》并没有提及守信人的权利事项,仍然不妨碍守信人提请惩戒机关作出信用惩戒的权利的行使。当然,守信人投诉或举报会带来一个副产品,即守信人也有不诚信的一面,可能存在夸大失信事实,甚至恶意举报的情况。

有时,信用惩戒会面临尴尬的问题,社会信用法无法成为守信人对失信人

---

① 《宪法》第四十一条规定:"对于任何国家机关和国家工作人员的违法失职行为,有向有关国家机关提出申诉、控告或者检举的权利,但是不得捏造或者歪曲事实进行诬告陷害。"

主张信用惩戒的凭据,究竟谁有资格享有主张信用惩戒的特权? 对于我国而言,信用惩戒很大程度上是公权力控制的表现,但如果一切和守信人无关,信用惩戒也未必能够追回守信人的损失,守信人就没有动力去推动信用惩戒制度以及信用社会的创建了。虽然事实上信用惩戒未必能挽回守信人的损失,但将主张信用惩戒的权利赋予守信人和赋予政府是完全不同的概念,通常意义上,只有侵害社会公共利益的失信行为才会成为政府针对的对象,而政府并不特别关注失信人背后的主观意图和客观困难,而更关心社会的需要。

由此给出的建议是:第一,任何公民对信用社会建设都有监督的职责,对不诚信行为有举报或投诉的权利,正如 2020 年疫情防控期间,公民可以举报高价卖口罩的不诚信投机行为一样,也可以对信用惩戒实施单位不作为进行监督检举;第二,在涉知识产权民事诉讼中,允许守信人提出信用惩戒的诉讼请求,民事起诉可以附带信用的控告,比如在判决书中载明以一定方式公布判决,公开失信人的失信行为,恢复守信人名誉等。总之,应赋予守信人针对失信行为可以向信用主管部门申请制裁的权限,并界定一个期限,比如自知道或应当知道失信行为发生之日起二年之内提起。

(二)参与和解

很多学者都提出过度依赖法律和法院造成的危害,用协调和调解等方法代替对抗性诉讼对于信用争议的解决更有积极意义。因为我们发现,引入信用惩戒机制之后,原来的问题一样不少,事实上是更多了。

很明显,知识产权人,无论是出版社还是作者,都乐见信用惩戒入法,被提升至国家法律的高度,甚至到达宪法的高度,但拥有出版社和作者身份的组织和个体数量又有多少呢? 多数人作为知识产权成果的利用者对信用惩戒并不乐见。促进失信人和守信人之间的对话,鼓励双方合作,以避免重复信用惩戒,这是一个更加值得鼓励的方法。有关知识产权的诉讼在 21 世纪明显增多,迥异于之前的世界,21 世纪的各国都保有五花八门的知识产权法律法规规章及其他规范性文件,虽然没有明确提出信用惩戒,但对失信行为,如知识产权侵权行为绝少宽容,对知识产权侵权行为加重处罚也是一个普遍的趋向。知识产权人为权利和利益而来,信用惩戒虽然对社会信用秩序有益,其实并没有给知识产权人本身带来多少好处,谁能指望受到信用惩戒的失信人第二次和知识产权人诚信共享知识产权呢? 因此,在知识产权领域执行信用惩戒,其特殊性在于,惩戒是第二位的,促进知识产权利用和合作是第一位的,相比对侵权人进行信用惩戒,知识产权人和侵权人自愿达成和解更为人们所喜闻乐见,因此,建议在不侵害社会公共利益的前提下,将双方达成和解作为免去信用惩戒的一个理由,失信人可以将双方的和解作为对抗信用惩戒的方法之一。最高人民法院《关于公布失信被执行人名单信息的若干规定》(2017)规定,当事人达成和解协议且已履行完毕的,人民法院应当在三个工作日内删除失信信息。① 瑞典《专利法》也规定,只有在被害人告诉和出于公共利益需要这两种情况下,公诉人才能对故意或严重过失实施的专利侵权行为提起诉讼。② 由此推理,在知识产权领域,对于不侵害社会公共利益的知识产权失信行为,可以允许失信人和守信人之间达成和解协议,以此免去信用惩戒,具体分为以下两种情形。

第一,在守信人主动提出对失信人施加信用惩戒的场合,守信方既然有权对信用惩戒提出异议,也有权收回。将启动信用惩戒的权利部分交到守信人手中,一旦失信人取得守信人的书面谅解,只要不损害社会公共利益,可以解除信用惩戒。第二,在惩戒机关主动作出信用惩戒的场合,在不损害社会公共利益的前提下,失信人获得守信人的书面谅解,可以减轻或免除信用惩戒。信用惩戒和解制度有助于化解失信人和守信人之间的矛盾冲突,并推动失信人和守信人积极参与到信用惩戒机制中来。

七、设置信用惩戒预警程序

仅有惩罚是建立不了诚信社会的,事前预防和事后惩罚相结合是最理想的状态。通常,只有在失信已成事实的情况下,才可能启动信用惩戒,这是一种典型的事后惩戒。《辞海》将"惩"定义为戒止和惩罚,把"戒"定义为防备、谨慎、禁止等,"惩戒"有惩罚且防备的双重意义,而不是单纯的惩罚。信用惩戒的标的是失信行为,其目的在于预防和矫正失信,而不是将其消灭。失信作为一种社会现象,在一定的时期内必然顽固地存在着,反对失信却不对其进行事先预防是不可想象的,但是如何事先预防呢? 并不是所有事情都能够提前预防的,比如对不当言论如何事先防范呢? 正如后来成为杰弗逊总统财政部长

---

① 《关于公布失信被执行人名单信息的若干规定》(2017)第十条规定:"具有下列情形之一的,人民法院应当在三个工作日内删除失信信息:(一)被执行人已履行生效法律文书确定的义务或人民法院已执行完毕的;(二)当事人达成执行和解协议且已履行完毕的;(三)申请执行人书面申请删除失信信息,人民法院审查同意的;(四)终结本次执行程序后,通过网络执行查控系统查询被执行人财产两次以上,未发现有可供执行财产,且申请执行人或者其他人未提供有效财产线索的;(五)因审判监督或破产程序,人民法院依法裁定对失信被执行人中止执行的;(六)人民法院依法裁定不予执行的;(七)人民法院依法裁定终结执行的。有纳入期限的,不适用前款规定。纳入期限届满后三个工作日内,人民法院应当删除失信信息。"

② 参见瑞典《专利法》第五十七条。

的加勒廷所说："政府如何能对说话者实行事先限制？是堵住他们的嘴呢，还是割掉他们的舌头？"[①]但是，"声称惩罚某一行为却又不是在限制做这件事的自由，这样的说法本身就是荒谬的"。[②] 有所行动总比坐视不理要好，合抱之木，生于毫末，建议从设置知识产权失信行为警告制度开始，即信用惩戒机构在作出信用惩戒之前警告当事人，并赋予其机会，使之通过履行义务，停止侵害，与守信人和解或其他方式防止信用受损。

在信用惩戒事先预防制度上，还有一个更深层次的目的，信用惩戒更像一种制度宣示，是对失信人以及潜在失信人的一种忠告，也可以说是诫勉。法国《知识产权法典》(工业产权部分)第 L615-3 规定，任何有权提起伪造诉讼的人都可以向有关法院提起紧急民事诉讼，请求法院针对涉嫌伪造者或者为伪造者提供服务的中介采取措施，以阻止不法行为继续发生，必要时可以规定逾期罚金。无论是立法机关、行政机关还是司法机关，在信用问题上的目标是一致的，信用惩戒大行其道，其用意在于向社会传递一个信息：不诚信是要以自身的利益和名誉为代价的。

一般而言，在知识产权领域信用问题上，要达到事前预防的效果，必须和其他规则相配合，依赖其他规则的支援。比如权利不得滥用原则，在知识产权领域，在损害已经生成的情况下，只要权利人具备滥用权利的主观要件，即构成权利滥用行为；在损害尚未生成但可能生成的情况下，从外部行为可以推知权利人具有滥用权利的主观过错，仍然构成权利滥用行为，相对方有权预先要求排除妨碍或消除危险。事实上，我国最高人民法院《关于公布失信被执行人名单信息的若干规定》(2017)第五条设置了预警规则，"人民法院向被执行人发出的执行通知中，应当载明有关纳入失信被执行人名单的风险提示等内容"。建议知识产权领域设置信用惩戒预警程序，尤其在做出联合惩戒的场合，将警告被惩戒人作为一项前置程序，督促失信人回归守信的轨道，警告合理，可以要求当事人支付费用，相关当事人对信用惩戒警告有异议的，可以提出异议，并出示相关证据，惩戒机关和当事人之间的信息对流也有助于减少惩戒机关在信用惩戒上的失误。

---

① 〔美〕安东尼·刘易斯：《言论的边界：美国宪法第一修正案简史》，徐爽译，北京：法律出版社，2016 年，第 22 页。

② 〔美〕安东尼·刘易斯：《言论的边界：美国宪法第一修正案简史》，徐爽译，北京：法律出版社，2016 年，第 22 页。

第三节　配套制度层面的完善建议

信用惩戒有助于诚信社会的构建,但诚信社会不是仅以信用惩戒体系建立起来的,还有赖于诚信奖励、信用管理、信用监督、信用保障体系等配套制度与之携手共进,知识产权领域亦不例外。

一、完善信用激励机制

当提到信用奖惩机制时,人们最先联想到的是"惩",而不是"奖",相比信用惩戒制度的备受关注,信用激励机制备受冷落。激励无疑是有用的,国外学者一样认为不诚实行为太普遍,但研究了一些不诚实的可能心理原因之后,这些原因很多超出了外部收益或经济考虑的范围,于是有学者提出了一种不诚实行为的通用模型,其中包括诚实和不诚实的内部心理奖励机制。[1] 在信用问题上,相比守信,失信更让人忧心,失信行为成为社会各界集体关注的轴心主题,信用惩戒也一直耗费着行政官员、法官、学者们的大量心血,这从 2018 年全国各地前所未有地密集出台联合惩戒备忘录这一点上就可以看出。但"惩"和"奖"好比一个硬币的两面,激励守信行为实质上也是在驱逐失信行为,守信人越来越多,诚信成为人心的灯塔,就不会迷失从而走向失信的方向。

（一）确立守信行为的标准

保罗・利科在《论公正》一书中提到,不成比例的奖惩、被背叛的诺言以及不公平的分配都是人类愤慨的动机。[2] 世界信用组织认为信用奖励是指行为人因其诚信行为得到的精神回报和潜在机遇,主要包括心理愉悦感、自豪感、荣誉感、社会尊重、信誉、潜在发展机遇。信用惩戒制度迫切要求生成失信行为的总目录,同理,要构建信用激励机制,就有必要探讨什么样的行为才是守信行为,和失信行为一样,守信行为应有自己的鉴定标准。相对于知识产权领域十种失信行为,知识产权领域守信行为可以分为八类:一是遵守知识产权法律法规的行为,二是诚实守信地达成并遵守涉知识产权的契约的行为,三是对于自己的不当行为（包括但不限于违法、违约、滥用知识产权、不正当竞争等）

---

① Nina Mazar, Dan Ariely, "Dishonesty in Everyday Life and Its Policy Implications", *Journal of Public Policy & Marketing*, Vol. 25, No. 1, 2006.

② 〔法〕保罗・利科:《论公正》,程春明、韩阳译,北京:法律出版社,2007 年,第 5 页。

采取了积极的补救措施的行为,四是诚信履行涉知识产权生效法律文书的行为,五是善意行使自己的知识产权的行为,六是善意且正当进行涉知识产权竞争行为,七是对失信行为表示明确反对或不提供支持的行为,八是其他善意且遵守诚实信用原则的行为。

诚然,并非所有的守信行为都是信用激励针对的单位,就像失信行为分为不受惩戒的失信行为和应受惩戒的失信行为一样。信用激励针对的是守信行为当中表现卓异的那一部分,守信行为分为一般守信行为和卓异守信行为,后者才是信用激励针对的单位。在知识产权领域,卓异守信行为可以分为七类:一是相比其他个体,善意且多次率先作出守信行为;二是在承受非凡压力或风险的情况下,仍然坚持作出守信行为;三是在非故意造成损害的情况下,积极采取补救措施,宁愿自损也要坚守诚实信用原则的行为;四是善意行使知识产权,为了社会、集体或他人牺牲自己权益的行为,如捐献专利等;五是为守信行为付出极大的代价,具有感人情节的行为;六是靠诚实信用的内在价值观推动了知识产权领域重大进步的行为;七是在知识产权领域有重大影响,引起社会对知识产权的极大关注,或对知识产权领域相关个体产生重大影响的正面行为。

（二）对卓异守信行为的激励措施

卓异守信行为的激励措施可以分为精神激励和利好激励两种,两者相辅相成。

精神激励是对守信人的非物质奖励,包括树立典型、表扬和计入良好信用信息记录。树立典型指将知识产权领域信用状况良好、诚信道德楷模、优秀知识产权践行者、涉知识产权行业协会商会推荐的诚信个人或团体、新闻媒体挖掘的守信主体等列为典型,向全社会公开宣传,如版权示范城市、国家知识产权示范城市。表扬包括内部表扬、公开表扬和联合表扬,内部表扬是在行业或工作单位内部对守信行为进行表彰,登荣誉榜或授予荣誉称号等,如知识产权工作先进单位或个人;公开表扬指向社会公开守信行为,公开进行表彰,包括向上级部门或其他部门申请荣誉表彰,通过媒体向社会大力宣传守信行为等,如在国家知识产权局官网进行公示,并大力推介;联合表扬指的是通过记入良好信用信息记录,联合其他机构对守信行为进行表彰,让守信行为在关联机构中获得认可,作为其他机构未来作出决定时的参考因素。记入良好信用信息记录可以由知识产权行政管理部门依职权或依据守信人及其单位的申请,由知识产权行政管理部门作出决定,将守信行为信息报送公共信用信息中心,将卓异守信行为纳入良好信用信息记录,向全社会公开展示。

利好激励是相对精神激励而言的,虽然,从历史早期学者就承认,"财富已不再是美德的报酬了",[①]但笔者赞同"不把蔑视财富当成教条",[②]要让守信人因守信行为受到现实的激励。方式有多种:一是设置诚信激励奖金,正如见义勇为奖励金一样;二是大力推介,使诚信主体获得更多交易机会;三是在守信人接受公共服务时提供便利,如行政审批"绿色通道";四是赋予优先权,在政府性资金支持、认证机构资质、认证证书等方面有优先的资格,如在进入各知识产权保护中心和快速维权中心的专利快速授权确权、快速维权通道方面取得优先资格,在申报国家知识产权示范和优势企业、国家专利运营试点企业时取得优先资格,在作为供应商参与政府采购时获得优先资格;五是给予优惠待遇,提高支持力度,如进行专利申请时,给予专利费用减缴、优先审查等优惠措施,再如提供补贴性资金和社会保障资金;六是联合激励措施,由知识产权行政管理部门对卓异守信行为进行认定,通过全国信用信息共享平台与其他机构共享良好信用信息,供其他机构参考,联合其他部门依照有关法律、法规、规章及规范性文件的规定,对守信人进行奖励;七是其他激励和褒扬守信行为的非精神方面的措施。

二、推进信息公开制度

笔者赞同吴晶妹教授所说,信用信息不能有效向社会公开是制约信用社会建设的一个瓶颈。[③]有人说70%的信用信息掌握在政府手中,有人说这个比例是60%,事实上,这个比例很难精确推定,但可以断定,这个比例不会太低。信用数据市场开放程度不高,很多信息都处于不公开和不开放的状态是一个事实,且受传统计划经济的影响,很多信用信息没有进入市场。一方面,存在一个信用信息的透明度问题,透明度越高,信用风险越低,透明度和信用风险呈反比。多数信用信息都被政府封锁,没有向社会公开,普通个体很难获得其他个体或团体的信用信息,形成信息不对称。另一方面,已经公开的信用信息可利用率很低,起不到充分作用。如举报信息、知识产权登记或被撤销信息以及牵涉诉讼或行政处罚的信息等是否可以公开发布以及发布的范围等都会影响信用信息的可利用率。在我国,涉版权类举报信息一般是不公开的,涉

---

① 〔法〕保尔·拉法格:《思想起源论》,王子野译,北京:生活·读书·新知三联书店,1978年,第115页。

② 〔法〕保尔·拉法格:《思想起源论》,王子野译,北京:生活·读书·新知三联书店,1978年,第115页。

③ 吴晶妹:《现代信用学》,北京:中国人民大学出版社,2009年,第342页。

及版权侵权的行政处罚信息多在地方文化旅游局官网上公开,但除了信用中介机构,少有人去关注这些信息。而且,很多信息跨地域、跨产业、跨部门,我国幅员辽阔,没有人能确定关于某一个个体的行政处罚信息会出现在哪个区域的文化行政部门官网上,即信用信息虽然公开了,但没有起到信息公开要达到的效果。

社会信用法一直力图规范信用信息的取得路径,并限定信用信息的公开范围,一系列社会公共信用信息平台则在穷尽一切可能的渠道搜集信用信息,对各个方面的信息进行挑选分类并从中选出更具普适性的标准,并设想错误或不完全的信用信息带来的风险。事实上也是如此,无论是以行政为主导还是以司法为主导的信用惩戒,关于信用惩戒的具体措施和后果都是必须向公众提供的信息。有两种类型的信用信息是我们必须考虑的:第一,惩戒机构在实施惩戒过程中必须搜集到的失信信息,这是惩戒的依据;第二,惩戒做出后,惩戒机构必须向社会公开提供的信息,这是惩戒的结果。信息应在信用惩戒施行过程中发挥其应有的作用,自从信用惩戒制度启动以来,这两个维度都在不断发生显著变化,失信信息的范围不断扩张,惩戒机构实施信用惩戒的措施越来越多,向社会公开的信息范围不断变化。2019年7月,国务院办公厅发布《关于加快推进社会信用体系建设构建以信用为基础的新型监管机制的指导意见》,明确提出要推动制定社会信用体系建设相关法律,加快研究出台公共信用信息管理条例。信用信息的通用性是确保信用惩戒正确的先决条件,我国还没有开发出比较成熟的统一的信用信息管理系统,信用信息地方割据的状态短期内难以终结,但公共信用信息中心在全国多个地方相继成立,专利领域信用惩戒制度初具雏形。在单个知识产权领域,以国家知识产权行政管理部门为首,将信用信息集中管理、统一公开的条件已经成熟。

针对以上情况的建议是:第一,继续推进信用信息立法,信用信息以公开为原则,以不公开为例外,在知识产权领域内,只要不涉及国家信息安全及经济安全,不涉及社会公共利益和个人隐私的信用信息都要公开;第二,在信用信息的公开方式上,知识产权类信用信息要集中由一个专门平台管理,和专利、商标有关的信用信息统一由国家知识产权局管理,而和版权有关的信用信息统一由国家版权局管理,避免因信用信息分散和碎片化使信息本身的价值大打折扣。

三、完善征信管理体系

肯尼斯·约瑟夫·阿罗早在1963年就指出信息不对称将导致逆向选择

现象。因为信息的不对称,交易双方在交易完成之后会面临"道德风险"问题,包括"偷懒""搭便车"或机会主义行为等,信息不对称催生了大量失信行为。同时,失信信息无法得到有效传播还是传统社会信用惩戒制度无法施展的一个重要原因。在现代信用惩戒制度中,信用信息是一个关键因素,政府如何运用这些信息将对信用惩戒的最终内容发生深刻影响。

征信的对象是信息,在世界范围内,征信主要有公共征信体系和民营征信体系两种模式,很明显,我国主要采取的是公共模式,而不是西方国家的民营模式。意大利学者图里奥·贾佩里和马可·帕加诺曾经就征信体系的两种模式,即公共模式和民营模式做过分析,认为在不同的征信模式下,惩戒的作用也有不同,但两种模式都可以降低信用风险,因为信息共享可以减弱信息不对称导致的道德风险和逆向选择。我国公共征信模式的问题在于,信用信息仅仅是反映了失信人的历史、违约概率或者违法行为的发生频率,并不能提供额外有价值的信息。政府设立公共信用信息平台,搜集个体信用信息的做法反映了投资方需求和市场管理者需求,部分避免了社会经济生活中的"柠檬问题"①,但征信除了依法收集、整理、保存、加工个体的信用信息,更重要的是要对外提供信用报告、信用评分、信用评级等,根据信用报告、评分或评级,才能显示出信用信息的价值。评估信用信息的价值,有一个更为直观的方式,即看信用信息能不能直接影响相对人的行为,相对人会不会根据信用信息放弃信用等级较低的主体,进而去选择一个信用层级更高的主体。而在我国,社会信用中介组织的发展明显滞后,虽然一些征信公司、信用调查机构和资信评级机构也能提供资信评级报告和信用调查报告,但规模小且专业特征不明显,缺乏信用中介组织的市场规范,市场竞争无序,信用评估弄虚作假,整体服务水平很低,信用中介组织远远没有建立起像美国邓白氏集团公司那样全球性征信机构的公信力。与此同时,因缺乏相应的社会需求,这些信用中介组织很难存活,我国信用中介组织的市场化程度尚处于初级阶段,建立独立、有效、公正的信用评级机构来补住公共征信模式的短板是当前十分艰辛的任务。

(一)建立知识产权领域征信标准

征信管理的核心是信息管理。在知识产权领域,关涉个人或组织诚信品

---

① "柠檬问题"又称为"柠檬原理",由经济学家乔治·阿克洛夫于1970年提出,是信息不对称理论的组成部分。"柠檬"指次品,"柠檬问题"指交易双方关于产品质量信息的获得不对称,买方不知道产品的真正质量,卖方利用信息不对称,隐藏信息,对买方进行欺骗,隐藏信息将导致"逆向选择",一方面对买方利益造成损害,另一方面,市场的优胜劣汰机制发生扭曲,质量好的产品被挤出市场,而质量差的产品却留在市场。

格的信息很多，哪些信息可以作为失信信息进入征信管理体系的视野呢？比如违约信息属于失信信息，但未必是引发信用惩戒的信息，那些自愿从腰包掏出违约金的失信人不会成为信用惩戒针对的对象。对个人而言，信息通常分为几类：一是身份信息，如年龄、民族、婚姻状态、宗教信仰、居住地、职业等；二是信贷信息，如银行贷款和信用卡的使用情况；三是公共信息，如诉讼纠纷、犯罪记录、行政处罚等。

在知识产权领域，可以将失信信息分为一般失信信息和严重失信信息。一般失信信息包括：一是知识产权侵权行为信息；二是涉知识产权的违约行为信息，且不事后采取补救措施；三是滥用知识产权的行为信息；四是不正当竞争行为信息；五是不诚信的知识产权代理行为信息；六是不诚信的知识产权登记、申请或注册等行为信息；七是拒不执行法院生效知识产权裁判文书及行政机关、行业组织等作出的处罚决定的行为信息；八是涉知识产权的失信关联行为信息；九是为失信行为提供支持的行为信息。通常地，一般失信行为是单一惩戒针对的标的。严重失信信息包括：一是重复多次的知识产权侵权行为信息；二是情节严重的涉知识产权违约行为信息；三是情节严重或造成一定危害后果的不诚信的知识产权登记、申请或注册等行为信息；四是不依法执行涉知识产权生效法律文书行为，情节严重或造成一定社会影响或危害后果的失信行为信息；五是情节严重的不诚信代理行为信息；六是严重滥用或多次滥用知识产权行为信息；七是严重违反诚信的不正当竞争行为信息；八是对失信行为有直接或间接控制权且情节严重的失信关联行为信息；九是情节严重的向失信人提供不合公序良俗或公共道德的支持行为信息；十是情节严重且危及知识产权领域信用秩序的其他不诚信行为信息。"情节严重且危及知识产权领域信用秩序的其他不诚信行为信息"，这是一个兜底的条款，包括代理师资格证书挂靠，提供虚假文件，非正常申请或登记知识产权等信息，综合而言，知识产权领域征信标准应该建立在知识产权法、社会信用立法和信息类法律法规基础之上，符合社会信用立法且在上述失信信息范围之内可以合法公开的个人信息，就是征信的范围。

（二）加快培育信用服务企业，扶持民间征信系统

美国也是历经 160 余年才逐步建立起现代信用体系，我国固然不可能短期内培育出像邓白氏、穆迪那样强大的信用服务企业，但培育信用服务企业是建立现代信用体系的必由之路。

有学者将"加快培育信用市场主体"作为建立信用体系的关键，建议采取三种模式，即培育与国际接轨的大型信用评级公司，建立消费者信用评级服务

企业以及建立企业信用调查评级公司。① 政府主导、社会共治是我国社会信用体系建设的原则之一，世界上也很少有国家实行纯粹的公共征信模式，又或者纯粹的民间征信模式，极少有国家为了一种模式完全放弃另一种模式。在实行民间征信模式的典型国家美国，也不是纯粹的民营模式。2020 年 4 月，美国贸易代表办公室根据各国知识产权保护状况发布《2020 年特别 301 报告》和《2019 年假冒盗版恶名市场报告》，中国又毫无意外地进入了"黑名单"，公共征信模式和民间征信模式并立是一种常态。我国以公共征信模式为主，但 2015 年 1 月，中国人民银行发布《关于做好个人征信业务准备工作的通知》，要求芝麻信用、腾讯征信等八家机构做好个人征信业务的筹备工作，媒体将其解读为个人征信市场"开闸"，足见我国当前公共征信模式和民间征信模式并立的格局。在我国，民间征信系统的薄弱又是有目共睹的事实，在为民间征信系统开拓更广阔的生存空间，提供优惠的政策和待遇之外，扶持民间征信系统还需要注意以下两点。

第一，鼓励公私合作的伙伴关系。如最高人民法院与芝麻信用联合签署关于失信被执行人信用惩戒合作备忘录，双方通过数据对接，共享失信被执行人信息，这开创了我国第三方商业征信机构在最高人民法院官方授权情况下通过互联网施行联合惩戒的先河。只有建立起全面覆盖的知识产权领域失信信息共享机制，在本国范围内建立知识产权信用信息联通网络，知识产权人、知识产权利用人、政府、法院、知识产权服务机构之间交换信息，官方和民间合作，线上和线下结合，才能在这个支柱上建立起完备的信用惩戒制度。

第二，明确民间征信系统的法律责任。当然，信用服务企业的弊端也要予以关注，如对评级费用的依赖、评级结果信息不对称、信息分析师的素质等。②

在公共征信模式下，知识产权行政管理部门要对错误作出的征信行为负责，民间征信系统亦如此。一旦信用信息发生错误，等于扣动扳机，就可能引发"传染效应"，信用信息的不准确会增加个人信用的风险，个人信用就会受到重创。在美国信用评级法历史上，信用评级机构的性质和法律责任以及征信机构能否作为诉讼的对象是争论了近 80 年的问题，惠誉总法律顾问辩解说，"我所在的信用评级机构给予证券以字母表示的评级是'世界上最短的社

---

① 陈文玲：《中美信用制度建设的比较和建议》，《中国工商管理研究》2004 年第 8 期。
② 毛振华、阎衍主编：《信用评级前沿理论与实践》，北京：中国金融出版社，2007 年，第 25-26 页。

评'"①。在美国,"安然事件"和"次贷危机"之后,信用评级行业公信力受损,成为美国信用评级机构民事责任立法的转折点,在此之前,西方国家一直对信用评级机构采取不干涉的态度,信用评级机构在行业自律机制下,稳步运行。2007年次贷危机以来,信用评级机构预警作用越来越偏离常态,频频出现评级模型失败,评级调整方式不透明,故意忽视评级问题,放松评级标准,独立性受到干扰等问题,信用评级机构的表现让人失望,当前西方的主流观点认为,该机构不能被赋予与出版机构相同保护的原则,信用评级机构对次贷危机的爆发难辞其咎。② 在此背景下,社会公众希望通过追究其民事责任使已经走偏的信用评级机构恢复到守门人原本应有的正常状态。信用评级机构承担民事责任的思路越来越清楚,信用评级机构再也无法享受超然特权,必须为自己的过错行为承担相应的民事责任。那么,作出错误信用评估的民间征信机构可能成为当事人提起民事诉讼的被告,这是世界潮流所向。

四、优化信用监管体制

吴晶妹教授在《现代信用学》一书中提到,狭义信用监管仅指政府监管,广义信用监管体系包括政府监管、行业自律、社会监督和企业内控。③ 我国信用社会建设奉行政府主导、社会共治的原则,但在信用监管上,主要以政府监管为主,因为缺乏信用监管的意识,也缺少基本规范的指引,行业自律、社会监督和企业内控都相对薄弱。

（一）政府监管

首先,要优化监管模式。在监管机构眼中,信用缺失问题遍布社会各个行业和角落,跨部门联合惩戒的结果更是催生了"九龙治水"模式,比如版权执法权原本就由文化行政部门下属的文化市场综合执法支队执掌,在专项行动中还有工商、海关、公安等其他部门联合参与,现在又有银行、铁路、航空、税务等部门加入联合惩戒的队伍,多头管理,最终信用惩戒难以有效及时执行,各部门之间不能避免相互推诿的情形,无法有效开展工作。如果在发改委辖下设置一个信用办,负责协调各部门之间的工作,其作用也无非上传下达,政策协调沟通,尚建立不起制度化的协调和指挥机制。知识产权领域信用惩戒机制

① 赵磊等:《信用评级失灵的法律治理:美国次贷危机对中国的启示》,北京:中国政法大学出版社,2013年,第21页。
② 赵磊等:《信用评级失灵的法律治理:美国次贷危机对中国的启示》,北京:中国政法大学出版社,2013年,第21页,第250页。
③ 吴晶妹:《现代信用学》,北京:中国人民大学出版社,2009年,第306页。

应该纳入知识产权法治体系的大框架,因此,建议统一归口知识产权部门,实现专利、商标和版权"三合一"管理,这也符合 2008 年《国家知识产权战略纲要》的精神:要形成"权责一致、分工合理、决策科学、执行顺畅、监督有力"的知识产权行政管理体制。在 2018 年,上海自贸试验区管委会在内部增设独立的知识产权局,关于专利、商标、版权的行政管理事权和执法事权统一归口,成立知识产权执法分队,负责专利、商标、版权保护的行政执法。此后,浦东新区仿效,实现知识产权行政管理和执法"一个窗口服务、一支队伍执法",这些都是有益的尝试。

其次,若要使信用惩戒在知识产权领域获得成效,各部门之间的行政合作不可避免,需要一部协调各部门执法问题的法律性文件。其目的在于设置行政合作的原则框架,建立便利规范的失信信息交流渠道,统一全国各地不同部门之间的信用惩戒执法,促进监管机构的正常运转,如《天津市行政机关联合惩戒暂行办法》。显然,之前如国家知识产权局《专利领域严重失信联合惩戒对象名单管理办法(试行)》是知识产权行政管理系统内部的流程管理办法,本质上是一种对内规范,不是针对知识产权管理部门和其他部门之间行政合作的框架指令,而《关于对知识产权(专利)领域严重失信主体开展联合惩戒的合作备忘录》本身的契约性质决定了对联合署名单位并无强有力的约束。

最后,知识产权行政管理部门执法力量不足是另外一个广泛存在的问题。受行政编制的限制,执法队伍人员数量受限,主要是被动执法,主动执法的情形主要体现在某一次联合行动,这种运动式执法和客观需求不相符。

综上,建议知识产权领域信用监管实行"一个专门平台管信息,一个专门部门管惩戒",一方面,专利、商标领域失信信息统一由市场监管局组织牵头,建设信用信息公示系统,系统对接国家知识产权局,其将严重失信主体信息报送全国信用信息共享平台,并通过国家知识产权局政府网站、国家知识产权局"互联网+监管"系统、"信用中国"网站、国家企业信用信息公示系统等向社会公示。同理,版权领域失信信息统一由文化行政部门牵头建设信用信息公示系统,对接国家版权局,国家版权局再将严重失信主体信息统一报送全国信用信息共享平台,并通过权威官方网站对外公示。另一方面,知识产权行政管理机构改革还需继续深入,从"三权分离"到"二合一"模式再到"三合一"模式,将与知识产权相关事务逐渐归属到专业的知识产权部门是大势趋向。

(二)推动行业自律、社会监督和企业内控

行业组织的薄弱是一个显见的事实。以江苏省著名的家纺行业为例,最初,家纺行业组织是由政府牵头设立,主要负责人也由政府官员兼任。即便后来顺应机构改革的要求,政府在职官员不再担任行业组织的主要负责人,但其往往也由退休官员或政府信赖的企业家等接任。[①] 有几点要说明的是:第一,行业组织本身的性质是民间团体,在我国,它是政府和企业之间的桥梁和纽带,起的是服务和沟通的作用,如新冠肺炎疫情防控精神也是通过行业组织代为转达。第二,行业组织的会员有团体会员和个体会员,加入行业组织的主体通常也是一定规模以上的市场主体,它们可能覆盖本行业绝大多数的市场份额,且每年需缴纳一定的会费,规模较小的市场主体要么担心加入行业组织没有话语权被边缘化,要么不愿意缴纳会费,一般没有进入行业组织的强烈意愿,这些小规模市场主体往往是作为知识产权侵权人存在的,而大规模市场主体恰恰是小规模市场主体进行知识产权侵权的对象,发生在大规模市场主体之间的侵权行为也是存在的,但数量极少,彼时行业组织可以从中斡旋调解。第三,行业组织对知识产权领域失信行为的管控作用十分有限。作为政府与企业之间的桥梁,行业组织可以为企业争取一定的优惠政策和待遇,但对企业的不法行为没有惩戒的权力,只能起到斡旋和沟通的作用,斡旋和调解不成,仍然要走民事诉讼的渠道。基于以上情况,在当前,期待行业组织对团体会员或个体会员施行信用惩戒基本是不切实际的。基于我国当前行业组织的现状,如何激活行业组织的潜能,如何使公告批评、行业禁入等行业自律性惩戒措施在我国有效展开是一个迫切需要探索的问题。

　　社会监督是一个老话题,举报或投诉是社会监督的重要方式之一,中外皆如此。美国专利法关于"投诉记录"有明确的规定,专利专员必须向公众提供专利商标局所接受的所有涉及发明推广者的投诉以及该发明推广者的答复。[②] 在我国,以版权为例,版权行政管理部门、各级文化行政部门或者文化市场综合行政执法机构都接受举报和投诉,对举报信息都有明确的记录。2012年文化部印发《文化市场举报办理规范》,专门规范各级文化行政部门或者文化市场综合行政执法机构接受举报和投诉的工作流程。当事人向版权行

---

　　① 笔者在对江苏省某地级市纺织行业协会、地方商会进行调研时发现,行业组织的生成、发展对政府有极大的依赖性,对组织内部成员缺乏有力的约束手段,组织机制相对松散,成员数量有限,流动性大,当前行业组织对内难以承担起信用惩戒的功能。

　　② 美国《专利法》第297条【35 U.S.C. 297】之(d)"投诉记录"规定:"(1)发布投诉——专利专员应向公众提供专利商标局所接受的所有涉及发明推广者的投诉以及该发明推广者的答复。专利专员应将投诉通知该发明推广者并在使此投诉为公开所知之前提供其答复的合理机会。(2)请求投诉——专利专员得从任何联邦或州机构请求有关于发明推广服务的投诉,及保存此投诉连同该发明推广者的任何答复依(1)段所维持的记录中。"

政管理部门投诉的,版权行政管理部门将投诉信息转给文化市场综合执法支队,综合执法支队通常要求举报人填写书面的举报投诉书,然后根据"有报必查,有查必果"的原则展开调查,举报属实的,依法做出行政处罚决定。但在实践中,举报人通常是利害关系人或其律师,前者和知识产权侵权行为利益攸关,后者往往出于未来知识产权诉讼的需要,将知识产权行政执法部门的行政处罚决定书当作侵权人不法行为的直接证据。在具体方式上,权利方有时在企业内部设置打假部门,有时委托律师,有时可能聘请第三方公司收集证据,作为举报投诉的依据。在此之外,职业打假人也可能参与举报,但通常因动机不纯饱受争议,连"打假斗士"王海也承认,打假和正义无关,赚钱才是目的。和知识产权本身无关的个体或团体进行举报的情形极为少见,除了利害关系人,有几个人看到网上盗版电影网站会去举报投诉呢?这部分和国民知识产权意识不强有关,最后的结果是,我国知识产权领域信用问题的社会监督主要依靠的还是利害关系人自身的力量,要改变这一格局,除了社会政治、经济、文化制度改革,还需要知识产权文化意识的提升,中间有漫长的路要走。

企业内控是信用监管的最直接方式。一方面,企业要加强对交易对象的信用管理。我国是非征信国家,作为国民经济细胞的企业普遍缺乏使用信用产品的意识,在企业财务管理方面,内部的信用管理本来是一个当然的组成部分,对与企业有业务往来的所有客户单位须进行信用状况调查,根据信用等级筛选客户,但这个管理环节普遍被忽略。另一方面,企业需要对员工个人信用状况进行管理。《浙江省公共信用信息管理条例》规定鼓励国家机关、行业协会(商会)、企业、学校、基层群众性自治组织等单位建立信用管理和教育制度,如签署入职信用承诺书。[①] 正如《证券法》规定证券公司的主要股东及公司的实际控制人具有良好的财务状况和诚信记录,最近三年无重大违法违规记录"[②]一样,金融机构高级管理人员被要求具有公正、诚实、廉洁的品质已经成为心照不宣的行规。普通企业对员工的信用状况虽然不如金融机构那般严格,但建议在和劳动者签订劳动合同之时,将诚实信用条款作为劳动合同条款之一,一旦劳动者发生严重失信行为,可以依据劳动合同中的信用条款进行处理。按照 ICE8000 国际信用标准体系,不听劝诫,无正当事由,坚持聘用或重

---

① 《浙江省公共信用信息管理条例》第七条规定:"国家机关、行业协会(商会)、企业、学校、基层群众性自治组织等单位,应当开展公共信用的宣传、普及工作。鼓励各单位建立信用管理和教育制度,组织签署入职信用承诺书,开展信用知识培训和诚信创建活动,培育单位信用文化。"

② 参见《证券法》第一百十八条。

用恶意失信行为责任人或严重失信行为责任人或失信关联行为责任人或支恶行为责任人的属于支恶行为,即对恶意失信行为提供支持的行为,因此可以看到,2020年新冠肺炎疫情以来,"澳籍跑步女"和重庆黎女士都受到来自其外国所在公司的严厉惩戒,均被解聘,但在我国,企业普遍缺乏现代市场经济背景下的信用意识,同样的情况在国内较为少见。鉴于2020年《民法典》明确规定用人单位有预防和制止员工性骚扰的义务,建议同样规定用人单位有制止员工严重不诚信行为的义务,将用人单位纳入社会信用体系中来,不致游离在体系之外。

五、加强知识产权文化建设

人类行为镶嵌在信念之中,[①]知识产权文化建设的中心是培养法律意识。伊林教授说,"一种法律意识,如果不能为自己锻造出自律形式,就是不成熟的或病态的法律意识",[②]"暴力培养不出心灵的自律,只会恐吓心灵,使心灵充满恶意和仇恨。被恐吓者是'不敢'有所行为的,直到他有了胆量"。[③] 诚信文化是知识产权文化的重要组成部分。曾有媒体曝出××大学某教授抄袭国外本科生论文的新闻,诚信是科研之本,如果连身处知识殿堂的大学教授都剽窃他人成果,怎么能期望其他人去尊重和维护知识产权呢? 我国传统教育体系几乎不涉及知识产权诚信文化教育,一句"窃书不算偷"胜过千言万语,以致到现在,我国任何一个立法者在潜意识里都不会将剽窃他人知识成果的行为与盗窃罪等同起来,施以相同的惩罚。人是可以被教育的,知识产权领域信用体系建设要从信用文化教育开始,从以下方面展开。

第一,知识产权诚信教育从小抓起。一个不诚信的大学教授不是一天养成的,如果我们认为小学生抄袭他人作业不足为怪,大篇幅借用他人优秀作文范文的做法也可以容忍,等他们进入大学,除了知识产权专业课程,思想道德修养与法律基础课是唯一有可能进行知识产权文化教育的课程,如果再不灌输诚信观念,加上导师疏于管理和引导,抄袭和借用他人毕业设计(论文)成果就是顺理成章的事情了。没有外在力量的强制,这种不诚信的品格可能伴随终身,直至他们成为人师,成为大学教授,垂垂老去。

---

① 〔美〕R.M.昂格尔:《现代社会中的法律》,吴玉章、周汉华译,南京:译林出版社,2008年,第208页。

② 〔俄〕伊·亚·伊林:《法律意识的实质》,徐晓晴译,北京:清华大学出版社,2005年,第179页。

③ 〔俄〕伊·亚·伊林:《法律意识的实质》,徐晓晴译,北京:清华大学出版社,2005年,第180页。

第二，知识产权行政管理部门开展知识产权文化教育活动时，可以将诚信文化教育作为一部分纳入其中。世界知识产权组织将每年 4 月 26 日定为"世界知识产权日"，意在世界范围内树立保护知识产权的意识，尊重知识，崇尚科学，营造鼓励知识创新的整体环境。因此，在每年的知识产权日，知识产权行政管理部门经常会通过微信公众号或其他媒体号召公民参与有奖答题，试图将知识产权法相关知识灌输到普通民众脑中。但知识产权文化建设并不仅仅在于缺少知识，更在缺少意识，建议知识产权行政管理部门联合司法机关，多渠道公开知识产权案例，通过案例去引导公众的知识产权行为，让公众明悉知识产权领域不诚信行为将带来什么样的后果，相比枯燥的知识产权法知识问答，典型案例更能直击人心。

第三，知识产权文化建设要重视技术推广。技术手段有助于诚信品格的养成，知识产权侵权固然和国民的民族习惯相关，但在我国，与其说版权侵权是由于国民智识或民族习惯所致，毋宁说我国在如何规制"窃书"这个问题上缺乏成熟技术，传统上缺乏限制版权侵权的技术，正如"墨菲定理"[①]的启示，我们还没有能力为这座桥制作栏杆，有人落水是必然，因此有人"窃书"身败名裂或者有人"窃书"蒙混过关都是可以想见的结果。从这个逻辑上，"窃书不算偷"是知识产权侵权还没有受到有力管治的结果，而不是因为"窃书不算偷"的民族习惯导致了知识产权侵权的结果。当然，这并不是说，不诚信行为与文化传统无关，有学者研究北美和东亚文化中不同的奖惩方式，通过实验得出的结论之一是，美国人从诚信所得的回报比他们因失信而来的获利要多，而东亚人的报酬和惩罚却是同等的，由此，美国人对欺骗等失信行为表现出更强的厌恶反应，对诚实的行为意图更强烈。[②]

在当前，各种论文查重和检测系统问世大大减少了知识产权侵权的风险，这些技术产品的存在，逼迫着人们自己去进行知识生产，不能再直接利用他人的成果，新的技术手段一定程度上阻隔了潜在的不诚信行为。此外，针对版权领域不诚信登记的情形，区块链技术也可以提供有力的协助。由于区块链技术的去中心化、时间戳和不可伪造的特点，区块链这种分布式数据库可以记录著作权资产的产权链以及所有权持有及变动情况。将区块链引入著作权登

---

① "墨菲定理"是 20 世纪西方三大发现之一，由爱德华·墨菲提出，它是一种心理学效应，又称墨菲法则或墨菲定律，指如果有两种或两种以上的方式去做某件事情，而其中一种选择方式将导致灾难，则必定有人会做出这种选择。

② Cynthia S. Wang, Angela K.-y. Leung, "The Cultural Dynamics of Rewarding Honesty and Punishing Deception", *Personality and Social Psychology Bulletin*, Vol. 36, No. 11, 2010.

记,是著作权的一种技术上的证明,证明著作权真实存在。同时,区块链可以在不泄露文件信息内容的情形下证明著作权的归属,也可以为某一特定时间段的著作权提供存在证明。如果能用区块链技术替代当前著作权登记使用的集中式系统,备案记录将更加可靠并且能及时地升级和共享。此外,还可以在这些备案记录基础上创建相应的应用,而无需以物理方式审查回溯那些载有创作日期和转让日期等信息的文件了。

结　语

信用惩戒是一种很特别的社会管治方略,它的轮廓还没有最终形成,在笔者正为本书稿踌躇之际,国家发展改革委、人民银行在 2020 年 7 月就《关于进一步规范公共信用信息纳入范围、失信惩戒和信用修复构建诚信建设长效机制的指导意见(征求意见稿)》向社会公开征求意见,但至今仍没有给出一个最终的结论。现有的关于信用惩戒的理论均始于假定,没有信用惩戒,人类社会生活秩序仍是井然的,所以它不是必然的,社会管治的工具可以是道德、习惯、权力或法律。本书研究信用惩戒,关注的是它的意义和特性,它的存在价值是历史自身证明的,如果想在理论上科学地决定什么是最好的信用惩戒形式,以及什么是最好的信用秩序,这大约是不可能的。

对知识产权领域信用惩戒制度的研究是基于美国学者 Alessandro De Giorgi 所言,即"每种'生产方式'都知道其独特的'惩罚方式'",[①]在信用惩戒制度构建问题上,知识产权领域信用惩戒制度不过是其中一小部分,即便如此,本书需要解释但未解释的部分仍很多。第一,关于知识产权领域信用惩戒的基础理论。费孝通先生提到,"对于一个社会的设计上,因为知和行需要不同的训练和不同的人才,所以不能不分工"[②],同时提到,要进行社会变迁的研究,"我们不能不有一套理论、观点、概念、步骤、范围,这些却不能凭空杜撰"[③]。显然,信用是和合同紧密联系在一起的重要问题,相比合同在理论上的高度精细化,信用惩戒基础理论研究的薄弱是有目共睹的事实,如果说信用惩戒制度的勃兴是理论与实践共进的结果,那么信用惩戒基础理论部分已经成为其短板,严重阻碍了信用惩戒制度的实践发展。第二,在对知识产权领域失信行为进行社会控制上面,必须有求实精神,信用体系不能与现实距离过于遥远,比如将个体公民网络下载歌曲、电影的故意侵权行为列入失信名单的做

---

① Alessandro De Giorgi, *Re-Thinking the Political Economy of Punishment: Perspectives on Post-Fordism and Penal Politics*, New York: Routledge Press, 2017, p. 1.

② 费孝通:《怎样做社会研究》,上海:上海人民出版社,2013 年,第 5 页。

③ 费孝通:《怎样做社会研究》,上海:上海人民出版社,2013 年,第 8 页。

法将不免让人迷惘,并不是每个失信人都是狡黠精明贪婪之人,当中不乏无知蠢钝的人、无动机者,还有一些缺乏判断力的老幼妇孺,正如有学者提供分析数据说,"亲社会的直觉吸引力可能会抵消自私的不诚实的直觉吸引力,说谎的社会后果可能是直觉在诚实中扮演角色的最关键之处"。[①] 信用惩戒只是一种必要的辅助制度,这是在当前环境里唯一允许的方案,至少在一个时事经常变幻的时代,谁要极端强调信用惩戒,不允许个人根据情景变迁作出适当应对,这是绝对办不到的。第三,当前构建知识产权领域信用法制体系的主要困境还在于,知识产权领域信用惩戒主要遵守的不是法律而是由行政机关颁布的指令,以行政为主导的信用惩戒居于显要地位。信用体系的现代化无非是从传统社会的信用管制方式向新型的以商业经济为依归的信用管制方式演进,这与行政机关固守成规的特性本质上存在一定的不兼容性,正如米塞斯的学生哈耶克早从知识论角度强调了计划经济的不可操作性,他说,"重要的个人知识的天然的分散性、不可知性,让计划经济成了一种乌有之物,或者'知识的铁幕'"[②],知识产权领域现代信用体系最终也无法在一个主要以行政为主导的环境里按计划发育起来。

初看上去,在我国,信用惩戒像一个杂货袋,可能事实上也确实如此,无论是违法犯罪行为,又或者是违约行为,都可能落入信用惩戒的范畴,一个严重侵犯知识产权的剽窃者可能同时受到刑法、知识产权法和社会信用法的惩罚,既要承担刑事责任,也要支付民事赔偿金,还要承担因失信带来的信用惩戒。信用惩戒立法似乎保护了多种不同的利益,合同相对方的可信赖利益、知识产权人的利益、守信人的利益还有社会公共利益,信用惩戒立法能否涵盖如此多的权益暂且不论,但毋庸置疑地,它应该相比其他法律对失信行为的处置更全面和专业,也更为严格,这是社会公众的普遍期待。信用惩戒构建的信用社会应遵循保护正义的原则,也要遵循保护守信的原则,要先以一个基本评价为基础,这个基本评价可以描述如下:应该以法律制度来支配人与人之间的信用关系,而不是政策或者道德,抑或是其他。

[①] Nils C. et al, "Intuitive Honesty Versus Dishonesty: Meta-Analytic Evidence", *Perspectives on Psychological Science*, Vol. 14, No. 5, 2019.

[②] 〔美〕罗恩·保罗:《繁荣基石:自由市场、诚实货币为私有财产》,王文斌、李志阔、周瑛达等译,北京:电子工业出版社,2016 年,推荐序 3。

参考文献

一、书目

〔1〕〔德〕古斯塔夫·拉德布鲁赫：《法哲学》，王朴译，北京：法律出版社，2013年版。

〔2〕〔法〕保尔·拉法格：《思想起源论》，王子野译，北京：生活·读书·新知三联书店，1978年版。

〔3〕〔加〕欧内斯特·J.温里布：《私法的理念》，徐爱国译，北京：北京大学出版社，2007年版。

〔4〕〔英〕弗里德里希·奥古斯特·冯·哈耶克：《通往奴役之路》，王明毅、冯兴元等译，北京：中国社会科学出版社，1997年版。

〔5〕〔德〕卡尔·拉伦茨：《法学方法论》，陈爱娥译，北京：商务印书馆，2003年版。

〔6〕〔德〕伯恩·魏德士：《法理学》，丁晓春、吴越译，北京：法律出版社，2013年版。

〔7〕〔英〕丹尼斯·劳埃德：《法理学》，许章润译，北京：法律出版社，2007年版。

〔8〕〔美〕博登海默：《博登海默法理学》，潘汉典译，北京：法律出版社，2015年版。

〔9〕〔美〕格伦顿、戈登、奥萨魁：《比较法律传统》，米健、贺卫方、高鸿钧译，北京：中国政法大学出版社，1993年版。

〔10〕〔英〕哈特：《法律的概念》，许家馨、李冠宜译，北京：法律出版社，2011年版。

〔11〕〔俄〕伊·亚·伊林：《法律意识的实质》，徐晓晴译，北京：清华大学出版社，2005年版。

〔12〕〔英〕蒂莫西·A.O.恩迪科特：《法律中的模糊性》，程朝阳译，北京：北京大学出版社2010年版。

〔13〕〔古罗马〕西塞罗：《论义务》，王焕生译，北京：中国政法大学出版社，1999年版。

〔14〕〔古希腊〕亚里士多德:《政治学》,北京:商务印书馆,1965 年版。

〔15〕〔美〕艾德华·H. 列维:《法律推理引论》,庄重译,北京:中国政法大学出版社,2002 年版。

〔16〕〔古罗马〕西塞罗:《论共和国·论法律》,王焕生译,北京:中国政法大学出版社,1997 年版。

〔17〕〔美〕安东尼·刘易斯:《言论的边界:美国宪法第一修正案简史》,徐爽译,北京:法律出版社,2016 年版。

〔18〕〔英〕布赖恩·辛普森:《法学的邀请》,范双飞译,北京:北京大学出版社,2014 年版。

〔19〕〔澳〕布拉德·谢尔曼、〔英〕莱昂内尔·本特利:《现代知识产权法的演进:英国的历程(1760—1911)》,金海军译,北京:北京大学出版社,2006 年版。

〔20〕〔美〕劳伦斯·M. 弗里德曼,《美国法律史》,苏彦新等译,北京:中国社会科学出版社,2007 年版。

〔21〕〔美〕本杰明·N. 卡多佐:《法律的成长——法律科学的悖论》,董炯、彭冰译,北京:中国法制出版社,2002 年版。

〔22〕〔美〕格兰特·吉尔莫:《契约的死亡》,曹士兵、姚建宗、吴巍译,载梁慧星主编:《为权利而斗争》,北京:中国法制出版社,2000 年版。

〔23〕〔意〕布鲁诺·莱奥尼:《自由与法律》,秋风译,长春:吉林人民出版社,2004 年版。

〔24〕〔美〕本杰明·N. 卡多佐:《司法过程的性质》,苏力译,北京:商务印书馆,2011 年版。

〔25〕〔英〕亨利·萨姆奈·梅因:《古代法》,高敏、瞿慧虹译,北京:中国社会科学出版社,2009 年版。

〔26〕〔法〕卢梭:《社会契约论》,何兆武译,北京:商务印书馆,1980 年版。

〔27〕〔英〕弗雷德里克·波洛克:《普通法的精神》,杜苏译,北京:商务印书馆,2015 年版。

〔28〕〔美〕凯尔森:《纯粹法理论》,张书友译,北京:中国法制出版社,2008 年版。

〔29〕〔德〕米歇尔·施托莱斯:《法律的眼睛——一个隐喻的历史》,杨贝译,北京:中国政法大学出版社,2012 年版。

〔30〕〔法〕保罗·利科:《论公正》,程春明、韩阳译,北京:法律出版社,2007 年版。

〔31〕〔法〕米歇尔·福柯:《规训与惩罚》,刘北成、杨远婴译,北京:生活·读书·新知三联书店,2012年版。

〔32〕〔意〕马基雅维利:《君主论》,潘汉典译,北京:商务印书馆,1985年版。

〔33〕〔美〕R. M. 昂格尔:《现代社会中的法律》,吴玉章、周汉华译,南京:译林出版社,2008年版。

〔34〕〔美〕彼得·德恩里科、邓子滨:《法的门前》,北京:北京大学出版社,2012年版。〔35〕〔加〕罗杰·赛勒:《法律制度与法律渊源》,项焱译,武汉:武汉大学出版社,2010年版。

〔36〕〔美〕伯纳德·施瓦茨:《美国法律史》,王军等译,北京:法律出版社,2007年版。

〔37〕〔美〕霍菲尔德:《基本法律概念》,张书友编译,北京:中国法制出版社,2009年版。

〔38〕〔美〕科尼利厄斯·M.克温:《规则制定——政府部门如何制定法规与政策》,刘璟、张辉、丁洁译,上海:复旦大学出版社,2007年版。

〔39〕〔英〕威廉·斯坦利·杰文斯:《货币与交换机制》,佟宪国译,北京:商务印书馆,2017年版。

〔40〕〔英〕约翰·梅纳德·凯恩斯:《货币论》(第二卷),刘志军译,西安:陕西师范大学出版社,2008年版。

〔41〕〔奥〕路德维希·冯·米塞斯:《货币与信用理论》,孔丹凤译,上海:上海人民出版社,2018年版。

〔42〕〔英〕约翰·罗:《论货币和贸易》,朱泱译,北京:商务印书馆,2011年版。

〔43〕〔英〕马歇尔:《货币、信用与商业》,叶云龙译,北京:商务印书馆,2011年版。

〔44〕〔德〕格奥尔格·西梅尔:《货币哲学》,于沛沛、林毅、张琪译,南昌:江西教育出版社,2014年版。

〔45〕〔德〕K.茨威格特,H.克茨:《比较法总论》,香港:牛津大学出版社,1993年版。

〔47〕〔美〕罗恩·保罗:《繁荣基石:自由市场、诚实货币与私有财产》,王文斌等译,北京:电子工业出版社,2016年版。

〔48〕黄仁宇:《万历十五年》,北京:中华书局,2007年版。

〔49〕王泽鉴:《民法概要》(第二版),北京:北京大学出版社,2011年版。

〔50〕黄茂荣:《法学方法与现代民法》,北京:法律出版社,2007年版。

〔51〕陈锐雄:《民法总则新论》,台北:三民书局,1982年版。

〔52〕林诚二:《民法理论与问题研究》,北京:中国政法大学出版社,2000年版。

〔53〕杨峥嵘、曾苻主编:《法学通论》(第2版),北京:对外经济贸易大学出版社,2012年版。

〔54〕费孝通:《怎样做社会研究》,上海:上海人民出版社,2013年版。

〔55〕陈林林、夏立安:《法理学导论》,北京:清华大学出版社,2014年版。

〔56〕李双元、温世扬主编:《比较民法学》,武汉:武汉大学出版社,2016年版。

〔57〕王利明等:《民法新论》,北京:中国政法大学出版社,1988年版。

〔58〕郑成思:《信息、新型技术与知识产权》,北京:中国人民大学出版社,1986年版。

〔59〕李明德:《美国知识产权法》,北京:法律出版社,2014年版。

〔60〕李顺德:《试论反不正当竞争法的客体和法律属性》,《知识产权研究》(第8卷),北京:中国方正出版社,1999年版。

〔61〕王迁:《著作权法》,北京:中国人民大学出版社,2015年版。

〔62〕徐国栋:《民法基本原则解释》,北京:中国政法大学出版社,2001年版。

〔63〕李龙主编:《西方法学名著提要》,南昌:江西人民出版社,2010年版。

〔64〕吴汉东主编:《知识产权法》,北京:法律出版社,2014年版。

〔65〕刘春田:《知识产权法》,北京:高等教育出版社,2015年版。

〔66〕李扬:《法政策学视点下的知识产权法》,北京:知识产权出版社,2017年版。

〔67〕徐昕:《论私力救济》,北京:中国政法大学出版社,2005年版。

〔68〕吴晶妹:《现代信用学》,北京:中国人民大学出版社,2009年版。

〔69〕林钧跃:《社会信用体系原理》,北京:中国方正出版社,2003年版。

〔70〕罗培新:《社会信用法:原理·规则·案例》,北京:北京大学出版社,2018年版。

〔71〕李锋:《社会主体信用奖惩机制研究》,北京:中国社会科学出版社,2017年版。

〔72〕柴松霞、张路:《庞氏骗局的法律分析——基于信用博弈的视角》,北京:法律出版社,2013年版。

〔73〕毛振华、阎衍主编:《信用评级前沿理论与实践》,北京:中国金融出版社,2007年版。

〔74〕赵磊等:《信用评级失灵的法律治理:美国次贷危机对中国的启示》,北京:中国政法大学出版社,2013年版。

〔75〕郑勇:《货币银行学》,武汉:华中科技大学出版社,2010年版。

〔76〕李山赓:《货币银行学》,北京:北京理工大学出版社,2012年版。

〔77〕郭生祥:《定价全球化——信用科学对自己和全球化的精算》,北京:东方出版社,2007年版。

〔78〕李晓安、阮俊杰:《信用之路——我国信用治理的经济学研究》,北京:经济管理出版社,2008年版。

〔79〕李曙光:《中国信用体系框架与发展模式》,北京:科学出版社,2006年版。

〔80〕李朝晖:《个人征信法律问题研究》,北京:社会科学文献出版社,2008年版。

〔81〕陈文玲:《透视中国——中国社会信用体系与文化报告》,北京:中国经济出版社,2016年版。

〔82〕谭中明等:《社会信用管理体系:理论、模式、体制与机制》,合肥:中国科学技术大学出版社,2005年版。

〔83〕刘维奇:《米尔顿·弗里德曼:现代货币主义理论创始人》,北京:人民邮电出版社,2009年版。

〔84〕冯军、黄宝忠:《版权保护法制的完善与发展——基于欧盟经验与中国实践的视角》,北京:社会科学文献出版社,2008年版。

〔85〕杨志斌:《中英量刑问题比较研究》,北京:知识产权出版社,2009年版。

〔86〕〔美〕乔纳森·戈林:《银行信用分析手册》(英文版),北京:机械工业出版社,2004年版。

〔87〕〔美〕罗伯特·科尔、朗·米什勒:《消费者与商业信用管理》(英文版),北京:清华大学出版社,2003年版。

〔88〕〔美〕赛希尔·邦德:《信用管理手册》(英文版),北京:清华大学出版社,2003年版。

〔89〕Dan Ariely, *The Honest Truth About Dishonesty*: *How We Lie to Everyone-Especially Ourselves*, New York:.

〔90〕Jan-Willem van Prooijen, Paul A. M. van Lange, *Cheating*,

Corruption, and Concealment：The Roots of Dishonesty, Cambridge：Cambridge University Press，2016.

〔91〕Alessandro De Giorgi，*Re-Thinking the Political Economy of Punishment：Perspectives on Post-Fordism and Penal Politics*, New York：Routledge Press，2017.

二、期刊论文

〔1〕刘俊海:《信用责任:正在生长中的第四大法律责任》,《法学论坛》2019年第6期。

〔2〕高秦伟:《美国法上的行政协议及其启示》,《现代法学》2010年第1期。

〔3〕孙日华:《信用联合惩戒的检视与制度优化》,《河北法学》2020年第3期。

〔4〕高山:《失信被执行人名单制度:理论透析、问题维度和改进路径》,《法学论坛》2020年第2期。

〔5〕王革、陈文玲:《政府信用体系建设对策系统研究》,《天津师范大学学报(社会科学版)》2007年第4期。

〔6〕徐继敏:《论失信被执行人联合惩戒的性质、正当性与完善路径》,《河南社会科学》2020年第3期。

〔7〕王伟:《失信惩戒的类型化规制研究——兼论社会信用法的规则设计》,《中州学刊》2019年第5期。

〔8〕陈兴华:《市场主体信用承诺监管制度及其实施研究》,《中州学刊》2019年第5期。

〔9〕李林芳、徐亚文:《社会信用体系法治化原理探析》,《学习与实践》2019年第11期。

〔10〕宋方青、李佳飞:《论设区的市信用立法的问题与路径》,《东南学术》2019年第9期。

〔11〕林钧跃:《信用修复的标准化浅析》,《中国信用》2019年第8期。

〔12〕李振宁:《信用惩戒的特性及对地方立法的启示》,《中共南京市委党校学报》2018年第2期。

〔13〕徐欢:《信用惩戒的功能定位》,《法制与社会》2020年第6期。

〔14〕郑燕燕:《信用惩戒的法律性质与法律救济分析》,《法制博览》2020年第11期。

〔15〕陈文玲:《整顿和规范市场秩序是一项长期任务》,《管理现代化》2004年第4期。

〔16〕陈文玲:《美国信用体系的总体构架》,《中国工商管理研究》2004年第6期。

〔17〕陈文玲:《美国信用体系的几个特点》,《中国工商管理研究》2004年第7期。

〔18〕陈文玲:《中美信用制度建设的比较和建议》,《中国工商管理研究》2004年第8期。

〔19〕李振宁:《信用惩戒的特性和运行机理》(上),《中国市场监管报》2019年9月3日。

〔20〕李振宁:《信用惩戒的特性和运行机理》(下),《中国市场监管报》2019年9月10日。

〔21〕高翔:《黑名单管理制度若干问题研究与探索》,《中国工商报》2017年8月31日。

〔22〕Martin Shapiro, "APA: Past, Present and Future", *Virginia Law Review*, Vol. 72, No. 4, 1986.

〔23〕Martin Hinsch, "Punish the thief-Coevolution of Defense and Cautiousness Stabilizes Ownership", *Behav Ecol Sociobiol*, Vol. 71, No. 102, 2017.

〔24〕Angelo Antoci, Luca Zarri, "Punish and Perish?", *Rationality and Society*, Vol. 27, No. 2, 2015.

〔25〕Cynthia S. Wang, Angela. Leung, "The Cultural Dynamics of Rewarding Honesty and Punishing Deception", Personality and Social Psychology Bulletin, Vol. 36, No. 11, 2010.

〔26〕Young-Hoon Kim, Dov Cohen, "Information, Perspective, and Judgments About the Self in Face and Dignity Cultures", Personality and Social Psychology Bulletin, Vol. 36, No. 4, 2010.

〔27〕Matthew Feinberg, Ray Fang, Shi Liu, Kaiping Peng, "A World of Blame to Go Around: Cross-Cultural Determinants of Responsibility and Punishment Judgments", Personality and Social Psychology Bulletin, Vol. 45, No. 4, 2018.

〔28〕Derek D. Rucker, Mark Polifroni, Philip E. Tetlock, Amanda L. Scott, "On the Assignment of Punishment: The Impact of General-

Societal Threat and the Moderating Role of Severity", Personality and Social Psychology Bulletin, Vol. 30, No. 6, 2004.

〔29〕Kelly Hannah-Moffat, Paula Maurutto, "Shifting and Targeted Forms of Penal Governance: Bail, Punishment and Specialized Courts", *Theoretical Criminology*, Vol. 16, No. 2, 2012.

〔30〕Stephen F. Davis5, Cathy A. Grover, Angela H. Becker, "Academic Dishonesty: Prevalence, Determinants, Techniques, and Punishments", *Teaching of Psychology*, Vol. 19, No. 1, 1992.

〔31〕Nina Mazar, Dan Ariely, "Dishonesty in Everyday Life and Its Policy Implication", Journal of Public Policy & Marketing, Vol. 25, No. 1, 2006.

〔33〕Michael Hand, "On the Necessity of School Punishment", Asia-Pacific Journal of Rural Development, Vol. 11, No. 1, 2001.

〔34〕Wilhelm Hofmann, Mark J, Brandt, Daniel C, Wisneski, Bettina, Rockenbach, Linda J, Skitka, "Moral Punishment in Everyday Life", *Personality and Social Psychology Bulletin*, Vol. 44, No. 12, 2018.

〔35〕Alexandra Guisinger, Alastair Smith, "Honest Threats: The Interaction of Reputation and Political Institutions in International Crises", *Journal of Conflict Resolution*, Vol. 46, No. 2, 2002.

〔36〕Francesca Gino, Lamar Pierce, "Dishonesty in the Name of Equity", Psychological Science, Vol. 20, No. 9, 2009.

三、学位论文

〔1〕董凡:《知识产权损害赔偿制度研究》,华南理工大学,2019 年博士学位论文。

〔2〕尚国萍:《个人信用的民法调整研究》,中南财经政法大学,2018 年博士学位论文。

〔3〕吴韬:《企业信用信息公示制度研究》,华东政法大学,2017 年博士学位论文。

〔4〕董世坤:《证券交易所惩戒权研究》,辽宁大学,2017 年博士学位论文。

〔5〕贡太雷:《惩戒·法治·人权——关于社区矫正制度的法理研究》,西

南政法大学,2014 年博士学位论文。

〔6〕王地宁:《企业信用管理制度缺失问题研究》,中南大学,2009 年博士学位论文。

后　记

　　我怕时光流逝,将来会忘记,所以要在这里辟出一块空间记录下这部书稿前后起伏的命运。

　　2019 年,自开启写作那一天起,这一切都不是偶然的,这类似一种下意识的驱使,要从烦闷、逼仄的狭隘物质生活里解放出来,走向另一种生活,这就是斯蒂芬·茨威格所说的"向精神世界的逃亡之旅"。

　　2020 年 1 月 19 日,那已经临近春节,我带着半部书稿回到鄂东南。彼时武汉正谣传 SARS 重来,我庆幸当时改道,退掉途经汉口火车站的火车票。1 月 23 日,武汉"封城",那是除夕的前一天,距离武汉 100 公里的我们惴惴不安,但糟糕的乐观主义让我们没有意识到问题的严重性,我们犹豫是否除夕晚上离开,在大年初一早上,我们驱车走到偏僻的鄂赣边界,却被迫回转,只是怎么也没想到后面将滞留长达 69 天。2020 年 3 月 27 日,"被允许"回家,在居家隔离的日子里,我一度担心这部书稿的命运,担心无法完成它。如果不是突如其来的疫情,我无论如何都不能用新冠肺炎疫情来解释这次写作,弥漫在写作过程中的悲剧的气息及惶恐氛围曾笼罩着所有人,惋惜的是,我们并没有能够在凶兆来临之前阻止它!

　　要感谢年迈的母亲,在每一个凌晨起床写作的日子,母亲都同时起来为我熬红薯粥,她说但凡能吃苦的人要帮一帮,这一帮就是几年。2021 年 1 月 21 日,母亲决定回乡,临走时一步三回头,担忧我无法生活"自理",虽然我已经不小的年纪。为了完成书稿修改,我坚持"原地过年",没有陪伴父母过一个团圆年,对父母永远都是亏欠的……

南通大学　柯林霞

2021 年 3 月 6 日